U0919957

国情报告

CHINA STUDY

第二十三卷·2020年

清华大学国情研究院　编

党建读物出版社

出版说明

我们与清华大学国情研究院（原中国科学院—清华大学国情研究中心）合作策划了《国情报告（1998—2011）》丛书项目。该项目是国家出版基金重点资助项目，被列入“十二五”国家重点图书出版规划，同时是清华大学“985”工程支持项目，其中部分报告曾获中国科学院科技进步一等奖、北京市科技进步二等奖等奖项。这一大型公益性出版项目具有较高的学术研究价值和参考价值，出版后受到了广泛关注和高度评价。为了更好地发挥这套丛书的作用，自2012年起继续按年度推出《国情报告》汇编本。

本书收入了清华大学国情研究院2020年度重点研究报告。书内文章的作者均为清华大学国情研究院或者国内相关领域知名专家学者和研究机构；使用的数据和资料均来自公开出版物或者作者的调研成果，不涉及任何国家秘密。我们出版该丛书的目的是为更多欲关心国情、了解世情、研究党情的读者和机构提供相关参考资料。作为一部学术读物，文中观点仅代表作者观点，不代表出版方的任何倾向及观点。由于本书规模较大、内容涵盖范围较广，编辑的过程中难免存在错误与不足，欢迎广大读者在阅读使用中将发现的问题及时告知，以便我们今后修订完善。

目录
MULU

1. 关于新冠肺炎疫情期间加强对互联网平台等新技术运用统一领导的建议 …… 鄢一龙 / 001
2. 湖北农村新冠肺炎疫情防控形势与对策 …… 王亚华　舒全峰 / 005
3. 以动态死亡率和动态治愈率为指标来评估新冠肺炎疫情期间的救治工作 …… 胡鞍钢　周绍杰　王英伦 / 011
4. 新冠肺炎疫情对“三农”的经济影响及对策 …… 张红宇　胡凌啸　胡振通　王亚华 / 015
5. 积极应对新冠肺炎疫情蔓延全球的政治经济影响，建设抗疫共同体 …… 唐　啸　黄培伦　李佳硕 / 020
6. 新冠肺炎疫情冲击与我国金融风险应对 …… 王亚华　顾庆康　侯　涛 / 025
7. 推进二十国集团合作机制，应对全球新冠肺炎疫情挑战 …… 胡鞍钢　李兆辰 / 030
8. 扩大内需、稳住增长，实现高质量发展 …… 胡鞍钢 / 035
9. 关于实施就业优先战略、稳就业保就业的政策建议 …… 胡鞍钢　周绍杰 / 043
10. 把握后新冠肺炎疫情时期海外人才回流契机 …… 刘皓琰　鄢一龙 / 050
11. 新冠肺炎疫情常态化下国际政治经济格局变化及我国的应对战略 …… 胡鞍钢　刘东浩　唐　啸 / 055
12. 我国人口发展趋势（2020 年到 21 世纪中叶）及重大政策调整 …… 胡鞍钢　于　森 / 060

13. 把握第四次产业革命机遇，推进智能经济、智能社会、智慧政府“三位一体”建设…………………………………………………… 鄢一龙 / 065

14. 建立防范和化解因病致贫返贫长效机制…… 胡鞍钢 杨燕绥 于 森 / 070

专刊 1. 治水 70 年：理解“中国之治”的制度密码 ……………… 王亚华 / 075

专刊 2. “十三五”时期经济社会发展评价 ……………… 胡鞍钢 鄢一龙 / 091

专刊 3. 展望 2035 中国：基本实现经济现代化 ………… 胡鞍钢 刘生龙 / 110

专刊 4. 展望 2035 中国：全体人民共同富裕迈出坚实步伐 …………………………………………… 胡鞍钢 王洪川 刘生龙 / 120

专刊 5. 深度不确定条件下的决策：以新冠肺炎疫情为例 ………… 王绍光 / 131

专刊 6. 展望 2035 中国生态环境：基本实现绿色现代化 ……………………………………………………… 胡鞍钢 唐 啸 / 141

专刊 7. 准确判断我国社会主义社会发展历史阶段 ………………… 胡鞍钢 / 150

专刊 8. 中国与世界百年未有之大变局 ……………………………… 胡鞍钢 / 156

专刊 9. 国家治理能力多目标机制：以我国抗击新冠肺炎疫情为例 ……………………………………………………… 胡鞍钢 李兆辰 / 168

专刊 10. 没有退路就是胜利之路——第二次世界大战期间美国化解橡胶危机的措施 ……………………………………… 王绍光 / 180

专刊 11. 注意力时代、注意力贫困与信息流赋能减贫 …………… 鄢一龙 / 192

专刊 12. 推进残疾人事业治理现代化 …………………………… 鄢一龙 赵振川 刘生龙 刘皓琰 / 200

专刊 13. 我国如何全面建成小康社会：目标评估与重要启示 …… 胡鞍钢 / 215

图表目录

TUBIAOMULU

图

图 23-2-1　湖北与其他省区市新增确诊病例数变化形势
（2020 年 1 月 20 日—2 月 3 日）…… 006
图 23-3-1　全国、湖北（武汉）及其他省区市动态死亡率变动趋势
（2020 年 1 月 21 日—2 月 11 日）…… 013
图 23-3-2　全国、湖北（武汉）及其他省区市动态治愈率变动趋势
（2020 年 1 月 21 日—2 月 11 日）…… 013
图 23-3-3　全国、湖北（武汉）及其他省区市每日新增确诊病例数
变化趋势（2020 年 1 月 22 日—2 月 11 日）…… 014
图 23-13-1　社会性智能体系的结构…… 066
图 23-专 9-1　国家治理能力的多目标机制…… 171
图 23-专 9-2　抗疫治理的多目标体系…… 172
图 23-专 10-1　1939—1945 年美国橡胶供给来源…… 182
图 23-专 10-2　1939—1956 年美国与全球合成橡胶产量及美国的占比…… 190

表

表 23-2-1　截至 2020 年 2 月 4 日 0 时湖北各市州确诊病例数和死亡率…… 007
表 23-3-1　全国和湖北动态死亡率与动态治愈率统计表…… 012
表 23-10-1　全球人工智能领域领先国家华裔人才比例…… 051

表23-10-2 美国顶尖人工智能专家来源国家及比例 …… 052
表23-12-1 2020年到21世纪中叶我国人口发展指标 …… 061
表23-专2-1 “十三五”时期我国重大科技成果 …… 100
表23-专3-1 我国主要经济指标年均增长率（2021—2035年） …… 111
表23-专3-2 支出法国内生产总值构成（2019—2035年） …… 113
表23-专3-3 我国国内生产总值构成（2019—2035年） …… 115
表23-专3-4 我国和世界工业增加值增长比较（2010—2035年） …… 115
表23-专3-5 中国和世界研发支出占国内生产总值比重以及中国研发支出占世界的比重（2015—2035年） …… 117
表23-专4-1 我国居民人均收入、消费支出及恩格尔系数（2015—2035年） …… 122
表23-专4-2 我国人口年龄结构、总人口就业率以及三次产业就业人员所占比重（2019—2035年） …… 123
表23-专4-3 我国教育现代化指标（2019—2035年） …… 125
表23-专4-4 我国主要健康发展指标（2019—2035年） …… 127
表23-专4-5 城乡居民人均可支配收入、消费支出及恩格尔系数比较（2019—2035年） …… 128
表23-专4-6 基本公共服务发展主要指标（2015—2035年） …… 129
表23-专6-1 环境质量指标（2019—2035年） …… 142
表23-专6-2 我国用水量与用水效率（2015—2035年） …… 143
表23-专6-3 我国森林资源及碳汇能力变化（1948—2035年） …… 144
表23-专6-4 我国能源消费与碳排放增长（2019—2035年） …… 147
表23-专8-1 三次经济全球化浪潮：中国与世界（1870—2019年） …… 159
表23-专8-2 北方国家与南方国家人口占世界总数比重（1990—2019年） …… 160
表23-专8-3 北方国家与南方国家城镇人口占世界总数比重（1990—2019年） …… 161
表23-专8-4 北方国家与南方国家、中国国内生产总值占世界经济总量比重（1990—2019年） …… 162

表 23-专 8-5　北方国家与南方国家制造业增加值占世界制造业比重（2000—2019 年）……162
表 23-专 8-6　北方国家与南方国家、中国货物进出口额占世界比重（1990—2019 年）……163
表 23-专 8-7　北方国家与南方国家科技期刊论文数量占世界总量比重（2000—2018 年）……164
表 23-专 8-8　北方国家与南方国家发明专利申请数占世界总量比重（1990—2018 年）……164
表 23-专 8-9　北方国家与南方国家移动电话用户数占世界总数比重（1990—2018 年）……165
表 23-专 8-10　主要经济体的经济增长率（2019—2021 年）……166
表 23-专 12-1　残疾人的发展生命周期与残联服务工作指标……208
表 23-专 13-1　党的十六大、十七大、十八大、十九大报告主题及目标……218
表 23-专 13-2　四个五年规划（计划）及目标（2001—2020 年）……221
表 23-专 13-3　“十五”至“十三五”时期经济发展主要指标实现情况……223
表 23-专 13-4　“十五”至“十三五”时期创新驱动主要指标实现情况……225
表 23-专 13-5　“十五”至“十三五”时期民生福祉主要指标实现情况……228
表 23-专 13-6　“十五”至“十三五”时期资源环境主要指标实现情况……230
表 23-专 13-7　我国与世界贫困人口总数和贫困发生率（1990—2020 年）……233
表 23-专 13-8　我国国内生产总值占世界总量的比重及贡献率（2000—2019 年）……234
表 23-专 13-9　我国制造业增加值占世界总量的比重及贡献率（2005—2019 年）……235

表 23-专 13-10 我国货物进出口额占世界比重（2000—2019 年） ………… 235
表 23-专 13-11 中国外商直接投资与对外直接投资（2011—2019 年） …… 236
表 23-专 13-12 我国居民发明专利申请量占世界的比重（2000—2018 年） …………………………………………………………………… 237
表 23-专 13-13 中国科技期刊论文数及占世界比重（2000—2018 年） …… 238
表 23-专 13-14 我国绿色能源及碳排放占世界总量比重（2000—2019 年） …………………………………………………………………… 239

1. 关于新冠肺炎疫情期间加强对互联网平台等新技术运用统一领导的建议

鄢一龙*

【摘要】

新冠肺炎疫情期间，建议加强对互联网平台等新技术运用的统一领导，通过多种方式，将互联网平台企业、新媒体、物流企业等作为支援力量，来更高效、更精准地应对疫情。具体有如下十点建议：第一，设立新技术应对疫情工作小组。第二，开通医患对接远程平台。第三，统一指挥新媒体平台疫情信息传播，加强舆情引导。第四，统一调用电商平台与物流企业推动疫情相关物资按需配给、精准配送。第五，统一调用网约车平台，为居民基本出行提供保障。第六，统一调用生活服务网络平台，为居民基本生活提供保障。第七，最大程度应用新技术，避免摸排、防控过程中的交叉感染。第八，加大无人机、机器人等技术的运用。第九，加大远程直播、远程会议、远程办公技术运用。第十，尽快开发中国公民 App，实现国家与个体点对点联结与分级信息智能化管理。

新冠肺炎疫情发生以来，中央采取了有力措施进行防控，取得了显著成效，整个国家在短时间内实现了从平时状态向危机时期准战时状态的转变。我国具有

---

* 鄢一龙，清华大学国情研究院副院长，公共管理学院副教授。

由中国共产党领导、从上到下的严密组织体系，实现了举国动员与万众一心、共同应对的局势，充分体现了我国社会主义制度的优势。但也暴露出一些问题：人员排查上存在效率较低，漏报、瞒报问题；医疗物资调配上衔接能力不足；舆情导向功能不强，权威声音传播不力，谣言偶有散布，引发社会不安情绪；民生物资配送缺少统筹，保障有时不够到位；政策实施不精准，带来许多次生问题；等等。

这些问题产生的症结在于从平时主要依靠的市场体制、自发协调，向危机状态下的计划体制、有组织管理转换的不适应问题。我们依靠的主要是传统的组织体系与组织手段，而这种组织体系如果不能和新技术相配合，就难以做到精准化、高效化，难以更有效应对高度复杂、多元、分散的现代社会中发生的疫情危机。新的互联网平台型企业具有用户高效联结、智能化、精准化、无人化等特点，能够助力危机条件下高效率、有计划、有组织的管理。

疫情期间，新技术在舆论宣传、人员隔离、人员排查、通信以及物资配送上都发挥了重要的作用，但是由于缺乏统一的指导调配，没能更好地发挥其功效。建议加强对互联网平台等新技术运用的统一领导，出台指导意见，通过统一征用、授权、领导等方式，将互联网平台企业、新媒体、物流企业等作为支援力量，来更高效、更精准地应对疫情。具体有如下十点建议：

第一，设立新技术应对疫情工作小组。由国家卫生健康委、中央宣传部、工业和信息化部、国家发展改革委等部委代表以及有关互联网企业负责人共同组成新技术手段应对疫情工作小组，在中央应对新型冠状病毒感染肺炎疫情工作领导小组指导下开展工作，解决条块分割管理带来的问题，成为“战时”协调中心，共同推进新技术的应用。

第二，开通医患对接远程平台。目前武汉等地的医疗资源严重过载，已经成为刻不容缓的问题，大量患者由于缺乏专业的医生指导，纷纷涌向医院，加重了医疗资源的紧张。建议依托有关的互联网平台，开通医患对接远程平台，动员异地医生参与武汉患者治疗，对轻症患者隔离、用药等进行专业指导和心理疏导，对于疑似患者就医提供专业性指导。

第三，统一指挥新媒体平台疫情信息传播，保证疫情权威信息精准高效传递，有效控制负面舆情。目前，舆情正确导向已经树立，但是最有力的传播工具仍未有效掌握。新媒体、自媒体成为信息接收与传播的主要平台，权威信息无法有效传递，负面舆情此起彼伏。建议有关管理部门通过直接指导和授权方式将新媒体平台纳入舆情宣传主平台，利用其高效触达、精准智能的特点，设立应对疫情的专门频道、专用通道、专用流量，根据舆情变化与宣传需要，通过置顶、流量分发等方式，统一发布、统一推送、统一辟谣疫情信息，积极有效引导舆论。

第四，统一调用电商平台与物流企业，实现疫情相关物资按需配给、精准配送。目前，抗疫物资的配送上出现了衔接不畅、未能精准高效等问题，这与目前层层报表、审批的传统物资配送体系有关。建议通过授权与统一指挥的方式，依托京东等主要电商平台、邮政快递等主要物流企业以及专业的医疗物资企业的信息处理与物流配送能力，实现物资高效精准到达。设立由上述三方组成的医疗物资供需对接平台，统一接受社会物资捐助，统一物流、统一分发，实现医院、社区等工作人员的医疗物资智能高效配送。设立口罩等居民防护品按需配给平台，以社区、村庄为单位，通过电商平台登记，进行限额配给制管理，避免由于恐慌性抢购造成物资紧缺。

第五，统一调用网约车平台，为居民基本出行提供保障。疫情期间，许多地区都出台了私家车限制出行措施，引发了居民看病难、出行难、生活不方便的问题。建议疫情严重地区，依托网约车平台设立专门医疗运送队伍，对司机加强防护，这要比按小区配给出租车的方式更为高效。在其他地区可以依托网约车平台，设立居民生活物资配送队伍，联接电商平台，减少居民外出购物次数。统一要求网约车平台开设医疗运送的专门入口，由专门司机运送，避免交叉感染。

第六，统一调用生活服务网络平台，为居民基本生活提供保障。参考武汉“万吨通”网上菜场的做法，居民可以通过登录 App，下单购买有关生活用品，同时要求企业提供无接触配送服务。

第七，最大程度应用新技术，避免摸排、防控过程中的交叉感染。目前各地都加强了管控，采用设卡、登记、摸排、派发传单、签告知书等方式，但无形中增加了工作人员与居民交叉感染的机会。建议明确提出指导意见，要求通过微信、电话等方式开展摸排工作，通过远程视频的方式进行居家隔离的体温监测等工作。要求微信等平台在目前开通的国务院疫情督察信息平台基础上，进一步开放专门的疫情控制信息通道。

第八，加大无人机、机器人等技术的运用。借鉴杭州等地经验，大量调配无人机、机器人用于隔离区、医疗区的信息传递、餐饮配送等工作，最大程度降低人员的交叉感染。加大对疫情严重地区无人智能设备的支援。

第九，加大远程直播、远程会议、远程办公技术运用。统一调用网络直播平台，设立专门的栏目，动员心理医生参与直播，进行有效的心理疏导。鼓励直播、远程教学平台为延期开学的学生提供学习服务。鼓励使用远程办公平台开会、办公，将推迟开工的损失降到最小。

第十，尽快开发中国公民App，实现国家与个体点对点联结与分级信息智能化管理。作为以公民身份直接绑定的App，是公民与国家交互的指定平台。居民用身份证号码登录用户端，呈现个性化界面；管理端为各级行政部门配置不同的权限。该App作为居民和国家发生关联的信息记录、交互平台，既能够查询个人的身份、社保、医疗、就业等信息，也能够直接填报居民有关信息（居民填报信息的义务与真实性由法律予以保障），还可作为向居民精准推送政策信息的平台。疫情期间，依托该App能够实现国家与个体的直接互动，比层层摸排、报表更为高效，更便于统一管理。同时，该App还有发布防控资讯、动态监控疫情情况、招募志愿者、开展卫生健康服务等功能。

2. 湖北农村新冠肺炎疫情防控形势与对策

王亚华　舒全峰*

【摘要】

有效防止农村出现大规模扩散，对于打赢疫情防控阻击战具有重大意义。当前湖北农村疫情防控工作形势复杂严峻，主要面临五大挑战：农村医疗卫生体系薄弱，防疫物资短缺；农村基层干部公共危机意识不够强，领导力普遍不足；群众认知存在差异，联防联控参与不够；个别村庄在封村过程中出现偏激行为，加剧群众恐慌心理；低收入群众疫情承受力弱，易隐瞒实情。对此我们建议：调动社会力量，加大和创新农村防疫物资供给储备与保障；调派专业医护人力以及技术力量支援乡村；创新社会动员机制，多措并举推动联防联控；引导村庄依法自我保护，及时疏导群众恐慌心理；因地制宜确保脱贫攻坚成效，加大患病农民支持保障力度。

新冠肺炎疫情发生以来，习近平总书记高度重视，提出把打赢疫情防控阻击战作为当前的重大政治任务。目前，湖北疫情防控主要聚焦于城市、城镇地区，医疗资源更为薄弱的农村地区出现防疫真空，隐患巨大。

---

* 王亚华，清华大学国情研究院教授，中国农村研究院副院长，公共管理学院副院长；舒全峰，清华大学中国农村研究院助理研究员，公共管理学院博士后。

一、湖北农村疫情防控的形势研判

（一）湖北疫情扩散形势日趋严峻

截至 2020 年 2 月 4 日 0 时，我国新冠肺炎确诊病例达到 20438 例，其中湖北地区 13522 例，占比高达 66.16%。这一时期其他省市因及时防控，日新增确诊病例维持在 700 例左右（见图 23-2-1）。但湖北的确诊病例数和日新增确诊病例数均呈指数增长态势；与此同时，因疫情严重造成医疗资源过载，死亡病例数也在快速上升，且一直高于治愈病例数。湖北疫情防控形势十分严峻。

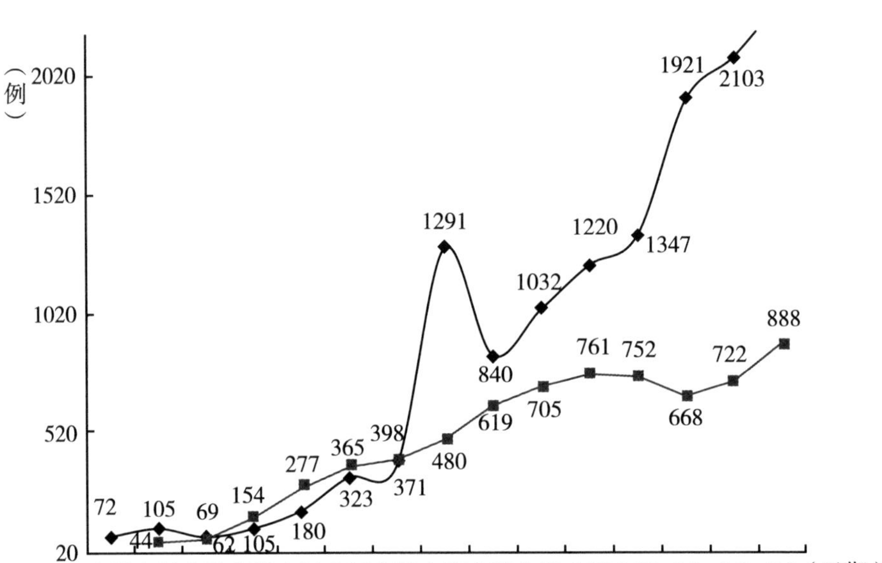

图 23-2-1　湖北与其他省区市新增确诊病例数变化形势
（2020 年 1 月 20 日—2 月 3 日）

（二）湖北各市州疫情严重性被低估且存在评估误差

2020 年 1 月 29 日，湖北省确诊病例中，武汉市（2261 例）首次低于其他市州总数（2325 例），且差距呈现日趋扩大的趋势。武汉市流出人口的大部分去往

孝感市和黄冈市，两地疫情因而愈发严峻，被普遍认为是仅次于武汉的疫情重灾区。但如果将各市州人口规模纳入考量，疫情严重程度与当前广泛认知并不相同：截至2月4日0时，每万人确诊病例数最高的是武汉市（7.04例），其次是鄂州市（2.98例）、随州市（2.57例），此后才是孝感市（2.17例）、黄冈市（1.93例）；死亡率最高的为天门市（8.55%），其次为鄂州市（5.42%）、武汉市（4.9%）（见表23-2-1）。结合这些城市拥有的医疗资源数量、质量，可以判断武汉市周边县市疫情严重性被低估且存在评估误差。

表23-2-1　截至2020年2月4日0时湖北各市州确诊病例数和死亡率

地区	确诊数(例)	2019年户籍人口(万人)	每万人确诊数(例)	死亡数(例)	死亡率(%)
武汉市	6384	906.4	7.04	313	4.9
黄石市	405	273.34	1.48	2	0.49
十堰市	291	346.07	0.84	0	0
襄阳市	632	589.78	1.07	1	0.16
宜昌市	452	390.94	1.16	3	0.66
荆州市	613	637.16	0.96	7	1.14
荆门市	400	290.95	1.37	14	3.5
鄂州市	332	111.56	2.98	18	5.42
孝感市	1120	515.15	2.17	17	1.52
黄冈市	1422	737.81	1.93	19	1.34
咸宁市	348	305.28	1.14	0	0
随州市	641	249.48	2.57	6	0.94
恩施州	123	402.1	0.31	0	0
仙桃市	188	152.92	1.23	3	1.6
潜江市	44	100.5	0.44	1	2.27
天门市	117	160.51	0.73	10	8.55
神农架林区	10	7.87	1.27	0	0

（三）湖北农村疫情防控工作形势复杂

基于大数据平台测算，武汉市封城前有340万人流向湖北其他市州，其中有

152 万人回到农村。新冠病毒传染性强且潜伏期也有传染性；湖北医疗卫生资源空间分布极度不均衡，武汉市周边县市显著落后；湖北农村尤其是人口密度高的鄂东和鄂南地区以宗族社会为主，家庭聚集规模大。这些因素叠加使得湖北农村疫情面临潜在传染源多、扩散速度快、防控能力弱的复杂形势。

二、湖北农村疫情防控面临的主要挑战

一是农村医疗卫生体系薄弱，防疫物资短缺。农村一直是我国公共医疗服务供给短板。在本次疫情中，优秀医师、先进设备、防疫物资等优质资源优先供给城市医疗机构，农村因缺乏防疫物资而出现防疫真空，乡镇卫生院、村卫生室普遍缺乏口罩，防护服、防冲击眼罩更是稀缺品，基层医疗人员不得不暴露在危险之中。处于防疫物资短缺状态的农村医疗机构，在面对农村基层组织和群众的防疫需求时显得捉襟见肘。

二是农村基层干部公共危机领导力普遍不强。近些年来，随着社会治理的复杂化，我国农村基层干部领导力不足的问题日益凸显，特别是在一些重大或紧急公共危机事件中推卸责任的现象较为明显。在本次疫情中，湖北不少农村基层干部缺乏主动性，关键时刻脱岗、离岗，专业素养不够强，工作能力也有待提高。

三是群众认知存在差异，联防联控参与不够。由于教育不足、信息落后、生活环境封闭，农村群众往往对疫情防控的紧迫性和重要性认识不够；2003 年非典型肺炎疫情期间，湖北的疫情很轻，导致本次疫情发生时农村群众普遍存在侥幸心理，加上湖北农村传统文化氛围浓厚，已形成节庆期间举办各类民俗活动的文化惯性。这些因素叠加导致农村群众对疫情防控工作的参与度远远不够。

四是个别封村行为偏激，加剧恐慌心理。自湖北各市州封城后，农村也开始自发封村、封组，但是相当多的封路行为走向极端，比如采用砂石甚至砌砖封路，阻碍了医疗、环卫、物资等疫情防控工作开展；部分村庄甚至动用棍棒、管制刀具驱赶接近村庄的外来人口。此外，由于湖北疫情形势严峻，加上信息不透明、谣言较多，使许多群众产生了恐慌心理。因疫情停工停产带来的压力以及“恐鄂”情绪，个别有较大经济负担的农民甚至出现了应激性心理障碍，产生悲观厌世心理。

五是低收入群众疫情承受力弱，易隐瞒实情。本次疫情中湖北采取的严格管

制措施对本已脆弱的农村种养产业造成巨大冲击，加之劳动力无法外出务工，一旦有家庭不幸传染，极易致贫返贫。一些群众担心去医院给家庭带来经济负担，刻意隐瞒武汉接触史；有的甚至在出现发热症状后，采取隐瞒病情、自行隔离等候病情自愈的行为而不及时上报和就医。

三、加强湖北农村疫情防控工作的建议

一是加大和创新农村防疫物资供给储备与保障。乡镇卫生院、村卫生室是防止农村出现大规模疫情的最后一道防线，要高度重视湖北农村的防疫需求，内扩产能，外增采购，畅通调配。建议：第一，扩大企业生产产能，生产防疫标准更高的医用防护物资；第二，动员湖北各地乡镇企业和农村棉织作坊生产普通群众需求量极大的口罩；第三，授权调用优质电商物流企业，利用其成熟的物流通道和先进的管理技术一起参与湖北农村防疫物资配送工作。

二是调派专业医护人员和技术力量支援农村。当前湖北农村医护人员的工作量、工作压力和风险陡增，建议：第一，协调外省加大对湖北的支援力度，争取达到 1—2 个省定向支援湖北 1 个市州；第二，从非定点医院、民营医院等城市医疗机构临时调派专业医护人员充填到各乡镇卫生院、农村卫生室；第三，迅速在湖北农村授权推广清华大学开发的“新冠自测系统”等技术。

三是创新社会动员机制，多措并举推动联防联控。疫情防控人人有责，要充分挖掘湖北农村社会自治潜力，打造党委政府、社会、群众协作治理的联防联控格局。建议：第一，将湖北所有驻村工作队就地转化为“疫情防控队”；第二，临时选派优秀机关干部短期驻村统筹村庄防疫工作；第三，充分发挥农村经济能人、乡村贤达的能力和影响力参与防控；第四，积极鼓励农村党员和志愿者进行服务。

四是引导村庄依法自我保护，疏导群众恐慌心理。要鼓励和引导村庄的依法自我保护行为，重视湖北疫区群众的心理疏导工作。建议：第一，鼓励干部群众创作各类通俗易懂的防疫宣传口号；第二，将砂石、砌砖封路改为机动车、警戒线封路等，确保防疫和农业生产交通两不误；第三，动员专业心理咨询师参与政府防疫宣传工作，对疫区群众进行科学的心理疏导。

五是力保脱贫攻坚成效，加大对患病农民的支持保障力度。湖北疫情防控措

施十分严厉，给脱贫攻坚工作造成巨大冲击，会出现一些贫困程度加深户和返贫户，同时也给其他农户增加潜在的经济压力和财务风险。建议：第一，加强对湖北脱贫攻坚工作的指导和支持，综合施策力保农村贫困人口按时脱贫，严防脱贫人口返贫；第二，重点支持孝感市、黄冈市、鄂州市、随州市、恩施州、十堰市等疫情重灾区的脱贫工作，调整检查与督查措施，尽快恢复农村基层干部的工作信心和动力；第三，对于确诊病例、疑似病例发生的医疗费用，通过新农合、大病保险、医疗救助等按比例报销一部分费用后，需个人负担的费用可由财政给予补助；第四，将诊疗方案中涉及的药品和医疗服务项目全部临时纳入医保基金支付范围，以确保得到及时有效治疗，防止因经济原因隐瞒病情。

3. 以动态死亡率和动态治愈率为指标来评估新冠肺炎疫情期间的救治工作

胡鞍钢　周绍杰　王英伦*

【摘要】

当前采用的死亡率计算方法，不能及时反映地区疫情的严重程度，有可能导致误判。因此，有必要研究提出动态死亡率和动态治愈率的综合指标，以此来分析判断各地区疫情的实际情况。

从不同地区的动态死亡率和动态治愈率比较来看，湖北的防控和救治压力仍处在持续增加阶段，仍是全国防疫与治愈工作的重中之重。湖北及武汉确诊病例规模过大而救治能力严重不足仍是突出问题。基于疫情防控总体局势，建议：以动态死亡率和动态治愈率作为重要参考指标，充分评估湖北各市州的救治能力，进一步加强分类指导。

如何更精准地评估疫情期间救治工作的实际成效？一是需要继续提高治愈率和降低死亡率，二是需要监测累计的动态死亡率和动态治愈率。

根据截至 2020 年 2 月 11 日上午 10 时的公开数据，我们计算了动态死亡率

* 胡鞍钢，清华大学国情研究院院长，清华大学国家治理与全球治理研究院首席专家；周绍杰，清华大学国情研究院研究员，公共管理学院副教授；王英伦，清华大学公共管理学院博士研究生。

和动态治愈率。不同于目前采用的死亡率计算方法，该比率一是基于累计治愈病例数和死亡病例数，计算动态死亡比率，其定义为：动态死亡率=累计死亡病例数/（累计治愈病例数+累计死亡病例数）×100%；二是采用动态治愈率作为衡量救治效果的指标之一，其定义为：动态治愈率=累计治愈病例数/累计确诊病例数×100%。

从不同地区的动态死亡率和动态治愈率比较来看，截至 2020 年 2 月 11 日 24 时，我国平均的动态死亡率为 19.02%，动态治愈率为 10.62%。与其他省区市相比，湖北的动态死亡率明显偏高，动态治愈率则明显偏低（见表 23-3-1）。同一时期，我国重症病例数达 8204 例。其中，湖北重症 5724 例、危重症 1517 例；相对于 2 月 6 日（重症 3161 例、危重症 841 例）、2 月 8 日（重症 4093 例、危重症 1154 例）的数据，均有明显增加。这表明，湖北的防控和救治压力仍处在持续增加阶段，仍是全国防疫与治愈工作的重中之重。

表 23-3-1 全国和湖北动态死亡率与动态治愈率统计表
（截至 2020 年 2 月 11 日 24 时）

	累计确诊（例）	累计治愈（例）	累计死亡（例）	动态死亡率（%）	动态治愈率（%）
全国	44653	4740	1113	19.02	10.62
湖北	33366	2639	1068	28.81	7.91
其中:武汉	19558	1305	820	38.59	6.67
其他省区市	11287	2101	45	2.1	18.61

数据来源：中华人民共和国国家卫生健康委员会网站。

从动态死亡率的变动趋势来看（1 月 21 日之后），全国、湖北及武汉均经历先上升、后下降的过程，而其他省区市则总体下降（见图 23-3-1）。从动态治愈率的变动趋势来看，全国、湖北及武汉总体上均经历先下降、后上升的过程，而其他省区市则总体上升（见图 23-3-2）。通过分析动态死亡率和动态治愈率的变化趋势可知，医治新冠肺炎的水平在不断提高。但是，湖北和其他省区市之间还存在较大差距，可能因为后者主要是输入性传染，属于二代传染，所以致死率相对较低。这表明，湖北确诊病例规模过大而救治能力严重不足仍是突出问题。

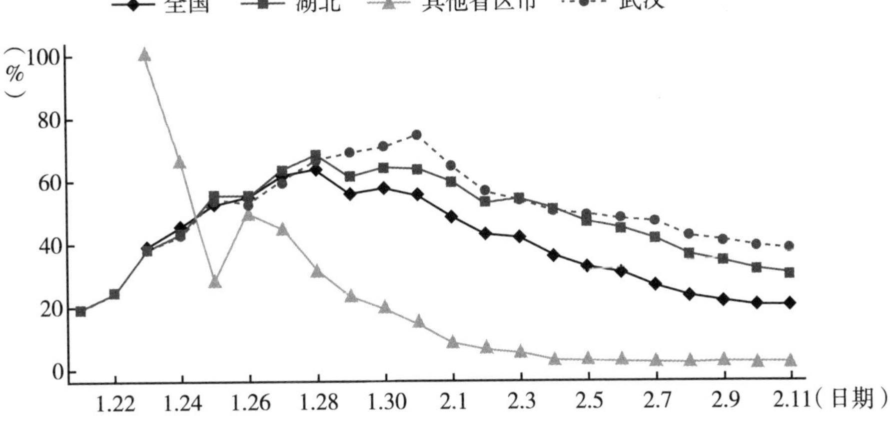

图 23-3-1　全国、湖北（武汉）及其他省区市动态死亡率变动趋势（2020 年 1 月 21 日—2 月 11 日）

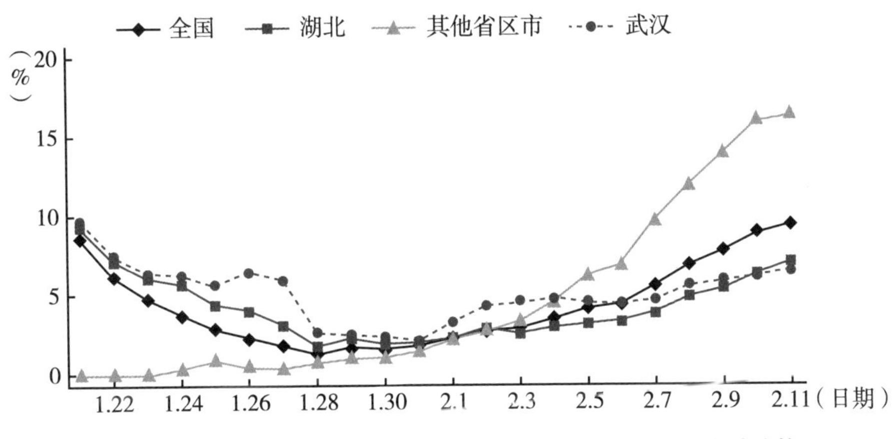

图 23-3-2　全国、湖北（武汉）及其他省区市动态治愈率变动趋势（2020 年 1 月 21 日—2 月 11 日）

从我国每日新增确诊病例数变动趋势来看，绝大多数省区市已逐步下降，湖北及武汉新增病例数也在下降（见图 23-3-3），这表明防止疫情扩散取得了重要进展。下一步，在继续做好防疫工作的同时，核心目标是提升救治能力，特别是举全国之力提高湖北及武汉的救治能力。

基于当前防疫工作的总体形势判断，我们提出以下政策建议：

第一，以动态死亡率和动态治愈率作为衡量各省区市救治能力的重要参考指

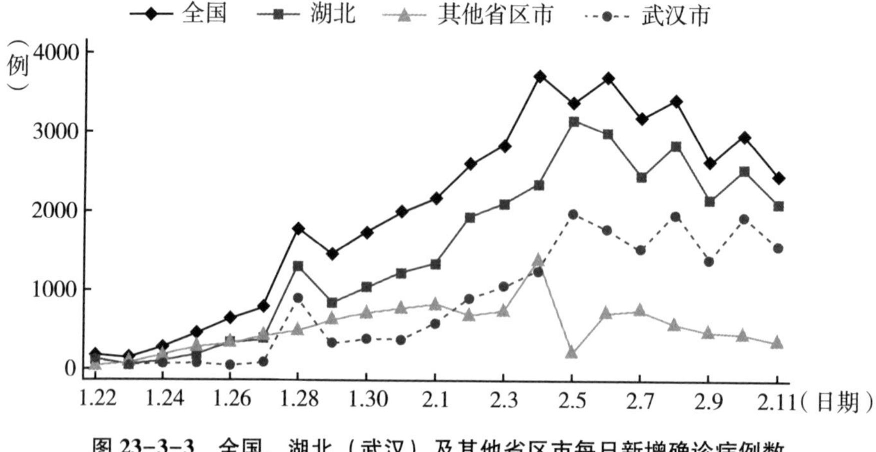

图 23-3-3　全国、湖北（武汉）及其他省区市每日新增确诊病例数变化趋势（2020 年 1 月 22 日—2 月 11 日）

标。尽快对湖北及武汉的动态死亡率明显高于其他省区市的原因进行分析，有针对性地采取措施。

第二，充分评估湖北各市州的救治能力，进一步加强分类指导。密切关注湖北各市州医疗资源（医疗专家、医护人员、床位数、救治设备等）救治重症和危重症确诊病例的能力。建议对救治设备供给不足的市州可考虑异地救治，重点是把重症确诊病例转移至对口支援的其他省区市救治，降低动态死亡率，提高动态治愈率。

4. 新冠肺炎疫情对“三农”的经济影响及对策

张红宇　胡凌啸　胡振通*　王亚华

【摘要】

疫情突如其来，从现阶段来看，对城市影响远大于农村，对社会生活影响远大于生产，对服务业等第三产业影响远大于第一和第二产业，对非农产业影响远大于农业产业，对畜禽业影响远大于种植业。如果得不到有效控制，对农业农村经济的影响将是全面的：农产品流通受阻引发滞销、畜禽产业遭受打击、“菜篮子”产品供需紧张、农资断供影响春耕；农民外出务工深受影响、增收目标更难完成；农村成为防患重点、农村公共卫生防疫进一步暴露短板、恐慌心态对乡村治理提出挑战。因此，需要及时对疫情产生的影响加以研判并寻求对策，同时强化应对突发危机的体制机制建设，确保全面建成小康社会的成色。

一、疫情对农业的影响

一是流通受阻引发滞销。严控交通的防疫措施同时也阻断了农产品运销，导致产品积压，经济损失。山东寿光市、海南海口市等多地农副产品批发市场已经

* 张红宇，清华大学中国农村研究院副院长，农业农村部农村经济体制与经营管理司原司长；胡凌啸，北京工商大学经济学院讲师，清华大学公共管理学院博士后；胡振通，清华大学公共管理学院助理教授，中国农村研究院助理研究员。

出现蔬菜、水果、水产等价格下跌及滞销问题。当季果蔬等受疫情影响最为突出，以草莓为例，交易量断崖式下降，不少地区草莓价格由往年 20 元/斤降至不足 3 元/斤。

二是畜禽产业遭受打击。封村断路、延迟饲料厂复工、暂停活禽交易、关闭屠宰场等防疫措施，导致养殖场和养殖户的畜禽无饲料可用、仔畜雏禽无处可卖、出栏畜禽无法屠宰，养殖业难以正常开展。对养鸡业而言，肉鸡供给远超屠宰能力，价格急速下跌；孵化场的鸡苗无法顺利销售，出现填埋鸡苗等极端现象。对养猪业而言，疫情迫使新建猪场普遍停工，生猪养殖信心受挫，补栏积极性下降，阻碍了生猪产能恢复进程。

三是“菜篮子”产品供需紧张。流通联结供需两端，疫情对流通的影响经上下传导，造成连锁反应，“菜篮子”产品首当其冲。肉蛋奶菜产销区供需错配脱节，价差扩大。生猪远距离调运遭遇困难，主产区猪源外调减少、猪价受压，主销区猪源供给紧张、猪价上涨；部分产区鸡蛋收购价格已跌破成本线，但部分销区因鸡蛋供货不足价格一路走高。需求端面临短期内紧平衡和局部地区结构性短缺，部分城市地区肉蛋奶菜供应出现紧张，疫情严重地区甚至出现了哄抢现象。

四是农资断供影响春耕。疫情引发春耕农资供应不足问题。据湖南三农网发布的信息，受 2019 年年底化肥行情下滑影响，农资经销商普遍存货不多，且多处于关门的状态。如果疫情持续，农资产品的物流配送不畅，将给春耕农资供应带来较大的影响。同时，春耕期间的劳动力、农机服务在供应上也会遇到困难，导致农事活动无法正常进行。从区域看，南方农业生产受疫情影响明显要大于北方。

二、疫情对农村的影响

一是农村将成为防患的重点。尽管村庄通过多种手段反复强调防护常识，但由于农民防疫意识薄弱且良好的卫生习惯还未完全形成，因此，仅仅依靠倡导性的措施显然力度不够大，这迫使不少村庄在疫情进入严峻复杂阶段后采取了断路封村的“强招硬招”。即便如此，有些地方仍没有真正做到严防严控，以至于可能引发严重后果的隐患随处可见。当前，湖北疫情已呈现从城市向农村蔓延的趋势，农村将是防疫的重点区域。

二是农村公共卫生防疫暴露短板。农村防疫条件有限、能力不足、物资匮乏，加大了防控难度。2019 年，我国农村每万人医疗机构床位数只有 48.09 张（城市是 87.81 张），其中每万农业人口乡镇卫生院床位数仅 14.8 张；此外，农村每万人拥有的卫生技术人员数量（50 人）还不及城市的一半（111 人）。农村公共卫生资源不仅在数量上不充分，同时在配置结构和布局上也不合理。农村基层公共卫生资源、管理体制等与其承担的任务不相适应，存在重治疗、轻预防的倾向，很难满足疫情防控的迫切需要。

三是恐慌心态对乡村治理提出挑战。作为最基层防疫动员管理主体的村干部，危机管理意识较弱，在没有上级统一部署的情况下，很难应对因断路封村措施而引发的村民对疫情的恐慌。对于已经出现确诊病例、疑似病例的村庄，如何平复村民的恐慌情绪、遵守居家隔离的规定，对村干部的治理能力提出了严峻挑战。

三、疫情对农民的影响

一是外出务工深受影响。2019 年，2.91 亿农民工中到乡外就业的比例占60%，而这些人中的 90%选择进城务工。延迟复工、控制人口流动、呼吁居家不
施和农民外出务工需求之间的矛盾非常突出。此外，绝大多数农民工分
小企业，这也是受疫情冲击最大的企业类型。中小企业破产倒闭将引发农
业风险，造成无工可打、无钱可赚的困难局面。

二是增收目标更难完成。2019 年，工资性收入和经营净收入分别占我国农村居民人均可支配收入的 41%和 36%，但这两方面收入在此次疫情中均受到较大影响。一方面，非农收入受损。外出务工受阻直接影响务工收入，对于疫情最为严重同时也是农民工输出大省的湖北而言，2020 年的农民增收问题会非常突出。另一方面，农业收入受损。疫情对畜禽养殖户、果蔬种植户、休闲观光农业经营户的收入都造成了很大影响。如辽宁丹东一养鸡户反映，因疫情造成的经济损失可能达到二三十万元。疫情对收入的负面作用势必影响增收的整体趋势。

四、对　　策

一是强化流通管理。首要任务是保障货畅其流，畅通绿色通道，实现供需对接，并严厉打击哄抬菜价、肉价行为，保障市场供给。严格贯彻农业农村部 2020 年 2 月印发的通知要求：不得拦截仔畜雏禽及种畜禽运输车辆，满足养殖场补栏等生产需求；不得拦截饲料运输车辆，满足畜禽养殖的饲料需求；不得拦截畜产品运输车辆，防止出现“卖难”和“断供”现象；不得关闭屠宰场，确保市场供给和产品质量安全；不得封村断路，确保通往畜禽养殖场、畜产品屠宰加工和交易市场等关键场所的道路通畅；支持企业尽早复工复产，增加市场供应，保障养殖企业和畜产品加工企业正常运行。同时，建立疫情期间应时农产品产销对接机制，解决滞销问题。

二是保障“菜篮子”产品供给。2019 年我国冬春蔬菜在田面积 8400 多万亩，产量 1.7 亿吨，均比上年同期增长 2%左右，为防控疫情、保障“菜篮子”供应提供了坚实保障。在此基础上，要充分发挥农民专业合作社和企业的作用，通过及时了解主要农产品供求信息，合理安排蔬菜、畜禽等重要农产品生产，保持正常生产秩序，确保“菜篮子”产品有效供给。各地政府和农业农村部门要加强对生产计划的指导，提供技术服务，及时解决瓶颈问题。

三是抓好春耕春播工作。做好春耕备耕，不误农时，确保全年再夺丰收。重点保障种子、化肥、农药等农资供应，做好疫情期间相关农业企业的复工对接工作，确保农资质量可靠、市场稳定、运输顺畅。加强人员准备和物资储备，全力做好农机备耕。鼓励各村统筹安排，可采用人员分散的方式展开春耕种植。同时，借助网络授课、微信等方式，改农业技术线下培训为线上辅导，提高农业从业人员技能。

四是稳妥有序推动农民工外出务工。发挥基层就业和社会保障服务平台、农民工综合服务中心等作用，广泛开展应对疫情政策措施宣传讲解，做好农民工科学防控工作。引导农民工合理安排返城返岗时间，避免节后盲目外出。加强农民工输出地与输入地有效对接，输出地要及时跟踪主要输入地疫情变化，做好企业用工、复工、交通、疫情等信息的集中发布；输入地要加强企业用工情况监测，加强有组织的对接服务。

五是支持企业按时发放农民工工资。通过减免企业房租、降低担保费率、延期缴纳税款、返还失业保险费、增加就业补贴等方式帮扶中小微企业应对疫情、渡过难关。按照国务院农民工工作领导小组的要求，加强对受疫情影响企业的劳动用工指导和服务，促进企业保持正常生产经营秩序，依法依规处理农民工因疫情不能提供正常劳动情况下劳动关系问题。对于因隔离、留观、治疗或政府采取紧急措施导致农民工暂不能提供正常劳动的，企业不得解除劳动合同或退回劳务派遣工。

五、强化应对突发危机的体制机制建设

一是强化农产品生产保障能力建设。种植业要重点提高粮食的综合生产能力，确保国家粮食安全。严守耕地红线，加快划定和建设粮食生产功能区、重要农产品生产保护区。落实“藏粮于地”“藏粮于技”战略，加强高标准农田建设。畜牧业要进一步加大生猪生产力度，推进新猪场建设，大力发展标准化规模养殖和积极带动中小养猪场（户）并重发展，增加猪肉供应。

二是强化农产品供给链建设。加强主体建设，重点支持三类主体：一是签订长期农产品采购协议、发展订单农业的农产品流通企业或新型农业经营主体；二是向生产环节、销售环节延伸产业链条，实现“销+产”或“产+销”一体化的新型农业经营主体；三是农产品流通企业和新型农业经营主体通过参股控股、兼并收购等多种方式形成产销优势互补、风险利益共担共享的股权投资合作企业。加强农产品流通应急绿色通道建设，减少重大危机对农产品产销衔接的影响。进一步强化农业保险及风险管理工作，最大限度弥补生产者的各种风险损失。

三是强化重要农产品储备能力。做好基本农产品储备工作，在数量上要有保障。同时，重要农产品的储备能力建设，不能简单理解为增加数量，要和生产能力、产品供应、消费需求相适应，综合考虑储存成本、管理成本和社会效益等因素，进行合理的储备机制设计，能够满足突发情况时的产品需要。

四是提升农村公共卫生防疫条件。推动乡村医疗卫生机构标准化建设和设备提档升级，加强乡村医生队伍的培养和输入，提升基层医务人员的公共卫生防疫知识和能力。同时，坚定不移推动农村人居环境治理，抓紧完成乡村生活垃圾、污水集中治理和“厕所革命”三项硬任务，为提高农村公共卫生条件奠定坚实基础。

5. 积极应对新冠肺炎疫情蔓延全球的政治经济影响，建设抗疫共同体

唐　啸　黄培伦　李佳硕*

【摘要】

当前疫情蔓延全球，我国将面临三大挑战：疫情加剧各国民粹主义和排外势力抬头，排外舆情可能与反华舆情结合为排外、排华和逆全球化政策；疫情可能导致各国停工停产、相互管控人流物流，造成部分地区的生产和消费能力下降，呈现逆全球化趋势；国际组织在应对疫情上发挥作用有限，缺乏有力的领导者。

疫情也是构建人类命运共同体的契机：我国成功应对疫情的实践，极大地提升负责任的大国形象；注重维护良好的国际合作机制，不断强化抗疫共同体建设，丰富了人类命运共同体的内容。建议：旗帜鲜明地提出构建人类命运共同体，为应对全球性公共危机提供中国智慧；加强以知识、经验为核心的对外援助，根据我国疫情控制情况逐步建立国际援助体系；率先提出检疫标准建议，在世界卫生组织框架下提供跨境人流、物流的管控方案；加强以专业交流为支点的国际交流，适时举办线上国际会议；鼓励我国企业主动作为，加强全球价值链企业的经济互动；精准应对负面舆情，讲好抗疫中国故事。

* 唐啸，清华大学国情研究院副研究员，公共管理学院副教授；黄培伦，清华大学公共管理学院博士研究生；李佳硕，山东大学前沿交叉科学研究院研究员。

当前，疫情呈全球蔓延趋势，已发展成为全球性公共卫生危机，这对我国和世界都带来了更大挑战。从人类发展史上看，全球性公共卫生危机对人类社会的政治经济格局产生了深远影响。① 而此次疫情与以往相比，具有范围更广、发展更快等特点，是一场典型的由全球化人流物流大联通所带来的公共卫生危机事件。从某种意义上说，随着人类全球化的进一步发展，地区性传染病快速升级为全球性公共卫生危机几乎是不可避免的。

构建人类命运共同体，正是针对“牵一发而动全身”的全球化时代特点提出的。因此，我们要关注疫情蔓延导致的世界政治经济格局变动，以兼具历史高度和全球视野的长远眼光，抓住疫情中的关键点，化危为机，以抗疫共同体建设，推动构建人类命运共同体。

一、疫情对全球的挑战

（一）疫情有可能导致民粹主义和排外主义抬头，使排外舆情与反华舆情结合演变为排外、排华和逆全球化的政策

民调显示，疫情发生后，日本安倍晋三的支持率较 2020 年 1 月下降 8.4 个百分点，不支持率上升 7.8 个百分点，不支持率时隔 19 个月首次超过支持率；伊朗议会投票率低至 42.57%，创下伊斯兰革命以来的最低水平，反映民众对国内政治的失望情绪。抽样调查显示，当前国际舆论中民众对我国在疫情中的评价，正面的占 54%、负面的占 38%、中性的占 8%。② 与以往排外、排华舆情不同的是，“健康”相比“人权”等政治议题有更强的动员能力，不论民众持何种政治立场、所处哪个阶级，都能感同身受，它们与排外声音结合后破坏力更强。随着疫情的蔓延，可以预见国际舆论的关注度将进一步增强。若不能有效应对国际舆情，民粹主义的排外情绪可能转化为政党的排外、排华和逆全球化的政策。

---

① 欧洲黑死病：14 世纪中后期，鼠疫在欧洲导致 2500 万人死亡，对中世纪欧洲社会的经济、政治、文化、宗教、科技等产生了巨大的影响。西班牙大流感：20 世纪初，西班牙型流感在全球暴发，造成约 10 亿人感染，超过 5000 万人死亡。

② 课题组在脸书（世界最大的社交媒体）平台上选取用户对主流新闻媒体的新闻评论，通过分层抽样选取样本，并采用模糊打分法对意见代表性进行加权平均。

（二）疫情导致部分国家和地区管控人流物流，使生产和消费能力下降沿着全球价值链进一步放大，造成经济损失，进而影响全球经济增长

目前日本、韩国对全球的半导体、汽车等多个产业链造成影响。就跨境流动而言，根据统计，至少 25 个国家和地区对我国采取了物流禁止、限制、延迟通关等措施。虽然采取物流管控措施的国家和地区数量有限，但若不予以有效应对，为全球提供解决方案，全球物流势必因疫情蔓延、各国相互限制而受到阻碍。经济全球化可能受到部分产业链停摆、物流受限的双重损害。疫情对全球经济的影响也进一步转化为全球系统性金融风险。全球主要股票市场指数均大幅度下跌。①

（三）在应对疫情上，世界卫生组织等国际组织发挥作用有限，缺乏有力的领导者，导致世界政治经济挑战不断扩大

世界卫生组织虽然是卫生领域影响最大的联合国专门机构，但在协调各国人流物流管控、物资援助、金融支持等方面的作用有限。目前，各国对疫情认识不一，采取的人流物流管控措施存在较大差异，致使应对疫情的国际合作事倍功半。

公共卫生是全球最大的公共产品，也是全球最急迫的公共事务。国际社会若不能有效应对，不仅短期内在经济、外交等方面损害我国国家利益，从长远来看也会造成全球化逆流，不利于构建人类命运共同体。

二、疫情是推动构建人类命运共同体的契机

我国提出的人类命运共同体理念，为全球治理提供了中国方案。疫情肆虐全球期间，我国在病毒检测、药物研制、疫苗开发、协同抗疫等方面开展了积极的国际合作，以自身行动诠释了人类命运共同体理念的内涵，使构建人类命运共同体日益成为国际社会的共识。

---

① 截至 2020 年 3 月 1 日，较近期高点，美国标普 500 指数下跌 12.95%、道琼斯指数下跌 14.07%、纳斯达克指数下跌 12.92%，英国富时指数下跌 14.42%，德国 DAX 指数下跌 13.81%，日本日经 225 指数下跌 12.33%。

（一）我国成功应对疫情，极大地提升负责任的大国形象

目前疫情蔓延全球时期，我国的举措和对外传播将成为各国民众对我国的第一印象，肯定会产生持久、强烈的首因效应。① 同时，各国民众也会将本国应对措施与中国的进行比较得出孰优孰劣的判断，在后续公共卫生事件中不断加强。

（二）我国在疫情应对过程中注重维护良好的国际合作机制，为建设抗疫共同体作出应有的贡献

公共卫生是特殊的公共产品，不仅关乎每一个国家，且情势急迫。疫情相关事务在国际社会上有更强的动员能力。当前全球疫情蔓延，且缺乏有力的全球领袖协调国际秩序。我国作为负责任的大国，有更大的义务、更强的合法性提供公共卫生这一最大的公共产品。抗疫共同体也丰富了人类命运共同体的内容。

三、政策建议

一是旗帜鲜明地提出构建人类命运共同体为应对全球性公共危机提供中国智慧。我国的发展部分是受益于全球化的，促进全球化发展某种程度上也是在维护自己的利益。因此，应对疫情是构建人类命运共同体的组成部分。在应对疫情中旗帜鲜明地提出构建人类命运共同体，有利于建设持久和平、普遍安全、共同繁荣、开放包容、清洁美丽的世界，不断提升我国的国际影响力。

二是加强以知识、经验为核心的对外援助，建立国际物资援助体系。我国可以向世界各国提供被证明有效的社会管控措施、诊疗方案、医院管理方案、典型病例等，适度提供急缺的检测试剂盒等物资。可以联合世界卫生组织建立国际医疗物资援助、联合储备体系，对外提供急缺物资。逐步推动亚洲投资银行等国际金融组织加强对公共卫生项目投融资。

三是率先提出检疫标准建议，提供跨境人流、物流的管控方案。争取在世界卫生组织框架下提供跨境人流、物流的管控标准，避免因疫情蔓延阻碍经济全球

---

① 首因效应，指交往双方形成的第一次印象对今后交往关系的影响，也即是“先入为主”带来的效果。虽然第一印象并非总是正确的，但却是最鲜明、最牢固的，并且决定着以后双方交往的进程。

化。标准输出可以有效地争得话语权，降低政治敏感度，不易引起国际社会反感，有利于在应对疫情的国际合作中占据主导地位。

四是加强以专业交流为支点的国际交流。联合世界卫生组织，举办面向各国专家、学者、智库的线上会议，以应对疫情为主题，交流医学、经济、公共管理等方面的知识、经验，争取国际支持、扩大国际影响。

五是鼓励我国企业主动作为，加强全球价值链企业的经济互动。应当推动一批在国际产业链上的企业复工复产，通过中国国际贸易促进委员会等平台及时发布已复产企业信息，鼓励电商龙头企业加强跨境在线交易，鼓励企业开展基于信息化的跨境服务贸易。

六是精准应对负面舆情，讲好抗疫中国故事。与国际组织合作，构建有影响力的辟谣平台；针对疫情透明度等负面舆情关注点，通过外交部、各国媒体及时发布真实信息，精准回应舆论关切，防范国际、国内舆情联动；驻外使领馆可以鼓励海外华人团体主动发声，加强交流、宣传。同时，对外传播不仅要摆事实，更要拉感情，提升信息对受众的贴近性。可以着力打造一批有国际影响力的精品作品，如抗疫纪录片、新冠科普视频、武汉宣传片等。

6. 新冠肺炎疫情冲击与我国金融风险应对

王亚华　顾庆康　侯　涛*

【摘要】

疫情冲击下，我国金融体系面临四个方面的主要风险：一是疫情蔓延全球，供应链结构稳定性受冲击，金融市场波动加剧；二是实体经济资本收益率走低，警惕资金流向脱实向虚，冲击金融市场与宏观经济稳定性；三是金融市场不良率整体提升，中小企业和金融机构信用风险上升，大型企业债务危机可能增加；四是疫情滋生投机行为，金融违法违规风险上升，影响金融与社会安全稳定。

为化解和应对上述风险，提出如下建议：一是加强结构性金融政策调控，确保主要金融市场平稳运行；二是具体落实差异化金融支持政策，严格监督资金流向；三是优化风险分担机制，严格防范化解债务风险；四是加强金融违法违规监管，全力维护金融安全。

近两年来，我国坚定不移打好防范化解重大风险攻坚战，金融体系运行总体健康。但是，疫情对我国宏观经济造成冲击，导致金融市场面临诸多风险。随着我国重点转向有序复工复产，而疫情仍在全球蔓延，需高度审视疫情带来的潜在金融风险，坚决守住不发生系统性金融风险底线。

---

* 顾庆康、侯涛，清华大学公共管理学院博士后。

一、当前我国金融体系主要面临的四类风险

（一）疫情蔓延全球，供应链结构稳定性受冲击，金融市场波动加剧

随着疫情蔓延全球，前期人民币贬值承压、国际资本外流趋势可能逆转。离岸人民币汇率从 6.86（2020 年 1 月 20 日）贬至 7.05（2 月 23 日），又回升至 6.97（2 月 29 日）。但疫情蔓延正在冲击全球经济，加剧全球产业链结构与金融市场动荡，进而可能引发我国金融市场异常波动。主要体现为：其一，全球市场避险趋势明显，国内市场风险放大。2 月 24 日以来，欧美股连续一周大跌，美国三大股指周均跌幅超过 10%，全球风险预期持续增强，降息预期大幅增加，国际跨境资本流动风险剧增，进而可能传导加剧我国金融市场异常波动，放大市场整体性风险。其二，全球供应链调整风险加大，外贸稳定性受冲击。随着疫情在全球蔓延，一方面，我国出口企业的仓储物流、合同履约受冲击，可能导致部分依赖我国供应链的外企关闭或加速供应链转移，复工复产后可能面临订单需求流失等问题。另一方面，依赖国外进口企业存在供应链断裂等难题，影响其正常生产与流通，加大国内原材料、成品涨价和断供风险，进而冲击我国外贸的稳定性，加剧汇率异常波动风险。目前，疫情较为严重的欧盟、美国、日本、韩国位列我国 2019 年主要贸易伙伴前五位。其三，全球汇率波动加剧，贸易摩擦加大。疫情下各国汇率波动性加剧，前期贸易协议条款履约成本不稳定性增加。违约和延迟履约增加会加深各国贸易摩擦，进一步加剧汇率风险。近些年我国资本市场逐步开放、中美贸易关系走势显著影响汇率市场走向。

（二）实体经济资本收益率走低，警惕资金流向脱实向虚，冲击金融市场与宏观经济稳定性

2020 年春节后，央行累计开展 2.8 万亿元逆回购操作，2000 亿元中期借贷便利，逆回购中标利率、贷款市场报价利率较之前下降 10 个基点。灵活宽松的货币政策下融资成本降低，在一定程度上可以刺激资本投资。但由于市场不确定

性因素加大，过度避险与投机性行为可能并存，资金从实体经济抽离速度加快，警惕资金过多追逐资产套利，冲击金融市场平稳运行。随着前期汇率贬值，国内资本转移动力降低，但是资金存在脱实向虚风险，若过多在金融市场中空转套利，不仅不能有效支持实体经济，还可能进一步扭曲经济结构。

（三）金融市场不良率整体提升，中小企业和金融机构信用风险上升，大型企业债务危机可能增加

其一，金融市场不良率整体提升，警惕核心企业债务危机。企业方面，多个行业的中小企业现金储备承压，难以按时履行利息支付、本金兑现、追加担保品等义务，金融部门需给予低息、展期政策支持，短期收益率整体下调。此外，部分行业中存在核心企业由于前期负债高企，疫情冲击下面临严峻的金融违约风险与规模的情况，进而给所在行业、上下游企业和贷款银行等带来巨大冲击。以房地产为例，2019 年房企开发到位资金中，国内贷款占比 14. 13%，定金与个人按揭贷款规模占 49. 63%。疫情下房地产市场低迷，房企面临巨额到期债务的现金偿付风险，部分房企被迫降价加速资金回流。若房地产价格持续下跌，将可能导致大量房企破产，进而波及银行，容易引发系统性风险。家庭方面，受疫情影响收入减少，信用卡、房贷偿付能力下降。2018 年，6 家国有银行的个人住房贷款占零售贷款 60%以上。到 2019 年第三季度末，我国信用卡应偿余额达 7. 42 万亿元。政府方面，2019 年年底地方债券余额 21. 12 万亿元，商业银行、保险机构、证券公司等金融机构持有占比 89. 78%。地方政府债务存量规模较大，在实施大规模减税降费等积极财政政策下，势必会扩大债券发行规模，以目前持有者结构看，债务风险将继续传导到金融部门。其二，中小金融机构资产质量恶化，面临的信用风险大增。资产质量恶化对于普惠金融、涉农贷款占比较高的中小机构影响较大。如农村商业银行，现有不良贷款率 4. 0%，普惠性小微企业贷款余额 42325 亿元，均高于其他商业银行，但拨备覆盖率、资本充足率低于其他银行。中小金融机构面对利率下行、投资端收益异常波动将导致利润空间压缩，以至引发流动性风险。非正规金融方面，互联网金融行业存在风控难、催收难等问题，部分机构不仅可能出现用户端资金链断裂，还可能无法兑付投资端利息，面临地区性金融风险。

（四）疫情滋生投机行为，金融违法违规风险上升，影响金融与社会安全稳定

疫情期间，由于金融业高度打击违法违规的节奏放缓，以及多类机构采用远程办公模式，并存在多部门联动与数据共享，若信息安全机制不够完善可能造成个人信息泄露，进而滋生利用疫情信息实施金融犯罪行为。如伪装公益慈善机构实施金融诈骗、非法集资等。疫情还可能滋生道德风险行为，包括以疫情为借口，伪造材料拒绝偿还贷款，进而导致违法催收爆发以及利用外汇、保险等“绿色通道”实施外汇、承保违法违规行为等。此外，企业面临财务危机时可能需求高息贷款，积聚市场风险。

二、对积极化解金融风险的四点对策建议

一是加强结构性金融政策调控，确保主要金融市场平稳运行。综合考虑疫情对全球产业链影响，加强结构性政策调控。金融、财政等政策优先支持在全球供应中有重要地位的行业企业稳妥安全推进复工复产。实时评估国内复工复产需求，加强对外招商的精准性，并推进金融业扩大开放，优化国际营商环境，增强外资长期投资信心。实时监测进出口、产业链条运转动态，鼓励国内企业承接重要进口端受损严重行业供应链，优先给予就业、金融、财税等政策支持。确保主要金融市场稳定态势，构建金融市场危机处理机制，设立市场平稳基金，推动社保、保险、养老金等中长期资金入市等。高度重视贸易协议履约问题，加强国际合作和磋商机制，谨防贸易摩擦升级冲击汇率稳定。

二是具体落实差异化金融支持政策，严格监督资金流向。相机使用财政政策与货币政策，降低实体经济生产经营风险。提升疫情政策可操作性，制定针对个人、企业的扶持措施。统一疫情影响分类、识别与支持标准，构建线上线下申请申诉机制。设立针对具体地方和特定行业的专项贷款，建立金融支持企业名单管理制度，安排金融机构主动对接。严格审核资金投向，建立电子台账，加强贷后跟踪管理，将资金精准注入实体生产。加大金融机构中小企业新增贷款比例考核要求。

三是优化风险分担机制，严格防范化解债务风险。政府部门综合考虑减税降

费带来的财政压力，防止地方债务过度负担引发更大区域风险。全面梳理各类存量贷款，按照债务风险标准实时分级。加强风险跟踪管理，既要防范中小企业积聚式信用风险，也要防止大型企业超常规债务风险，必要时由监管机构组织债务重组化解债务危机，提高处置效率，防止风险蔓延。提高金融机构不良贷款处置能力，合理发挥衍生工具风险管理职能，引导市场主体分担风险。放宽对涉农、小微金融服务占比较高中小金融机构的不良容忍度，必要时给予政策、技术、资金与人力支持。下调存款基准利率，降低金融市场负债成本。支持企业直接融资，鼓励个人、非银行类机构投资地方政府债券。

四是加强金融违法违规监管，全力维护金融安全。统筹协调条线监管与地方监管，动态调整疫情防控配套的监管政策。加强涉及居民信息流程的安全性维护，加大信息安全事件的惩罚力度。推进监管科技的运用，指导金融机构做好金融交易双方关系识别工作，强化资金交易监测，对异常情形加强人工甄别。及时更新通信运营商、金融机构等部门违法文本识别关键词，如加入“疫情”“捐款”“退换票”等。指导金融机构、相关执法部门通过微信公众号等网络平台，以图文、视频方式做好疫情金融违法防控宣传工作。加强金融绿色通道管理，指导金融机构识别具有真实背景的企业和个人并提供展期、用汇、承保便利。构建违法催收、高利贷举报机制，密切监测民间金融价格指数。

7. 推进二十国集团合作机制，应对全球新冠肺炎疫情挑战

胡鞍钢　李兆辰*

【摘要】

当前，疫情已成为世界最大的公共卫生危机，给全球带来前所未有的多重挑战，亟须国际社会共同应对。2020 年 3 月 17 日，二十国集团轮值主席国沙特阿拉伯王国（简称沙特）宣布将于 3 月 26 日召开领导人视频会议，以促进各国做出协调和努力。二十国集团作为层次高、代表性强、有决策力的对话平台，对于合作抗击全球疫情、完善全球治理体系具有重大意义。我国应大力支持、充分利用二十国集团机制，主动进行大国间协调合作，为人类共同应对疫情挑战贡献成功经验。对此提出如下建议：在短期，主动提出共同抗击疫情的中国方案，促进形成人类卫生健康共同体的共识；在中长期，倡导建立二十国集团常驻工作组使之成为常设机构，深化二十国集团合作机制，完善全球治理体系。

一、全球疫情带来多重挑战

截至 2020 年 3 月 22 日，疫情已蔓延至 182 个国家和地区，占世界的 3/4，

* 李兆辰，清华大学公共管理学院博士生。

成为当今世界最大的公共卫生危机，由此引发了多国股票市场动荡，全球极有可能再次爆发金融危机和经济危机，再次出现全球经济贸易等负增长，也充分暴露出全球公共卫生治理和经济治理的突出问题。

正当疫情在全球迅速扩散、金融危机一触即发的危机时刻，3 月 17 日，二十国集团轮值主席国沙特宣布将于 3 月 26 日召开领导人视频会议，促进各成员国就疫情及其经济社会影响做出协调和努力。这一建议正与我国统筹推进疫情防控和经济社会发展的基本思路（两手抓）和主要措施（两手都要硬）不谋而合，我国应当及时公开支持轮值主席国沙特，与他们提前沟通和协商，抓紧准备提出中国方案，进一步推进二十国集团合作机制。

当前，我们将面对第三次国际金融危机，其由疫情引发，波及范围之广、影响程度之深、冲击强度之大超过前两次危机，进而面临全球金融危机、经济危机、就业危机、政治危机等多重挑战。如果说疫情危机是一个典型的“黑天鹅”事件，那么国际金融危机则是一个典型的“灰犀牛”事件，是经济治理、金融治理、国家治理的重大失误。造成这场金融危机的原因是多方面的，也是复杂的，不是第一次，也不会是最后一次。为此，国际社会必须立即做出反应，拿出行动方案，否则 2008 年的国际金融危机就会重演。

从这个意义上看，这也符合人类发展历史的“挑战—应战”模式。在这个决定人类命运和世界发展的关键时刻，召开二十国集团领导人视频会议有一定意义。

二、国际社会亟须二十国集团发挥更大作用

二十国集团本身就是多次全球金融危机后全球经济治理的产物，发挥了世界大国在全球经济增长中的动力源和稳定器作用。1999 年，为了防止亚洲金融风暴重演，二十国集团财政部长首次就国际经济和货币政策举行对话，以利于国际金融和货币体系稳定。2008 年，第一次二十国集团领导人峰会在美国华盛顿召开，各国共同应对国际金融危机，主要议题是评估国际社会应对金融危机的进展，讨论金融危机产生的原因，共商全球经济发展的举措，加强国际金融监管规

范和推进金融体系改革等问题。[①] 根据布鲁金斯学会对二十国集团成员国 61 位官员的调查，二十国集团机制最受认可的两个方面依次是危机应对和建立合作关系网络。[②] 可以看到，二十国集团的诞生和发展正是源于世界主要国家应对危机的实践，这一机制有利于各国对重大问题形成共识，在应对前两次国际金融危机时都发挥了重要作用。

近年来，保护主义和单边主义愈演愈烈，本质上是由于国际格局发生深刻变化的情况下，全球领导力和全球治理体系存在空白，缺少能够有效协调各国行动的机制。现有全球治理体系以联合国为核心，以各大国际组织为载体，对于一系列具体议题能够实现持续沟通和执行，但是对于重大原则性议题并不能达成共识，多边主义不断面临挑战。由于各个国际组织本身并不具备做出强有力决策的权力，而是依赖于各个成员国的意见，如果成员国之间存在分歧，则会出现难以协调、相互否决的情况。因此，在沟通和执行的功能之外，还需要一个层次高、代表性强、有决策力的机制来促进共识，为全球治理提供顶层设计。

随着疫情蔓延至更多的国家和地区，有关国家和地区的政府纷纷出台应对措施，但仍未能遏制疫情大暴发的趋势。疫情带来的挑战具有突发性、未知性、传播性等特点，绝大多数国家难以凭一己之力战胜疫情，迫切需要国际合作。二十国集团由世界最主要的 20 个国家组成，涵盖全球 80%以上的国内生产总值，65%以上的人口，以及 90%以上的研发支出。[③] 二十国集团诞生于第一次世界金融危机，升级于第二次世界金融危机，在当前世界面临多重危机的情况下，国际社会亟须二十国集团发挥更大作用。

三、政策建议

（一）短期建议：提供中国方案，强化全球共识

我国作为世界大国，应主动提出抗击疫情的中国方案，并支持轮值主席国沙

---

① 当时，世界经济增长经历了 V 字形曲线，国内生产总值增长率由 2007 年 4.3%，2008 年 1.9%，再到 2009 年负增长（-1.7%），2010 年迅速回升至 4.3%。世界出口指数从 2008 的 147.8 下降至 2009 年的 129，到 2010 年恢复至 146.7。

② 《全球论坛是否会影响国内宏观经济政策?》，参见布鲁金斯学会网站。

③ 《二十国集团国家 2019 年度科研绩效分析》，参见科睿唯安科学信息研究所网站。

特，推动二十国集团讨论和通过各国共同应对的方案。我国可进一步完善与各国防控策略协调的机制（如出入境），分享我国防控和救治经验；派遣专业化的防治医疗队伍，推动国际科研合作和攻关；增加国际发展援助，支持疫情最严重的发展中国家，支持世界卫生组织；指导全球抗疫斗争，构建人类卫生健康共同体。

为了应对全球经济贸易下滑危机，我国作为世界第二大经济体、第一大货物进出口贸易国、第二大国内消费市场，可提出积极扩大国内需求的方针，特别是制定满足 14 亿多人民消费需求和扩大基础设施投资的经济刺激政策；主动开展对外经贸合作，在有效防控疫情的前提下，为商务往来提供便利；加快恢复全球供应链、产业链、价值链，再次降低进口关税税率，促进进口商品和贸易增长。带头并建议二十国集团国家在疫情期间延期或减免最不发达国家债务，对发展中国家出口产品减免关税；建议国际货币基金组织、世界银行、亚洲基础设施投资银行等国际组织优先对疫情严重的发展中国家增加贷款，及时进行援助。

在提供现实方案的同时，应大力促进各国形成人类卫生健康共同体的共识。2017 年 5 月，首届二十国集团卫生部长会议在德国柏林召开，会议通过了《二十国集团卫生部长柏林宣言》。当前全球正面临公共卫生重大危机，应支持二十国集团与世界卫生组织合作，以书面形式发布应对疫情的共识。我国作为成功抗击疫情、积极开展国际合作的国家，不仅可以提出倡议，还应号召各国形成人类卫生健康共同体的集体共识。抗击疫情需全人类共同应对病毒的挑战，我国和疫情严重的国家是第一线。与此同时，在全球化的时代，这样的重大突发事件不会是最后一次，国际社会需要形成人类卫生健康共同体的共识，进一步完善全球治理，共同应对未来挑战。

（二）中长期建议：推进二十国集团合作机制，完善全球治理体系

目前，二十国集团尚未建立常设机构，主席国采取轮换制，运行机构由当年举办峰会的轮值主席国以及之前一年和之后一年的轮值主席国共同牵头，与其余 17 个国家的协调人进行联络。在二十国集团现有架构下，各国协调人主要是被动配合轮值主席国提出的各项工作，且轮值主席国每年变动，并不具有稳定的共同参与的组织载体。而 2020 年牵头筹备二十国集团峰会的成员国分别是沙特、日本和意大利，三国对于合作抗击疫情、完善全球治理体系都抱有积极态度，且

与我国保持良好关系，便于开展协调合作。

因此，可倡导建立二十国集团常驻工作组，之后逐步形成常态化机构。各国正迫切需要合作抗击疫情，以此为契机可以建立各国共同参与的常驻工作组，使二十国集团成为有效沟通协调的平台，在应对疫情带来的多重挑战的过程中纳入重大议题，使二十国集团逐步成为各国共同合作的载体。在此基础上，可倡导设立二十国集团常态化机构，探讨和制定运行规则，形成“轮值主席国+常设机构+观察员”的机制，推动二十国集团成为共商共建共享的全球治理平台，进一步完善全球治理体系，为构建人类命运共同体贡献中国智慧。

总之，在应对前所未有的疫情与国际金融危机的多重挑战中，我国需要在关键时刻发挥关键作用，提出关键主张，从而为世界贡献中国智慧，提供中国方案。正如联合国秘书长古特雷斯所称赞的那样：中国正在为全人类作贡献。[1]

① 《“中国用实际行动展现了负责任大国形象”——国际社会积极支持中国打赢疫情防控阻击战》,《人民日报》2020 年 2 月 26 日。

8. 扩大内需、稳住增长，实现高质量发展

胡鞍钢

【摘要】

当前全球正处在新冠肺炎疫情肆虐期，面临空前的疫情与经济多重危机挑战，国际社会和主要国家均已启动或准备启动各自的经济刺激计划。我国已率先做出了统筹推进疫情防控和经济社会发展工作部署的重大决策，实施积极扩大国内需求的中国方案。

为积极扩大内需、促进高质量发展，建议：实行积极有为的财政政策；实行更加积极稳健的货币政策；实行就业优先政策；继续坚持以供给侧结构性改革为主线，与积极扩大国内需求有机结合起来；向世界展现中国方案。

一、全球疫情与经济多重危机挑战

当前全球正处在疫情肆虐期，引发了全球股市震荡、多次熔断，[①] 可能再次引发全球金融危机，形成空前的疫情与经济多重危机，涉及国家之多、地区之广、速度之快、影响之大、后果之严重为当代世界前所未有。对此，国际社会和

① 据美国《纽约时报》2020 年 3 月 20 日报道，疫情暴发以来，美国的股市已经暴跌了 35%，成为美国金融史上最具破坏性的时期之一。过去一个月里，熔断机制 4 次暂停交易。此轮股市暴跌至少是自 1928 年以来最大的跌幅。

主要国家均启动或准备启动新一轮的经济刺激计划。

2020 年 3 月 16 日，国际货币基金组织决定随时准备向成员国提供 1 万亿美元贷款。其总裁格奥尔吉耶娃建议，全球经济须在 3 个方面迅速采取更多行动。首先，有必要扩大财政刺激，防止出现长久的影响。其次，在货币政策方面，放松金融政策，确保信贷流向实体经济。最后，金融体系监管机构须在维护金融稳定，保持银行体系稳健以及维持经济活动之间保持平衡。

3 月 16 日，美国特朗普政府推出一项总额为 1 万亿美元的经济刺激计划，[①] 将在两周内向每名美国人（除高收入人口之外）提供 1000 美元支票（这笔钱相当于普通劳动者两周工资）用于家庭消费，[②] 缓冲疫情对经济的冲击所带来的影响。美联储于 3 月 17 日启动了两项紧急贷款项目，一是利用商业票据的短期信贷市场提供流动性；二是支持商业票据市场，直接从美联储获得短期贷款。

3 月 17 日，世界银行和国际金融公司董事会批准，将协助企业和国家预防、发现及应对疫情快速蔓延的融资方案从早先的 60 亿美元增加到 80 亿美元，不久又增加到 140 亿美元。这一融资方案将加强国家公共卫生防范体系，包括遏制、诊断和治疗疾病。

此外，德国采取允许延期纳税、降低付税金额等措施，帮助企业应对危机，政府决定 2021—2024 年每年增加 31 亿欧元用于扩大公共投资。还有意大利、澳大利亚、沙特等国也都采取相应的刺激方案。

实行经济刺激计划已成为全球应对疫情遏制经济衰退或经济危机的主要方案。可以预期，所有受到疫情冲击的国家都会采取不同的经济刺激计划，以度过最艰难的疫情蔓延期。

二、我国率先有效控制疫情与扩大国内需求

这场世界抗击疫情大考之中，我国是第一个在短时间内有效控制疫情蔓延、防控形势持续向好的国家，又是第一个全面复工复产复市、全面实施经济刺激、

① 计划主要包括：3000 亿美元用于小企业贷款，2000 亿美元作为稳定基金，2500 亿美元用于给民众发放现金。《21 世纪经济报道》2019 年 3 月 19 日。

② 参见《华尔街日报》2020 年 3 月 1 日。

全面促进经济社会发展的国家。与此同时也面临短期强烈冲击所造成经济负增长的挑战，这次疫情冲击远超过2003年的非典疫情：2003年，国内生产总值增速从第一季度的11.1%下降至第二季度的9.1%，第三、第四季度全面回升，全年达到9.1%。作者根据国家统计局公布的2020年1—2月主要经济指标数据，与2019年同期对比推算，预计第一季度国内生产总值增速可能降至-5%以下，即使第二、第三、第四季度迅速复苏，但仍处在过快下滑的通道上，预计全年国内生产总值增速3.5%—4%，与1998年应对亚洲金融危机（国内生产总值增速为7.8%）、2009年应对国际金融危机（国内生产总值增速为8.7%）相比，经济形势更加严峻、更加复杂，可能创下改革开放以来经济增长的历史新低（1989年为3.9%、1990年为5%），预计实际受灾经济损失巨大，共计3万多亿元，相当于1989年国内生产总值（15677亿元）两倍多。

为此，我国需要果断决策，第三次率先在世界上推出积极扩大国内需求的中国方案，不仅使中国经济快速恢复到潜在增长（6%左右）轨道上，而且使全球经济避免出现2009年负增长（-1.7%）的情形，继续发挥世界经济增长动力源和稳定器的作用。

实际上，2020年2月3日，习近平总书记在主持召开中央政治局常委会会议时就提出保持经济平稳运行的目标和要求，包括积极推动企业复工复产、推动重大项目开工建设、着力稳定居民消费。为此中央做出了统筹推进疫情防控和经济社会发展工作部署的重大决策，实施积极扩大国内需求的中国方案，这包括宏观经济政策实现逆周期调节，采取更加积极的财政政策，及时出台财政贴息、大规模减税降费、缓交税款等，及时扩大地方政府专项债券发行规模①，对受到疫情影响较大的地区加大财政转移支付支持力度。货币政策由稳健转向更加灵活适度，积极支持实体经济，加大信贷规模，适当减免小微企业贷款利息。此外，实施就业优先政策，对社保缴费实行阶段性减免、增加失业保险稳岗返还等，突出解决个体工商户恢复营业等问题。这些措施极大地促进了全国复工复产复市的经济复苏进程，为实施扩大内需、全面复苏、保持中高速、实现高质量发展创造了有利条件。

---

① 截至2020年3月20日，各地发行新增的地方政府债券已达14079亿元，占2020年新增地方政府债券提前下达额度（18480亿元）的76.2%。参见《人民日报》2020年3月22日。

三、我国再次扩大内需的必要性和可行性

从实行积极扩大内需的必要性来看，2020 年 1—2 月，五大指标同比大幅度下降：规模以上工业增加值下降 13.5%，全国服务业生产指数下降 13%，社会消费品零售总额下降 20.5%，全国固定资产投资（不含农户）下降 24.5%，货物进出口总额下降 9.6%。这种经济严重衰退的情形远远超过了 1998 年上半年和 2008 年下半年的情形，是下定决心实行积极扩大内需决策的机会窗口，以实现短期的 V 字形曲线（指恢复到 6%左右，相当于世界经济增长率的两倍左右，2018 年为 3%），既要防止演变为 U 形曲线（指持续多年负增长到正增长），又要防止演变为 L 形曲线（指从中高速增长转向中增长，为 4%）

从实行积极扩大内需的可行性来看，政治上可以形成全党全国全民（特别是市场主体）的高度共识，在 1998 年、2008 年两次扩大内需的历史经验和历史记忆的基础上做到一呼百应；经济上可以更好地挖掘和利用我国多种强大经济优势，提高潜在增长能力；社会上可以更好地实现稳就业、保民生、保健康任务，可以调动全体人民积极性和创造性；国际上可以获得国际社会的高度认可和普遍支持，充分发挥世界经济增长最大动力源和稳定器的作用。

四、我国再次扩大内需的不同之处

实现第三次扩大国内需求，与 1998 年和 2008 年的不同之处在于：

一是处在不同的经济发展阶段，前两次我国分别处在低收入阶段、中等偏下收入阶段，而目前已经属于中等偏上收入阶段；二是处在不同的经济增速水平，改革开放以来，我国一直处在 10%左右的高速增长阶段，直到 2012 年降至 8%以下，到 2019 年又降至 6.1%的中高速增长阶段，“十四五”时期仍可保持在 6%左右，相当于世界平均增速的两倍左右；三是处在不同的工业化阶段，我国一直处在工业化加速阶段，直到 2012 年之后工业增加值占国内生产总值比重持续下降，到 2019 年已经降至 32%，实施“并联式工业革命”，在继续完成第一次、第二次、第三次工业革命的同时，开启了第四次工业革命；四是处在不同的经济结构驱动经济增长阶段，从投资、消费拉动到消费、投资、出口协同拉动，从主

要靠第二产业带动到第一、第二、第三产业协同带动；五是处在不同的要素结构驱动经济增长阶段，从以资本为主到全要素以生产率为主（反映在技术进步率的不断提高上）；六是我国经济贸易科技的国际竞争力大幅度提高，连续上了5个大台阶（指五年规划）。

总之，我国经济发展不仅具有连续性、积累性，还具有阶段性、质变性，基本面长期向好，有效地抵御了各种可预见的和不可预见的外部冲击，这就为主动应对疫情、积极扩大内需、稳住增长、实现高质量发展提供了经济基础、创造了发展条件、积累了雄厚实力，能够做到“我自岿然不动”。

五、正确处理好若干重大关系

我国经济长期向好的基本面没有改变，疫情主要造成短期冲击。在宏观政策上，习近平总书记特别强调重在逆周期调节，节奏和力度要能够对冲疫情影响。

正确认识和把握我国当前宏观调控政策目标和方向，需要处理好若干重大关系。

正确处理疫情防控与促进经济社会发展的关系。疫情暴发时，必须把人民群众生命安全和身体健康放在第一位，采取切实有效措施，坚决遏制疫情蔓延势头。[①] 随着防控形势逐渐向好，党中央适时做出一手抓防治疫情、防止反弹，一手抓经济社会发展各项工作，将经济社会停摆压缩到最短时间（一个月左右），将经济社会付出的代价减少到最小，实现抗击疫情和促进经济社会发展双胜利。

正确处理经济增长速度与经济发展质量的关系。扩大内需的直接目的在于遏制经济降速过快甚至负增长，以尽快恢复正增长，但是根本方向仍然是实现经济高质量发展。从这个意义上看，扩大内需是提高发展质量的前提和手段，没有数量增长就没有质量提高。

正确处理经济总量与经济结构的关系。疫情发生之前，我国经济增长处在6%以上的合理预期区间，主要问题为经济结构，要以供给侧结构性改革为主线，增加有效供给，消减无效供给。疫情发生之后，我国的经济增速骤然下降为负值（预计2020年第一季度为-5%以下），主要问题突然转化为经济总量不足的问

① 习近平：《在中央政治局常委会会议研究应对新型冠状病毒肺炎疫情工作时的讲话》，《求是》2020年第4期。

题，需及时实行积极的扩大内需政策，保持经济增速在一定的合理区间内，至少不能使 V 字形变为 U 字形，更不能变成 L 形曲线。

正确处理好供给和需求的关系。疫情发生之前，我国经济发展方面的问题主要反映在供给侧方面；疫情发生之后，需求侧上升为主要问题，反映在以社会商品零售额为代表的居民消费大幅下降上，供给侧也成为突出问题，反映在服务业指数大幅下降上。因此，需要扩大内需释放消费潜力，同时积极培育新型消费，如网上消费，还要恢复和刺激线下消费。

正确处理消费与投资的关系。2008 年我国在应对国际金融外部冲击时，主要是通过扩大投资来刺激经济增长，其中 2009 年资本形成总额对国内生产总值增长的贡献率高达 85.3%，创了历史纪录，而 2019 年最终消费支出对国内生产总值增长的贡献率达 58.6%，资本形成总额对国内生产总值增长的贡献率降至 28.9%。因此，扩大内需主要是扩大国内消费需求，既要提高公共服务消费比重，又要扩大居民消费需求。

正确处理当前与长远的关系。2020 年是“十三五”规划收官之年，但是疫情直接影响“十三五”规划的成果，经济增长率可能由正变负，使得其他主要指标如全员劳动生产率、城乡居民人均收入等核心指标增速由正变负，同样也使城乡居民消费支出等指标增速由正变负。

正确处理国内与国际的关系。疫情发生之前，中国货物进出口贸易受中美贸易战之影响，进入低增长阶段，2019 年仅增长 3.4%，疫情发生之后，2020 年 1—2 月货物进出口总额同比下降 9.6%，与 2009 年的情形（下降 16.3%）类似；同时，欧美等国疫情暴发，外部需求和供给可能出现大幅下降。这都迫使我们必须积极扩大内需，降低对国际市场的依存度。

此外，还包括正确处理市场与政府关系，充分发挥“两只手”（“看不见的手”与“看得见的手”）的合力作用；正确处理中央与地方关系，充分发挥全国统一性和地方多样性相结合的两个积极性作用；正确处理国有经济与民营经济、国内企业与外资企业关系，坚持“两条腿”走路。

六、实行积极扩大内需、促进高质量发展的政策建议

第一，实行积极有为的财政政策。我国已经出台了一系列支持疫情防控、促

进经济发展的财税政策。截至 2020 年 2 月 24 日，各级财政累计下达 1008.7 亿元；出台多项减税降费政策，涵盖患者救治、医护人员激励、物资保障、企业纾困解难等方面；强化疫情防控重点保障企业资金支持，中央财政按企业实际获得贷款利率的 50%给予贴息，对疫情防控重点保障企业发放专项贷款等。财政部已经分两批提前下达 2020 年新增地方政府债券，无论是对控制疫情还是促进经济发展，都起到了逆周期的作用。可以考虑适度提高财政赤字率，在 2019 年 2.8%的基础上可增加 0.2—0.4 个百分点，财政赤字将达到 3.09 万亿—3.29 万亿元。考虑发行中长期（如 10 年以上）国债、专项债券等因素，2020 年财政支出将超过 24.5 万亿元，同比增长 7%左右，也是在可控范围之内。打好财税政策组合拳，包括财政贴息，继续对小微企业提供优惠利率贷款，给予贴息，使贷款利息进一步下降；加大减税降费力度和范围，从交通运输、快递等物流业扩展到受疫情严重影响的行业；根据不同行业受疫情影响的程度，缓交税款（3—9 个月）；加大对受疫情严重影响的地区（湖北省特别是武汉市）转移支付力度。

第二，实行更加积极稳健的货币政策。我国已经出台了一系列举措，通过公开市场逆回购、中期借贷便利操作累计释放流动性 3 万亿元，并设立 3000 亿元专项再贷款、5000 亿元再贷款再贴现专用额度，下调逆回购、中期借贷便利利率引导贷款市场报价利率下行等，有效降低了实体经济融资成本。防范化解金融风险，实行精准政策措施，出台普惠金融定向降准措施，加大对中小银行定向降准力度，促进商业银行对小微企业、个体工商户的贷款支持，帮助复工复产，不断降低融资成本。[①] 深化利率市场化改革，降低实际利率水平。保持人民币汇率在合理均衡水平上的基本稳定。

第三，实行就业优先政策。2019 年首次将就业优先政策置于宏观政策层面，旨在强化各方面重视就业、支持就业的导向，[②] 已取得积极成效，2019 年全国城镇新增就业 1352 万人，超过全年城镇新增就业 1100 万人的预期目标。受到疫情严重冲击，2020 年前两个月，全国城镇新增就业仅为 108 万人，占全年预期目标的 9.8%，2 月全国城镇调查失业率为 6.2%，高于 5.5%左右的预期目标，这表明全国城镇满足全部就业条件的就业人口中（2019 年为 44247 万人），约有

---

① 陈果静：《货币政策精准发力通堵点》，《经济日报》2020 年 3 月 17 日。

② 李克强：《政府工作报告——2019 年 3 月 5 日在第十三届全国人民代表大会第二次会议上》，人民出版社 2019 年版，第 13 页。

2700多万人失业，比2019年的2300万人增加了400万人以上，其中城镇登记失业人员不足1000万人，农民工等失业人员超过1700万人。此外，下半年还有870多万普通高校毕业生和研究生毕业生待就业，大量农民工等待返城、返岗，还要为每年数百万农业劳动力转移创造非农产业就业岗位（2018年为686万人）。为此必须把创造就业摆在更加突出的位置，随着企业复工复产加快进行①，要千方百计确保实现全年新增就业1100万人的预期目标。

第四，继续坚持以供给侧结构性改革为主线，与积极扩大国内需求有机结合起来。更多采取改革的办法，更多运用市场化、法治化手段巩固成果，加速恢复产业链、物流链、价值链，加速畅通整个国民经济循环，共同推动经济高质量发展。

第五，向世界展现中国方案。可以预期的是，一旦作出积极扩大内需、促进高质量发展的重大决策，仍可以按期完成“十三五”规划主要目标和任务。从国际视角看，中国不仅率先有效控制疫情，更好地支持各国抗击疫情，而且带动全球范围的经济刺激计划，更好地为各国经济社会发展贡献中国方案。

① 截至2020年3月20日，全国重点项目复工率为89.1%。分行业看，重大铁路项目基本复工，重大公路、水运项目复工率为97%，机场项目复工率为87%，重大水利工程复工率为86%，重大能源项目以及重大外资项目等均已基本复工。参见《人民日报》2020年3月22日。

9. 关于实施就业优先战略、稳就业保就业的政策建议

胡鞍钢　周绍杰*

【摘要】

新冠肺炎疫情导致经济增长率大幅度下降、失业率上升，2020 年下半年城镇就业形势更加严峻，新增就业压力前所未有。稳就业、保就业是我国经济发展的核心目标，也是民生安全的核心目标，具有重要的政治意义。

为此建议：努力实现下半年国内生产总值增速 6%左右的预期目标，全年实现 2%左右的增长；明确下半年城镇新增就业增长目标，力争全年实现新增就业 1300 万人；压实地方政府保就业的主体责任，支持企业复工复产、复市复业，保市场主体；大力开拓各种自主就业、灵活就业和非正规就业等就业形式，做到扶植政策精准化；出台促进农民工就业相关举措；促进外贸外资企业稳就业；加速发展新产业、新业态、新商业模式（简称“三新”经济），开拓就业新渠道。

一、我国再次面临新的就业挑战

经济增长率大幅下降是失业率上升的直接原因。我国 2020 年第一季度国内生产总值同比下降了 6.8 个百分点，直接造成了 2.88 万亿元人民币的经济损失。

---

* 周绍杰，清华大学国情研究院研究员，公共管理学院副教授。

与此同时，还造成我国城镇调查失业率由 2019 年底的 5.2%上升至 2020 年第一季度的 5.9%，提高了 0.7 个百分点，相对于 2019 年 4 月提高了 0.9 个百分点。其中，2020 年 2 月全国城镇调查失业率最高，达到 6.2%。需要指出的是，目前公布的调查失业率还不能充分反映当前就业的严峻状况。

首先，大量的农民工受疫情影响没有返回常驻工作地。根据国家统计局公布的数据，2020 年 2 月底外出务工农村劳动力总量为 12251 万人。而《2019 年农民工监测调查报告》公布的数据显示，2019 年农民工总量达到 29077 万人，本地农民工 11652 万人，外出农民工 17425 万人。在外出农民工中，2019 年年底在城镇居住的进城农民工 13500 万人。因此，2 月底的外出农民工比 2019 年少了近 5200 万人。事实上，受部分城市小区封锁管理影响，相当一部分农民工没能正常返回工作地。因此，城镇地区实际就业量的下降幅度在第一季度应当是大大高于 5.9%。其次，受疫情影响，相当大一部分就业人员处于不在岗状态。

考虑到以上两种情况，相对于充分就业而言，全体就业人员的实际总劳动时间大大下降。城镇调查失业率不足以反映总体就业状况，体现在国内生产总值增长率和城镇调查失业率之间的不匹配上。2020 年第一季度国内生产总值增长率为-6.8%，相对于潜在国内生产总值增长率（大约为 6%），实际上第一季度国内生产总值增长率损失达 12 个百分点；而第一季度的调查失业率仅比 2019 年同期提高 0.9 个百分点。国内生产总值增长率大幅下降的主要原因还是总体劳动供给大大下降。这一方面体现为失业人口的劳动供给下降，特别是大量从事服务业的小微企业就业人员；另一方面还体现为未失业但不在岗导致的劳动供给下降。以上因素都极大地影响了城乡居民家庭可支配收入，特别是农民的工资性收入占总收入比重在 40%以上，农民工失业或半失业都直接影响收入。从行业看，就业密集型的住宿和餐饮业、批发和零售业 2020 年第一季度的增加值同比分别下降 35.3%、17.8%，成为失业、半失业的主要行业，这些行业也是吸纳农民工的主要行业。就业状况的恶化直接影响城乡居民的家庭收入和消费。其中，第一季度城镇和农村居民分别下降 3.9%和 4.7%，社会消费品零售总额同比下降 19%。基于以上分析，受疫情影响，就业问题已经成为当前经济和社会稳定的首要问题。保就业才能保收入，保收入才能保民生。

从下半年看，城镇就业形势较严峻，新增就业压力前所未有。首先，2020 年，全国普通高校毕业生和研究生毕业生约为 870 多万人（2019 年为 822.5 万

人)、中等职业教育毕业生大约 500 万人（2019 年为 493. 5 万人），再加上其他新增就业人口，城镇新增劳动力可以达到 1500 万人以上。其次，新增的农民工(2019 年增长 0. 8%，为 241 万人)。最后，受疫情影响导致破产、停工的大量中小微企业中的失业、待岗人员的再就业，特别是出口型企业订单减少裁员等。这三方面交汇在一起，形成了巨大的就业压力，将会创下失业或半失业的新高峰。

二、稳就业、保就业是经济社会核心目标

稳就业是“六稳”之首，保就业是“六保”之首，既是经济发展的核心目标，也是民生安全的核心目标，具有重要的政治意义。把就业作为宏观经济的首要目标是由我国基本国情所决定的。我国是世界劳动力资源最丰富的国家，占世界总数的 22. 4%（2019 年数据），高出总人口占世界比重 4 个百分点左右（2018 年为 18. 3%）。从就业人员与总人口比率来看，我国总人口达到 14 亿多人，总就业人数达到 7. 5 亿人（2019 年数据），总就业人口比例高达 53. 5%，比世界平均水平（43. 4%）高出 10. 1 个百分点，形成巨大的就业总量压力。因此，在我国，就业始终是最大的民生，更是最大的人民福祉。在世界上，我国靠自己不仅解决了世界最多人口的吃饭问题，而且还解决了世界最多的劳动力就业问题。

基于我国劳动力资源基本国情，为人民创造就业就成为基本国策之一，也成为经济社会发展主要目标之一。从国家五年规划到政府工作报告，都将创造城镇新增就业人数、控制调查失业率、登记失业率作为核心目标之一，以往也都实现并超过了预期指标。最好的案例是在国际金融危机爆发之初的 2009 年。当时，受金融危机影响，世界各国失业率大幅攀升，其中美国失业率高达 9. 3%，欧元区达到 8. 9%。面对金融危机冲击，中国及时扩大内需，实行更加积极的就业优先政策，强化政府促进就业的责任，仅中央财政就安排就业专项资金 426 亿元，比上年增长了 59%。① 积极的就业政策不仅解决了城镇新增就业问题（城镇登记失业率为 4. 3%，实现了低于 4. 6%的调控目标，在二十国集团中最低），还及时解决了 2000 多万农民工失业与半失业的问题。“十三五”时期，就业仍旧被列为重要的规划指标。2016—2019 年，全国城镇新增就业人员累计达到 5378 万人，

① 《十七大以来重要文献选编》(中)，中央文献出版社 2011 年版，第 561 页。

提前实现了“十三五”规划确定的 5000 万人的预期目标。

2020 年 4 月 17 日，中央政治局召开会议强调，坚定实施扩大内需战略，维护经济发展和社会稳定大局。在加大“六稳”工作力度的同时，提出“六保”，即保居民就业、保基本民生、保市场主体、保粮食能源安全、保产业链供应链稳定、保基层运转。还特别要求，要抓好重点行业、重点人群就业工作，把高校毕业生就业作为重中之重。

习近平总书记在山西考察时强调，落实就业优先战略和积极的就业政策，突出做好高校毕业生、退役军人、农民工、城镇困难人员等重点群体的就业工作。①

三、关于稳就业、保就业的政策建议

第一，实现稳增长预期目标，国内生产总值力争 2020 年下半年增长 6%左右，全年实现 2%左右的增长。稳增长是为了保就业，既是保就业的前提条件，又是经济增长的必然结果。在下半年经济恢复到 6%的增速不仅是必要的，也是可行的，关键是要稳投资、稳消费和稳外贸，从而实现稳定市场主体、促进就业，特别是为新增就业人口创造就业机会，保障居民收入稳定和增长，从而支持稳消费。其一，进一步推进“放管服”改革、改善营商环境，促进民间投资增长，积极为小微企业和个体经营户创造发展条件。其二，大力支持服务业发展，充分发挥服务业部门创造就业的主渠道功能。服务业部门的强活力是保就业的最大支撑。数据显示，2013—2018 年，服务业部门就业人数增加 6300 万人，就业比重从 38.5%上升到 46.3%。而第一产业和第二产业就业人数分别减少 3913 万人和 1780 万人。此外，由于我国居民服务性消费已经占总消费支出的 50%左右，稳就业和稳消费之间的联系将更加紧密，这也凸显服务业对于创造就业的支撑作用。其三，千方百计地为出口型企业做好服务，给予出口型企业必要的信贷支持、出口退税支持和减费降税支持。

第二，明确 2020 年下半年城镇新增就业增长目标，力争全年实现 1300 万新

① 《全面建成小康社会 乘势而上书写新时代中国特色社会主义新篇章》，《人民日报》2020 年 5 月 13 日。

增就业。第一季度城镇新增就业为229万人，后3个季度解决新增就业压力非常大，特别是为高校毕业生、中等职业及高中毕业生创造就业。即便考虑到两类毕业生部分会升学，他们新进劳动力市场的数量也将达到1100万人以上。而且，他们集中在6月就业。因此，第二季度的保就业压力最大。针对这种情况，一方面，相关部门要出台统一的制度，为各类学校实施弹性派遣制度创造条件。鼓励学校为毕业生先毕业、后延迟就业提供过渡期和便利条件，对于尚未实现就业的毕业生，在档案管理、联系企业等方面持续做好服务。另一方面，要发挥全社会的力量，积极为各类毕业生创造就业岗位。国家有关部门已经明确，国有企业连续两年要扩大招收招聘毕业生的规模，扩大基层就业的规模，重点加大基础教育、基层医疗、社区服务等领域招录。此外，扩大研究生招生规模（2020年同比增加51万人），扩大普通高校专升本规模（同比增加32.2万人）。这就需要尽快制定实施方案和精准措施，发挥各类学校的主动性和责任担当，把解决毕业生就业作为学校工作的重点任务。

第三，要压实地方政府保就业的主体责任，支持企业复工复产、复市复业，保市场主体。为此国家将为企业减免社保费（养老、失业、工伤）等可降低成本5000亿元以上。① 已向320万户企业发放失业保险稳岗返还资金423亿元，惠及职工8513万人，平均每户企业为1.32万元，平均每个职工为496.89元，相当于城镇单位每月就业人员平均工资（2018年为6872元）的7.2%，这对于企业降低用工成本发挥重要作用。这一政策还可以根据情况适当延长时间或扩大发放范围，精准施策，提高放大效应，还可以直接用于在岗职工培训，以避免大规模裁人，帮助企业渡过难关。保市场主体本质上也是保就业。此外，地方政府要千方百计为就业困难者和零就业家庭创造公益性就业岗位。2020年，力争实现城镇调查失业率控制在5.5%以内（第一季度为5.9%），城镇登记失业率4.5%以内（第一季度为3.66%）。

第四，大力开拓各种自主就业、灵活就业和非正规就业等就业形式，做到扶植政策精准化。目前我国登记在册的个体工商户有8353万户，约有1.6亿城乡个体就业人员，占全国就业总人数比重的20.6%，其中城镇为1.0亿人，乡村为

---

① 中共人力资源和社会保障部党组：《全力以赴做好应对疫情稳就业工作》，《求是》2020年第7期。

5600 万人。① 个体工商户也为农民工创造了大量的就业机会。在疫情冲击下，个体工商户更容易受到影响，特别是在营业收入下降的条件下，租金成本和人员成本压力往往导致个体工商户经营难以为继。有关部门 2020 年 2 月 28 日及时出台了《关于应对疫情影响 加大对个体工商户扶持力度的指导意见》，目的就是要降本减负，帮助个体工商户应对疫情冲击，解决个体工商户恢复营业的问题，创造更多的就业岗位。关键是进一步落实四大类、13 项具体措施，并进行第三方评估，根据新情况进一步完善政策、强化措施，并将原本以 5 月 31 日为期限的政策延续到年底，甚至更长时间。

第五，促进农民工就业的重大举措。农民工就业不稳、不保，整体就业形式就不稳、不保。2019 年农民工总量达到 2.91 亿人，占全国就业总人数的 37.4%，其中外出农民工为 1.74 亿人（跨省流动农民工为 7500 万人），本地农民工为 1.17 亿人，是受疫情影响冲击最直接、最大的人群。这就需要在全国各地降低疫情风险等级的背景下，帮助外出农民工返城返回返岗，实现“点对点”返岗复工、一站式服务，帮助返乡农民工尽快返岗复工，就地就近就业，大力支持农民工自主创业、灵活就业。

第六，促进外贸外资企业稳就业的重要举措。这次疫情冲击最大的是外贸外资企业，我国外贸依存度为 32%，外资对全国税收贡献约为 18%，外贸外资直接和间接带动就业超过 2 亿人，占就业总量的 1/4 左右。② 全球金融危机后，我国外贸依存度持续下降。③ 随着疫情对于主要发达国家的影响以及在全世界的扩散，世界经济整体形势陷入萧条的可能性极大，这对我国外贸出口将造成极为不利的影响。总体来看，我国正在积极打造对外开放的升级版，积极推进从政策型开放向全面的制度型开放转变。在当前逆全球化思潮抬头的条件下，这对稳定世界经济体系具有积极意义，但是也更为艰巨。在这样的条件下，还是要练好内功，进一步加强国内营商环境建设和信用体系建设，为各类企业创造良好的制度环境。此外，在积极扩大内需的背景下，多措并举鼓励外贸外资企业转向国内市场，完善国内营销网络体系，优化国内市场布局，这有利于外贸型企业的复工复

---

① 国家统计局编：《中国统计摘要 2019》，中国统计出版社 2019 年版，第 38 页。

② 钟山：《积极应对疫情冲击 稳住外贸外资基本盘》，《求是》2020 年第 7 期。

③ 我国外贸依存度从 2006 年的 64.2%降至 2019 年的 31.8%。

产复销（部分外贸转内贸），保住这类市场主体，并服务世界最大的国内消费者。

第七，加速发展“三新”（新产业、新业态、新商业模式）经济，大力开拓就业新渠道、新岗位。特别是，要发挥“三新”经济部门为高校毕业生创造就业岗位的作用。2018 年我国“三新”经济增加值已达到了 16.1%，2016—2018 年年均增速为 13.1%，对国内生产总值的贡献率高达 17.7%，不仅成为我国经济增长的新动能，也将成为新增就业的重要渠道。这就需要在“三新”的国民经济核算体系中，统计各类就业以及新增就业，为制定“三新”就业政策提供重要依据，更精准、更有效地促进就业增长。

10. 把握后新冠肺炎疫情时期海外人才回流契机

刘皓琰[*]　鄢一龙

【摘要】

后疫情时期是吸引海外人才回流的关键期和机遇期。所谓关键期是由于：我国亟须前沿技术人才赢得当前的技术竞争，我国有着进一步优化高层次人才回国机制的迫切需要。所谓机遇期是由于：中外疫情治理的实际效果强化了海外人才的归国意愿，后疫情时期中外经济和就业形式差距显著。但同时，当前的人才回流也面临国内就业形势、相关制度手续、他国态度等方面的困难。

对此我们认为，要牢牢把握此次海外人才回流的重要契机，建议：一是做好海外人才的精准引进，重视人才回流的实际效果；二是建立海外人才储备的大数据库；三是简化归国手续，建立起解决海外人才生活问题的配套制度；四是放宽高校博士后计划限制，吸引高学历留学生和青年人才回国。

习近平总书记强调："危和机总是同生并存的，克服了危即是机。"在妥善应对了疫情的危机之后，我国也迎来了发展上的新契机，其中之一便是当前的海外人才回流。如何吸引海外高端人才回国发展是我国近年来一直面对的重要问题，而我国在疫情治理过程中表现出的强大的国家治理能力以及当前的中外发展

* 刘皓琰，清华大学国情研究院博士后、助理研究员。

环境差距，促使海外人才回国就业的意愿不断升温。因此，应当建立一套系统的海外人才承接计划，牢牢把握后疫情时代的这一契机，通过人才回流加快缩小与主要发达国家间的发展差距。

一、后疫情时期吸引海外人才回流的重要性和机遇

当前，在超 6000 万人的海外华人中，专业人才群体近 400 万，[①] 现居海外的留学生超 160 万人。[②] 在后疫情时期，推动并落实这些海外人才回流的意义更加重大，因为这既是一个关键期，又是一个机遇期。所谓关键期是由于：一方面，当前中外科技竞争愈演愈烈，我国面对史无前例的技术封锁，而赢得这次竞争的关键在于人才。目前，我国在研发经费、人才队伍数量、专利申请数量等方面已经有了巨大的进步，但是，在一些影响未来的关键行业和技术领域，如半导体、人工智能等，我国与发达国家之间仍然存在着显著差距，其根源便在于人才。以人工智能为例，在专业技术人才总量上，美国居首，是我国的 17 倍，但如表 23-10-1 所示，我国有大量的专业技术人才分布于海外人工智能强国。[③]

表 23-10-1 全球人工智能领域领先国家华裔人才比例

国家	新加坡	加拿大	澳大利亚	美国	德国
比例(%)	29.4	10.2	8.5	7.9	2.7

数据来源：领英数据库。

在顶尖专家数量上，中美差距同样明显，有 11%的研究者为我国工作，59%的研究人员隶属美国机构，但是如表 23-10-2 所示，这些美国的顶尖人工智能专家，有近 1/3 来自于我国。

① 仲永、陈彦、周敏：《把握后疫情时期人才流动契机 促进海外人才“回流”》，《南京晨报》2020 年 5 月 28 日。

② 教育部：《2019 年度我国出国留学人员情况统计》，参见教育部网站。

③ 《全球人工智能领域人才报告》，参见领英网站。

表 23-10-2 美国顶尖人工智能专家来源国家及比例

国家/地区	中国	美国	欧洲	印度	加拿大	英国	以色列	其他
比例(%)	29	20	18	8	5	4	3	13

数据来源：保尔森基金会。

从这两点中可以看到，做好人才回流，势必可以助力扭转我国当前在科技竞争中的被动局面。另外，我国有着进一步优化高层次人才回国机制的迫切需要。我国曾于 2008 年推出“海外高层次人才引进计划”作为吸引海外华人精英的重要方案，该计划多年来为海外人才归国起到了重要帮助。如何做好目前的人才承接，进一步优化相关的制度，建立长效机制，提高海外人才回流的效率和安全性，是当前亟待解决的问题。

所谓机遇期是由于：一方面，中外疫情治理的实际效果强化了海外人才的归国意愿。在此次疫情治理中，很多海外华人都清晰地看到了中国特色社会主义的制度优势，看到了我国政府以人民为中心的发展理念与强大的国家治理能力。疫情期间，留学生掀起了“回国潮”，而目前这些海外人才回国稳定就业的意愿也在不断升温。数据显示，2019 年 11 月至 2020 年 4 月，有过留学经历的海外人才新增注册脉脉（职场社交平台）的人数持续走高，半年增长率为 213%；进入 2020 年后的增幅更为明显，1—4 月的增长率高达 72%。① 另一方面，后疫情时期中外经济和就业形势差距显著。由于疫情蔓延，经济和金融形式不稳定，对发达国家海外人才的就业、收入、安全等方面都造成了一定的负面影响。而我国受益于疫情防治的巨大成功，全国绝大多数地区于 2 月底就陆续开始复工复产，各产业发展相对稳定，“新基建”等政策业已体现出新的经济增长潜力，这种有序良性的经济环境同样对海外人才存在重要的吸引力。

二、当前海外人才回流存在的问题

后疫情时期虽既是关键期又是机遇期，但同样有一些限制人才回流的现实困难需要重视，主要包括以下几点：

① 参见脉脉数据研究院网站。

一是国内的经济和就业同样受到了疫情的负面冲击。与国际形势相比，国内经济发展的稳定性是显而易见的。但受到疫情冲击，我国一季度国内生产总值同比下降6.8%，复工复产进程受到影响，企业对就业的吸纳能力遭到削弱，全国城镇调查失业率2月至4月的数据分别为6.2%、5.9%、6.0%，5.9%，[①] 很多岗位出现了就业饱和，一些招聘渠道和人才市场也难以正常运作。此外，2020届高校毕业生874万人，同比增加40万人。[②] 这意味着海外人才归国就业时，也将面对相对紧缩的就业岗位以及更强的人才竞争。

二是海外人才回流的手续相对烦琐。我国目前有着严格的落户、归国等制度，譬如申请在华永久居留，需要在国内居住满一定期限并多次办理签证，在当地落户也需要在国内居住3个月以上。但很多海外专家和学子长期旅居国外，对我国的相关制度不熟悉，又缺乏专业人士指导，不愿意在这些问题上耗费精力，因此这些严格的制度和手续必然会影响其归国的进度和热情。

三是存在生活和工作方面的困难。当前，受到疫情影响，国内各企事业单位的财政出现普遍紧缩，能为海外人才提供的薪资收入必然也会受到影响。此外，对于一些已经取得外国国籍的海外华人专家或者一些刚刚落户的华人人才而言，购房、买车、子女入学等问题依然突出。在工作方面，有些海外专家身兼数职，其主要学术工作还是在国外，而兼职在国内，影响了人才回流的实际效果；同时，他们的思维方式和工作模式等也会有所不同，需要一个阶段去适应国内的科研环境或创业环境，这些问题同样影响了海外人才的归国意愿。

三、推动当前海外人才回流的若干建议

综合来看，尽管存在着一些客观困难，但后疫情时期仍然是吸引海外人才回流的重要契机。为此，应当加强重视，尽快出台相关政策，为海外人才回流提供保障。对此，我们有如下建议：

一是做好海外人才的精准引进，重视人才回流的实际效果。要根据目前我国科技发展的实际情况，在前沿专业、紧缺专业方向精准引进，不能捡到篮里就是

---

① 参见国家统计局网站。

② 参见教育部网站。

菜。引入的专家，可以允许其进行国外的挂职活动，但主营业务和责任必须在国内。此外，对其也必须实行专业的考核方法，不能只看其前期成果，更重要的是考核其今后在国内所做的贡献，做到人才待遇与创造的贡献相匹配。

二是建立海外人才储备的大数据库。应当由政府建立一个海外人才的统一专项大数据库，对于进入储备库的海外专家，应设置相关的回国缓冲机制，包括为其提供公租房、协助其构建科研团队等。此外，做好海外人才与高校、科研院所和各市场主体的对接，要进行精准的人才分类和数据分析，为其提供就业支持与引导。同时，鼓励各高校和猎头公司介入，提升人才供需匹配的效率和满意度。

三是简化归国手续，建立起解决海外人才生活问题的配套制度。对于海外高端的华人专家，应适当放宽其在入籍和落户等方面的限制，为其提供再次选择加入中国国籍的便利。在购房、买车、子女入学等方面，要给予其相应的国民待遇和若干优惠政策，在一些问题上也可以允许学校和企业通过“特事特办”方式解决。

四是放宽高校博士后计划限制，吸引高学历留学生和青年人才回国。目前部分高校开展的博士后计划是吸引海外高学历学子回国的重要桥梁，首先，可以帮助留学生迅速在专业领域发挥作用；其次，给予他们适应国内生活的时间；最后，不至于引发西方国家的高度敏感。应当鼓励各高校和科研院所推广这类博士后计划，并放宽相应的年龄和职业限制，提升博士后待遇，设立各类奖学金制度，吸引海外留学生和青年人才归国。

11. 新冠肺炎疫情常态化下国际政治经济格局变化及我国的应对战略

胡鞍钢　刘东浩*　唐　啸

【摘要】

本文研判了疫情对全球政治经济格局的长、短期影响，并对疫情时代我国如何下好“先手棋”提出建议。

本文认为：短期来看，疫情将对全球经济活动产生严重负向冲击，给各国政治带来不确定性，疫情内在要求各国政府加强合作，同时也在加剧大国竞争，二者相互作用，进一步增加国际新秩序的不确定性；长期来看，全球分工和价值链将进行深度调整，疫情可能引发世界格局的根本性变化，引发对于国家制度的重新思考。

建议我国采取更主动、更有效、更迅速的开放措施，加强与毗邻国家的合作；做好国际政治经济格局变化的准备，坚持走中国道路；加强中国制度认同，增强战略治国能力；提高在联合国、世界卫生组织等国际组织的参与度和话语权；强化与国际组织、国际专家和科研团队的疫情信息共享和防控方案共策。

此次疫情是新中国成立以来遭遇的传播速度最快、感染范围最广、防控难度最大的一次重大突发公共卫生事件。其间，我国积极应对，取得了巨大成功。但

* 刘东浩，清华大学公共管理学院博士研究生。

是，一方面，由于病毒的变异性和各国应对方式的差异性，在可预见的未来，防控疫情有可能成为持久战。另一方面，随着全球疫情的持续发展，疫情对全球经济社会和国际格局的影响逐步显现。应当认识到，此次疫情的出现，与全球政治经济格局深刻变动和人类智能时代科技突破的彼此叠加、相互影响，对人类社会影响必将深远。

当前，我国正处于迈向实现社会主义现代化和中华民族伟大复兴征程的关键时期，因此，全面研判疫情的影响，特别是其对未来全球政治经济格局的长、短期影响，进而有效应对，抓住契机，化危为机，起着重要的作用。

一、关于全球疫情短期影响的研判

从短期来看，一是疫情将对全球经济活动产生严重负向冲击。此次疫情使得国际贸易供给和需求同时出现断崖式下降。伴随着“居家令”等限制政策，供给侧生产将会受到较大冲击；与此同时，由于疫情对于就业和收入的影响，消费需求也会不断遭到挤压。更加需要注意的是，疫情将进一步加剧各国的贸易保护主义。而除了国际商品贸易外，以美国为首的西方国家以维护国家安全为理由，对我国企业的海外业务和对外投资进行限制，打压遏制我国高科技企业。随着全球疫情的延续，疫情对经济主要指标造成的影响可能导致其他连锁反应，例如粮食供应危机、能源暂时性短缺、金融市场持续动荡导致的区域性和全球性经济危机等。

二是疫情给各国政治带来了不确定性。在常规治理中，公众对于政府的评价往往基于经济表现和社会稳定情况。由于疫情防护关乎公民最为基本的生存权利，政府在应对疫情时表现出的组织和危机治理能力越来越成为公众的关注焦点，因此，此次疫情的暴发，对各国政府的治理能力提出了巨大的挑战。在疫情的特殊背景下，一些国家存在的种族、民族、贫富等问题可能会被放大，进而引发政治危机。值得注意的是，疫情对国家治理能力带来诸多新挑战，一些在传统认知中被认为国家治理能力尚可的国家，可能在应对疫情中产生新的问题，这会极大增加政治危机的不确定性，给国际局势带来潜在风险。

三是疫情内在要求各国政府加强合作，同时也在加剧大国竞争，二者相互作用，进一步增加国际新秩序的不确定性。疫情作为全球性的公共卫生危机，一方

面，要求各国政府和国际组织进行合作，在物资、人员、知识等多方面进行支援和共享，共同应对疫情带来的健康危机和经济下行压力。另一方面，全球经济增长迅速下滑、主要大国实力变化和各国经济社会矛盾加剧，导致大国间在经济、科技、金融等方面的竞争将更加激化，有可能通过“舆论战”、“贸易战”和“科技战”转移国内矛盾，并争夺后疫情国际新秩序的主导权。

二、关于全球疫情长期影响的预判

全球疫情的暴发，不仅会给全球经济和政治发展带来短期的冲击，也将会对全球局势产生长期影响。

一是全球分工和价值链将进行深度调整。在全球价值链时代，商品反复穿越国际线进行生产，商品成为国际联系的主要形式。全球疫情到来之前，全球价值链条的复杂度和长度正在快速上升，而疫情暴发则为全球价值链的发展带来了极大的不确定性。随着当前全球疫情的发展，快速控制疫情并重新组织生产已经成为各大经济体必须要完成的目标。一方面，美国等发达国家因为前期疫情控制措施不利，导致疫情大规模扩散，这些国家处于全球价值链的上游，占据大量复杂价值链的生产，可能会导致复杂商品最终供应量的减少。另一方面，全球经济的复苏也将面临发展中国家疫情扩散带来的不确定性。如果后续有大量发展中国家（如东南亚地区等上游原材料制造方）疫情进一步发展，全球经济复苏将会延缓。而从价值链转移的角度来看，由于疫情冲击，国家公共卫生能力和国家动员能力势必成为全球价值链转移所考虑的新因素，这也对发展中国家承接价值链转移带来挑战。

二是疫情可能引发世界格局的根本性变化。一方面，此次疫情发展过程中，全球生产、生活、流通出现了自第二次世界大战以来首个“大停滞”状态，但是第二次世界大战以来以美国为首的国际秩序主导型力量没有发挥有效作用，近30年来的全球化进程正在呈现前所未有的倒退。另一方面，近30年来全球化推动下的人类经济社会进步动力仍然广泛存在。从人类历史来看，国际局势中动力与形势的冲突，往往是国际秩序变革和新秩序成长的关键。可以预见，国际秩序将在应对新外部环境的过程中不断扬弃，形成新的全球化格局，在这一过程中也会形成新的主导力量。

三是疫情将引发对于国家制度的重新思考。第二次世界大战以来，美国全球领导者角色的关键要素，就是向其他国家广泛吹嘘的所谓的“西方式民主制度”。而在此次疫情中，“西方式民主制度”的缺陷被前所未有地暴露出来，它并不能够很好地应对危机带来的挑战。社会层面的危机打破了对“西方式民主制度”的迷信，而我国国家制度在防控疫情中体现出的强大的组织能力和动员能力，成为新时代下制度文明的新方案。因此，在未来外部环境发生深刻变化的同时，有可能引发关于国家制度的大争论和大变化。

三、疫情时代下我国如何下好“先手棋”

长期来看，此次疫情是对全球各国国家治理体系和治理能力现代化的“透视体检”。虽然举国上下付出了巨大的人力、物力、财力，但在整个疫情防控过程中，我国向世界展示了强大的领导能力、应对能力、组织能力、动员能力、贯彻执行能力和抵御重大风险能力，有助于让我国制度优势转化为治理能效、国内优势转变为国际优势，有利于凝聚世界各国之力抗击全球面临的共同挑战。在疫情长期存在的前提下，我国应当发挥更大作用，在国际新格局中下好“先手棋”。

第一，作为全球 100 多个国家的贸易合作伙伴，我国应采取更为主动、更为有效、更为迅速的措施加大开放，加强与毗邻国家的合作。一是进一步扩大农产品进口，主动与毗邻国家谈判协商，以扩大农产品进口目录，全力保障农产品需求。二是进一步降低关税，促进日用消费品等进口。三是与相关国家开展技术贸易措施谈判和研究，指导企业提前应对，有序出口。四是对部分农产品出口加大财政补贴力度，尽快缓解和消除疫情对农产品产业链传导体系的影响。

第二，做好国际政治经济格局变化的准备，坚持走中国道路。疫情使美国持续出台系列措施，全力限制我国企业获得相关技术。面对这一挑战，我国应进一步推动对外开放，一方面，加强与欧洲国家的经济政治往来；另一方面，加强与“一带一路”沿线国家的联系，并与南方国家开展更加密切地合作。与此同时，我国也应加强创新，化后发劣势为前进优势，从而更好地应对后疫情时代全球格局的变化。

第三，加强中国制度认同，增强战略治国能力。在疫情的检验下，我国展现了很强的国家组织能力。随着后疫情时代新型全球化的到来，我国应总结自身的

成功经验，加强相关部门间合作，完善战略治国机制体制，在重要战略上合作开展顶层设计、总体布局、统筹协调、整体推进、督促落实，努力实现国内治理与国际治理一体化，及时根据国内外形势的变化做出相应调整。以共建“一带一路”为抓手，以构建人类命运共同体为理念，将我国安全、坚韧、公平的发展理念与全球发展理念更好地结合。

第四，作为联合国安理会常任理事国，我国应当提高在联合国、世界卫生组织等国际组织的参与度和话语权。一是积极向国际组织提供具有可操作性、可复制性的抗击疫情的成功经验，如国家成立领导机构、各部门建立联防联控机制、向地方派出指导组等工作模式。二是建立全球统一的疫情信息通报制度和出行预警机制，完善全球疫情信息数据库，对重点疫区进行实时监控、实时通报，对感染人群进行全球追踪。三是成立由有关国家、国际组织和跨国企业参加的全球抗击疫情协调机构，降低国家之间、组织之间抗击疫情的协调成本、沟通成本，凝聚合力、群策群力、持续发力，举世界各国之力抗击疫情。

第五，作为世界人力资本大国，我国需强化与国际组织、国际专家和科研团队的疫情信息共享和防控方案共策。一是加大对外医疗援助，向疫情传播高风险国家派遣一批具有科研能力的卫生专家；在国内医疗物资有保障的情况下，向疫情严重的国家提供急需的医疗物资援助。二是专门成立国际疫苗研发小组，建立国际共享科研平台，超前谋划，集全球之智，对全球疫情防控提出解决方案。

12. 我国人口发展趋势（2020 年到 21 世纪中叶）及重大政策调整

胡鞍钢　于　森*

【摘要】

落实以人民为中心的发展思想，需要准确理解和把握我国人口的特点和发展趋势。本文对 2020 年到 21 世纪中叶我国人口发展趋势做了定量预测，结果表明，我国全面放开二胎政策未能达到预期目标，未来人口规模及年龄结构将发生较大变化，总人口进入零增长的高峰平台期，少儿人口、劳动年龄人口持续大幅度下降，老年人口持续快速增长。

为应对人口变化国情对实现第二个百年奋斗目标的重大挑战，本文建议：全面放开生育、鼓励生育政策；大幅度增加人力资本投资，加速我国教育现代化进程；提高 4—6 岁幼儿的毛入园率、大力支持发展 1—3 岁幼儿的托儿教育；分性别分阶段全方位地提高退休年龄；开发老年人力资源，构建中国特色的老年健康友好型社会。

以人民为中心的发展思想把增进人民福祉、促进人的全面发展作为发展的出发点和落脚点。落实以人民为中心的发展思想，需要准确理解和把握我国人口的特点和发展趋势。我国最突出的基本国情就是人口众多，人口政策始终是国家治理体系中的基础性政策之一，也是可以精准估计、精确设计、精细执行的工具性

---

* 于森，清华大学国情研究院博士后。

政策之一。我国人口国情经历了十分典型的现代人口模式转变，从高出生率、高死亡率、低自然增长率转变为低出生率、低死亡率、低自然增长率，因而形成了不同时期的人口发展挑战和政策。

本文对我国人口发展趋势做了定量预测（见表 23-12-1），为制定我国长远目标（2035 年和 21 世纪中叶）提供了基础性、趋势性，可预测、可国际比较的国情研究。结果表明，这一发展趋势不利于实现第二个百年奋斗目标，为此提出务实性、可操作的政策思路。

表 23-12-1　2020 年到 21 世纪中叶我国人口发展指标

	2020 年	2025 年	2035 年	21 世纪中叶	2020 年到 21 世纪中叶变化量
总人口	141177 万人	143946 万人	144209 万人	136118 万人	-0. 11%
少儿人口(0—14 岁)	25338 万人	23904 万人	19669 万人	18205 万人	-0. 91%
劳动年龄人口(15—64 岁)	96776 万人	97033 万人	90464 万人	78658 万人	-0. 72%
老龄人口(60 岁及以上)	26401 万人	32907 万人	45061 万人	51134 万人	2. 2%
老龄人口(65 岁及以上)	19063 万人	23008 万人	34076 万人	39254 万人	2. 41%
少儿人口比重	17%	16. 6%	13. 6%	13. 4%	-3. 6%
劳动年龄人口比重(15—64 岁)	69. 3%	67. 4%	62. 7%	57. 8%	-11. 6%
老龄人口比重(65 岁及以上)	13. 6%	16%	23. 6%	28. 8%	15. 2%
人均预期寿命	77. 5 岁	78. 5 岁	79. 6 岁	81 岁	3. 5%

注：本文数据基于 2015 年全国 1%人口抽样调查的人口年龄结构，2019 年中国少儿人口、劳动年龄人口和老龄人口总数数据预测；假定未来妇女总和生育率（TFR）为 1. 678，即采用世界银行公布的 2015—2018 年我国妇女总和生育率的均值。

主要研究结论：一是我国全面放开二胎政策未能达到预期目标。2015—2018 年我国妇女总和生育率分别为 1. 665、1. 675、1. 683、1. 69，已经属于超低生育率，4 年仅提高了 0. 025，没有产生明显的政策效果。2019 年我国总人口为 14 亿人，未能达到 2020 年 14. 2 亿人左右的预期目标。① 其政策含义是：应抓住难得的生育机会窗口，从全面放开二胎政策转向全面放开生育、鼓励生育政策，政策目标的总和生育率可设定为 1. 8 左右。

二是我国总人口进入零增长（指年均增速小于正负 0. 2%）高峰平台期。按现行妇女总和生育率水平（1. 678），我国总人口到 2030 年前后达到高峰年，约 14. 4 亿人，之后持续下降，到 21 世纪中叶将下降至 13. 61 亿人，比 2019 年减少 2. 8%，年均增速为-0. 11%。总人口对我国资源生态环境的压力保持不变或有所减少，但是人均资源消费量还会持续上升。其政策含义是：应充分利用我国人口高峰平台期的机会窗口，大幅度增加人力资本投资，加速我国教育现代化进程，特别是高中进入高度普及阶段（毛入学率从 2019 年的 89. 5%提高至 97%以上），高等教育进入普及阶段（毛入学率从 2019 年 51. 6%提高至 90%以上），大力发展研究生教育，使在校生数再翻一番，充分积累并释放人力资本红利。②

三是我国少儿人口进入持续大幅度下降期，将从 2019 年的 2. 35 亿人下降至 21 世纪中叶的 1. 82 亿人，减少 22. 6%，年均增速为-0. 91%。这对我国少儿人口入托（学前三年）入学（小学初中）的压力持续减少，但是对 21 世纪下半叶我国劳动年龄人口的下降将产生重要影响。其政策含义是：应提高 4—6 岁幼儿的毛入园率，从 2019 年的 83. 4%提高至 95%以上；大力支持发展 1—3 岁幼儿的托儿教育（民办公助形式），成为提高私人（包括家庭）收益率和社会收益率的重大举措。

四是我国劳动年龄人口已进入持续大幅度下降期。将从 2019 年的 9. 9 亿人下降至 2035 年的 9. 05 亿人（相当于 2003 年的 9. 1 亿人），21 世纪中叶可能进一步降至 7. 87 亿人（相当于 1992 年的 7. 76 亿人），比 2019 年减少 20. 5%。已进入就业总规模零增长进而大幅度下降阶段，不利于我国长期中高速或中速增长。同时就业压力长期存在，主要来自于农村劳动力向城镇转移，农业劳动力（2019 年为 1. 95 亿人，占就业比重的 25. 1%）向非农产业转移，非正规就业（农民工和城乡个体就业者 1. 77 亿人）向正规就业转移，第二产业向第三产业

① 《中华人民共和国国民经济和社会发展第十三个五年规划纲要》，人民出版社 2016 年版，第 162 页。

② 我国在学研究生人数 2009 年为 141. 49 万人，2019 年上升为 286. 37 万人。参见教育部网站。

转移（2012 年以来第二产业就业人数已持续下降，累计减少 1936 万人）。其政策含义是：应抓住最后的人口红利机会窗口，创造更大的人才红利，分性别分阶段全方位地提高退休年龄。一是男女退休年龄渐进式并轨（从 2021—2035 年），逐年提高领取养老金年龄；二是优先调高上亿专业专职（包括公职）人员退休年龄，由各机构（除公职之外）自主决定；三是对非公立机构专业专职退休年龄不再做限制，充分挖掘全社会专业化、职业化人才资源潜力。

五是我国老年人口进入持续高速增长期，进入高速老龄化时代。2020 年我国 65 岁及以上老年人口超过 1.9 亿人，到 21 世纪中叶将达到 3.93 亿人，相当于 2020 年的 2.07 倍，年均增速高达 2.41%；60 岁及以上老年人口将从 2020 年的 2.6 亿人增加到 21 世纪中叶的 5.11 亿人，相当于 2020 年的 2 倍，年均增速高达 2.2%。2020 年我国 65 岁及以上老年人口占世界总数比重的 23%，预计到 21 世纪中叶将达到 26.1%，这对我国社会保障产生持久性的超大规模压力，要求国内生产总值和社会保障经费增长率在 30 年内至少保持在 2.2%以上，才能保证 4 亿—5 亿老年人社会保障水平不变，这将成为未来最大的发展挑战之一。政策含义是：一是将我国老年人口分为低龄老人（60—70 岁）、中龄老人（70—80 岁）、高龄老人（80 岁以上），大力开发和利用低龄老人在社区提供多样化服务，如采取养老服务时间银行形式，① 中龄老人和高龄老人根据自愿原则为其提供服务，高龄老人享有被服务时间；二是将开发老年人力资源作为重要的社会政策，以应对老龄社会的到来，同时因人因时因健康而异，进行老年人口红利储蓄，坚持个人付出和国家激励相结合的原则，在低龄段和中龄段时期的付出可以在中龄段和高龄段时期得到回报，而不是货币实物型；三是构建中国特色的老年健康友好型社会。

1950 年到 21 世纪中叶，我国已形成和将会呈现的人口演变的特征有：一是主要人口指标先后进入上升阶段，并达到高峰，如少儿人口（1950—1976 年，共计 26 年）、劳动年龄人口（1950—2013 年，共计 63 年）、总人口（1950—2030 年，共计 80 年）不断上升达到顶峰；二是主要人口指标先后从高峰进入持续下降阶段，21 世纪中叶的少儿人口将比 1976 年减少 1.84 亿人，21 世纪中叶

---

① 养老服务时间银行是指政府通过政策设计，鼓励志愿者为老年人提供养老服务，按一定的规则记录储存服务时间，当年老需要时可提取时间兑换服务。

的劳动年龄人口将比 2013 年减少 2. 19 亿人，21 世纪中叶的总人口将比 2030 年减少 8720 万人；三是老龄人口（65 岁及以上）持续上升，21 世纪中叶将达到 3. 93 亿人，比 2020 年增加 2. 02 亿人；四是我国人均预期寿命不断提高，将从 2020 年的 77. 5 岁提高至 2025 年的 78. 5 岁，2035 年将达到 80 岁，21 世纪中叶将达到 81 岁左右。

总之，我国人口规模及年龄结构将发生巨大的变化，少儿人口、劳动年龄人口持续大幅度下降，而老年人口持续快速增长，对未来 30 年实现第二个百年奋斗目标产生重大的结构性挑战。为此要充分利用最后的人口红利的机遇窗口（劳动年龄人口比重大于 60%），下决心实施全面放开生育、鼓励生育政策，减缓出生率和自然增长率持续惯性下降趋势；分性别分类别分阶段提高领取养老金年龄，构建中国特色的老年健康友好型社会；对全体人民进行持续的人力资本投资，对不同类型的人口采取不同的针对性政策，既促进人的全面发展，也促进人的全生命周期（从胎儿到生命终结）的发展，更好地体现以人民为中心、促进人的全面发展的理念，实现全体人民福祉最大化。

13. 把握第四次产业革命机遇，推进智能经济、智能社会、智慧政府“三位一体”建设

鄢一龙

【摘要】

第四次产业革命本质是智能化革命，是以数据为新生产资料，以算力为新生产力，以智联网为新生产基础设施，以智能设备为新生产工具，以算法为新生产关系的智能化、数字化、自动化革命。当前第四次产业革命正蓄势待发，我国应该在“十四五”规划中超前部署，把握第四次产业革命的历史性机遇。建议：一是建设新型智联网。把握新基建的机遇，构建物理网络—经济社会空间—赛博空间一体化的新型智联网；建设国家数字大脑，打造国家智能中枢。二是推进智能经济建设。以智能化为主线推进经济体系的现代化，建设智能经济强国；推进新投资、新就业、新消费。三是推进智能社会建设、智慧政府建设。

当前新一轮产业革命正形成蓬勃动能，蓄势待发，第四次产业革命是双循环新发展格局的战略抓手，也是我们突破经济发展有效需求不足瓶颈的战略突破口。我们还处于第四次产业革命的早期阶段，挑战无限、机遇无限，我国应该超前部署，把握第四次产业革命的历史性机遇，积极参与并引领第四次产业革命浪潮，力争在2035年年初步建成智能经济、智能社会与智慧政府，而“十四五”规划要成为这一战略部署的开局规划。建议“十四五”规

划把握机遇，乘势而上，积极引领新一轮的产业革命潮流，推动中国实现跨越式发展。

一、第四次产业革命

人类文明史上先后经历了工业化、电气化、信息化三次重大的科技革命，每一次革命都会引起世界经济格局的重大变化。第四次产业革命的本质是智能化革命，是以数据为新生产资料，以算力为新生产力，以智联网为新生产基础设施，以智能设备为新生产工具，以算法为新生产关系的智能化、数字化、自动化革命。新的科技革命将牵引产业革命，推动社会革命，深刻地改变人类的生产生活方式。第四次产业革命将在经济社会体系中发育出“神经系统”，形成社会性智能体系，这一社会性的智能体系包括大数据、无数的终端、更快更宽的传输通道、数量级不断跃升的数据存储能力与计算能力，它标志着人类社会进化的新阶段（见图 23-13-1）。

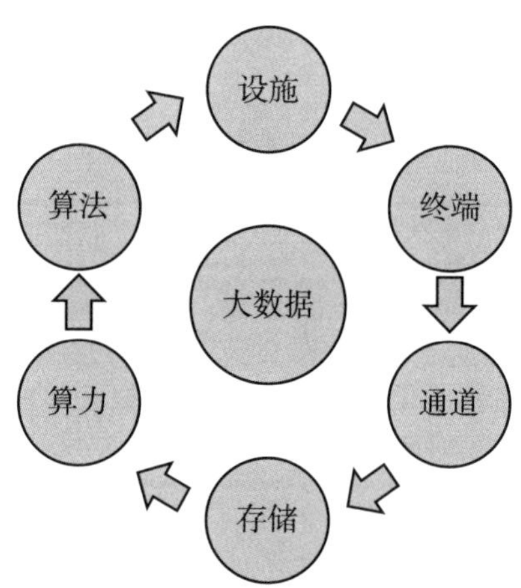

图 23-13-1 社会性智能体系的结构

二、建设新型智联网

第一，把握新基建的机遇，构建物理网络—经济社会空间—赛博空间一体化

的新型智联网。将数据资源作为第一战略资源，积极推动不同行业、业态、场景的数字化，破解数据孤岛，推动数据开放，提高数据采集、存储、共享、应用能力。在国家超算中心的基础上进一步提高算力，推动集中式计算与分布式计算融合，前瞻性布局量子计算、生物计算，推动中国成为算力强国。积极部署5G等地基高速信息通道，加速发展空基高速信息传输通道，打造空地一体的信息高速公路。把握“5G+人工智能+物联网”的机遇，推动更大数量级智能终端接入物联网。加快智慧城市建设，构建以“国家大脑”、城市大脑为中枢，与产业大脑、企业大脑等次级中枢互联互通；以互联网企业为平台，以5G等为通道、数据存储设备、超级计算设施等为骨干，各种智能终端为节点，中枢智能、集群智能与分布式智能融合的万物智能、万物互联的智能网络体系。

第二，建设国家“数字大脑”，打造国家智能中枢。在政府引导下、全方位地打造统一的国家“数字大脑”，构建起政府与市场协同作用的智能经济体系，打造国家智能中枢。构建国家“数字大脑”感知网络。国家感知网络的构建要以政府主导的大数据仓库为核心，以政府主导、多元参与为原则，打造政商跨部门数据资源共享格局，建立起覆盖经济区域的全感知、全互联的信息网络。建立集约化与分布式决策相结合的经济管理平台。建立国家层面的经济规划和管理平台，统一应用数据和调配资源。在统一的大平台中，中央和地方政府、企业以及研发机构等平台可以实现数据库与通信互联，国家利用平台网络作为产业规划者和市场监督者即时观察市场动态，通过科学的大数据运算统筹发展全局并向各级传递行政命令；地方政府也可以借助中央数据库实现即时的上下级沟通，灵活地决策地方经济事务。企业作为市场运行的主体，通过智能手段和电子商务提升创新能力和交易效率，利用灵活的商业组织形式优化信息流、商品流、服务流和资金流，满足消费者多样化和个性化的需求，充分发挥价值规律的作用。

三、推进智能经济建设

第一，以智能化为主线推进经济体系的现代化，建设智能经济强国。推动技术、人才与产业有机融合，围绕产业链部署创新链、人才链、资金链，以创新链、人才链、资金链支撑提升产业链。以实体经济为基础，围绕数据化、智能化、自动化推动产业体系现代化，构建智能经济体系。推进农业生产、配送、销售的智能化、精准化，推进制造业的数字化、智能化、自动化，从制造大国迈向智能制造强国。推进生产性服务业与生活性服务业的智能化，推进制造业与服务业的深度融合，加大产业生态建设。以智能经济建设带动新投资、新消费、新就业，扩大内需，推动生产、就业、消费方式的变革。构建第一、二、三产业协调，产融结合、数字经济与实体经济共生的现代产业体系。

第二，推进新投资、新就业、新消费。第四次产业革命带来了新投资、新就业、新消费的经济发展机遇。新投资指第四次产业革命孕育着巨大的产业投资机会。这是一个席卷商业部门、生活服务业部门、生产服务业部门、工业部门、农业部门、交通部门、社会治理部门等，贯穿生产、配送、消费整个链条的数字化、智能化过程，而且随着新技术的迭代涌现，将不断创造出新的投资风口。

新就业指第四次产业革命使得组织和市场的边界进一步融合，使得就业由传统的组织内就业，转变为多平台就业、灵活就业、多元就业。就业关系由雇佣关系转化为协作关系，就业和创业相互融合。

新消费指第四次产业革命将带来新的消费方式变革。抖音、快手等短视频软件的风靡，实际上已经带动传统电商进入了内容电商时代。5G、人工智能与物联网的结合，将推动人们在线消费的升级，人们的衣、食、住、行、游、娱、学消费方式都会发生重大变革。2020 年“两会”的政府工作报告指出，要鼓励推动生活服务业线上线下融合，支持电商、快递进农村等，都将促进第四次产业革命带来的新消费。

第四次产业革命将重新塑造产业链与价值链。各种类型的平台型企业通过数字赋能的方式，延伸到研发、制造、配送与销售各个环节，已经成为产业链生态的组织者、价值链的重塑者，颠覆了传统“微笑曲线”的价值链分工方式。

四、推进智能社会、智慧政府建设

第一，推进智能社会建设。智能社会建设是要实现人类社会生活方式智能化。推进吃、用、游、行、康、娱等消费产业、消费场景的智能化，发展内容电商、线上教育、智能医疗、智能康养、智能交通等。推进生活空间的智能化，推进智能家居、智能办公、智能楼宇、智能社区、智能校园等建设。

第二，推进智慧政府建设。智慧政府建设是指以智能化作为推进国家治理体

系与治理能力现代化的重要抓手，推进政府治理结构、治理流程的重组，推进政府治理方式的根本性变革，实现政府治理数字化、智能化转型。建设数据驱动、高度智能化，更加扁平、更加开放、更加公正，广泛可及、及时响应，用户友好型的，具有高度敏捷性、精准性、韧性的智慧政府。政府也应当不断推进公共领域的智能化，为智能经济体系的构建营造良好的公共环境，形成真正的智慧城市。智慧城市的构建要以基础设施供给的智能化为基础，也就是将信息通信技术应用于公共服务产品。公共服务供给智能化的目标是在更多的领域和基础设施中应用行业平台型商业模式，在城市交通、医疗、环保等方面实现智能化硬件设施的全覆盖，推动人工智能的广泛运用与数据收集处理的全自动化。市场体系智能化与公共领域智能化相辅相成，市场经济可以在公共领域提供的后盾与释放的需求中更加健康高效，智能化升级所取得的发展成果也可以真正实现人民共享。

总之，我们所处的时代是“非线性变化”时代，很难用过去的经验与趋势有效把握。中长期规划的编制需要我们远处着眼、近处着手，不但要立足现在、问题导向、优化提升，更要立足未来、愿景牵引、变换赛道，才能把握现在、拥有明天。唯求变者能常新，唯创新者能常强。新的产业革命意味着现有国家竞争格局、地区竞争格局、产业竞争格局的新一轮洗牌。

14. 建立防范和化解因病致贫返贫长效机制

胡鞍钢　杨燕绥*　于　森

【摘要】

2020 年是全面建成小康社会和打赢脱贫攻坚战的收官之年。然而，一些家庭因病致贫、因病返贫的比例仍然较高，重度残疾人群因病致贫的问题还较为突出。因此，需要建立防范和化解因病致贫返贫长效机制，以更好实现“弱有所扶”。

本文建议：第一，建立阶梯救助制度，抑制“断崖效应”；第二，夯实确认困难群众和救助对象的标准和工作机制；第三，针对重度残疾人群采取集中托养制度；第四，建立医疗救助支出总额预算、平价采购、直接支付和救助待遇阶梯化机制；第五，做好医疗服务补“短板”工作；第六，建立部门联动、社会参与的工作机制。

一、因病致贫因病返贫的状况

在我国建档立卡贫困户中，因病致贫、因病返贫的比例均在 42% 以上。患

---

* 杨燕绥，清华大学医院管理研究院教授。

病的农村贫困人口中，40%以上年龄在15岁至59岁之间，[①] 这些人基本都是所在家庭的主要劳动力，患病不但要发生治疗费用，还会因为丧失劳动能力而直接影响收入，使家庭陷入贫病交加境地。特别是重度残疾家庭，“照看一个人、拖累一群人、致贫一家人”通常是这类家庭的真实写照，也是医疗帮扶中“最难啃的硬骨头”。

二、建立防范和化解因病致贫返贫长效机制的总体思路

党的十九大报告提出在“弱有所扶上不断取得新进展，深入开展脱贫攻坚”。2020年2月，中共中央、国务院印发的《关于深化医疗保障制度改革的意见》提出，“增强对贫困群众基础性、兜底性保障”和“健全统一规范的医疗救助制度”。这些方略勾勒出我国医疗扶贫事业的发展图景与努力方向。

“十四五”期间，建立防范和化解因病致贫返贫长效机制的总体思路是“巩固、调整、充实、提高”。“巩固”是指对困难群众进行兜底性医疗保障，继续巩固2020年历史性地解决绝对贫困问题的成就，防止因病致贫因病返贫；“调整”是指基于我国当前的发展阶段，让困难群众更多地从普惠性政策中受益；“充实”是指充实县域，特别是基层医疗服务能力建设；“提高”是指提高医疗救助的精准水平，实现高质量的医疗救助。

为了更好地实现“弱有所扶”，需要处理好以下三个关系：一是既要医疗帮扶，更要促进就业，帮助困难家庭获得稳定收入；二是探索医疗救助资金战略性购买平价医药服务的具体措施，进一步促进医药供给侧改革，带动基本医保覆盖大病；三是打开社保、商保和社会捐助的通道，多层次救助特大慢性病和罕见病的患者及其家庭。

三、建立防范和化解因病致贫返贫长效机制的政策建议

在全国建设统一规范的医疗救助制度，夯实医疗救助制度基础，不能忽略每一个环节，要为不同困难群众兜住底线，抑制因病致贫返贫问题。

---

① 国家卫生健康委：《解决因病致贫因病返贫问题　打赢健康脱贫攻坚战》，参见人民网。

第一，建立阶梯救助制度。一是制定阶梯救助制度。将原有的建档立卡贫困户个人缴费全额补贴政策，转为针对困难群众的 80%、60%、40%、20%的阶梯式定额补贴政策，避免出现“断崖效应”。二是根据家庭支付能力制定阶梯待遇清单。从限制自付比例（20%、15%、10%、5%）到总额封顶 10 万元、11 万元、12 万元、13 万元、14 万元……，再根据困难评级确定支付医疗救助待遇的等级。三是对治疗期限长的大额疾病和罕见病，建立分段付费、信息披露和社会兜底的制度。首先公布基本医疗保险、医疗救助信息；其次公布补充医疗保险、大病保险、商业健康保险的支付信息；最后进入社会慈善捐赠和医疗互助领域。

第二，夯实确认困难群众和救助对象的标准和工作机制。建立困难群众经济状况和就医情况的智能监测系统，与社保卡、医保部门、民政部门和医疗机构结算系统无缝对接。一是当事人申请填报制。信用是获得医疗救助的必要条件。凡申请医疗救助的人员必须在该系统注册和如实填写家庭成员、经济收入、生活资产和房产（唯一住房需要填写，但不能折现）、金融资产（银行存款等）和就医状况等相关信息；再次申请时主动更新信息；填报虚假信息和过时信息者计入信用档案，禁止申报一年。二是系统管理人员比对验证制。与相关信息系统对接进行验证，必要时进行现场检查，如收到举报，由此做到如实填写、适时更新。三是划分困难等级，建立及时精准识别机制。确定救助对象后及时拨款，实现“零跑腿”目标。

第三，针对重度残疾人群采取集中托养制度。根据中国残疾人联合会的估算，2010 年我国残疾人口总数为 8502 万人，其中重度残疾为 2518 万人；[①] 2019 年，全国残疾人人口基础数据库持证残疾人为 3681.7 万人。[②] 未来一段时间，需要针对重度残疾、无就业能力的残疾人进行重点监测。这类人群总量相对固定、居住分散，医疗护理和日常照料需求程度高，帮扶难度大，是医疗救助的重点人群。可采用“集中托养”模式，即由政府出资，依托乡镇卫生院、村卫生室等闲置病房建立重度残疾人托养中心，实行医养结合，对重度残疾人进行免费医护，解除家属的后顾之忧。入住残疾人的生活资金保障由重度残疾人两项补贴、低保补助、五保金、养老金、临时救助等资金整合构成，托养中心负责统一

① 《2010 年末全国残疾人总数及各类、不同残疾等级人数》，参见中国残疾人联合会网站。

② 参见《2019 年残疾人事业发展统计公报》。

管理支配。同时，按照一名护工照看两名重度残疾人的标准选聘护工，护工全部来自困难群众或重残者的家属。家属既可以直接照顾亲人，又可以发挥余力照顾其他残疾人，获得每月 2000 元的收入。困难家庭重度残疾人的集中托养不但减轻了家庭负担，提升了重度残疾人的医护水平，而且使得困难群众获得稳定收入。实现了“托养一人，帮扶一家，温暖一方”，彰显了中国特色社会主义制度的显著优势。

第四，建立医疗救助支出总额预算、平价采购、直接支付和救助待遇阶梯化机制。参照基本医疗保险标准，进一步规范医药行为，控制成本，提高救助资金使用效益，建立医疗救助战略购买的长效机制。一是建立医疗救助基金总额预算制度。救助基金总额预算即指由国家和地方财政部门和医疗保障部门联合做出的年度医疗救助基金总支出的预算，实行收付发生制，不预留风险储备金。二是建立平价医药定价机制。在基本医疗保险打包定价支付改革和药品带量采购的基础上，按照医药价格均值的 60%—80%定价。与基本医疗保险对接，适度提高基本医疗保险对困难群众的分担比例，甚至免额兜底，不再由商业健康保险单建资金池和二次支付。三是探索医疗救助基金直接支付。在基本医疗保险定点和医疗服务协议管理的基础上，以一级二级医院为主，附加医疗救助基金直接支付的平价病床和用药的合同附件。

第五，做好医疗服务补“短板”工作。基层的医疗服务能力薄弱，造成群众看病不方便、不及时，进一步导致小病拖成大病，大病托成重病，重病导致贫困。因此亟须提升基层的医疗服务能力。一是逐步更新基层医疗设备。近些年，基层医院建设取得重大进展，但原有核磁、CT、高端彩超等大型设备已经陈旧老化，需要国家设立专项基金逐步更新，也可以考虑引入社会资本的力量。二是出台政策鼓励医疗人才到基层医疗单位服务。采取“基层医疗单位定向培养”等方式引进专业高校毕业生到基层工作。基层医院要根据所承担的任务做好人才规划、政策制定和培训计划。通过“走出去、请进来”等方式，增加基层医务人员进修的机会，提升医疗水平，解决职业发展困惑。三是打造有效的县域基层医疗机构急救体系。近年来，乡村居民急性心梗的发病率、死亡率已超过城市，造成严重的因病致贫返贫风险，需要加强农村乡镇卫生院医疗急诊和救助能力。基层医疗机构更要注重疾病的预防，包括开展经常性的健康教育，加强高血压、糖尿病、冠心病等慢性疾病管理，提高肿瘤筛查与甄别能力培训等。一方面，通过健康生活方式的宣传和教育，使百姓少得病；另一方面，通过慢性疾病诊疗水平和手段的提升，使心血管高危患者和肿瘤患者能早发现、早转诊、可转诊。

第六，建立部门联动、社会参与的工作机制。坚持中央统筹、省负总责、市县抓落实的工作机制。各市县可实行党委政府主导，卫生健康部门牵头、推进进度，财政部门出资，对困难群众实施医保基金阶梯式定额补贴，逐步更新基层医疗单位的医疗和急救设备，建立托养中心运营基金并保障其持续稳定发展。医疗保障局负责建设全国统一的医保综合信息管理系统，积极会同民政等部门明确不同困难等级划分，对困难群众的经济状况和就医情况进行智能监测，对不同困难等级群众采取阶梯式医疗救助，建立医疗救助支出总额预算、平价采购、直接支付机制。残联部门负责筛选托养中心入驻对象、提供辅助器具、指导康复训练；民政部门参照敬老院系统管理经验负责托养中心日常管理，引导社会慈善捐赠进入医疗救助基金和托养中心运营基金；卫生健康部门负责为托养中心入住人员定期体检，日常诊疗，开展护理知识培训。人社部门研究并出台对基层医疗卫生专业技术人才倾斜支持政策，积极引导其向基层流动，负责托养中心的护工、厨师等公益性岗位购买及职业道德培训，此类公益性岗位主要帮扶困难群众或重残者的家属就业。

专刊 1. 治水 70 年：理解“中国之治”的制度密码*

王亚华

【摘要】

治国先治水，自古以来水治理对于我国国家治理就有特殊意义，我国古代大一统体制在相当程度上源于治水的需要。1949 年以来，新中国开启了从传统水利到现代水利转型的新征程，经过 70 年的建设，取得了辉煌治水成就。在复杂国情条件下成功应对多重水问题，探索形成了中国特色的现代水治理体系，以占全球总量 6%的水资源和 9%的耕地养活了全球约 20%的人口，有力支撑了经济社会快速发展和民生需求。新中国成立以来治水的转型及取得的成就，展现了我国国家治理体系在解决现代治理问题方面的效能，从一个侧面阐释了“中国之治”的制度密码，反映了当代中国国家治理之道：理念先导，目标引领；问题导向，务实创新；党政主导，调试管理；系统治理，两手发力；群众路线，广泛参与；依法治国，科技支撑。我国的治水实践彰显了中国特色社会主义制度的显著优势。

党的十九届四中全会提出“中国之治”命题，即中国共产党领导人民创造

* 此文系作者 2019 年 11 月 19 日在“国情讲坛”第 42 讲所作主题演讲，后在讲稿基础上修订而成，同时为国家社会科学基金重大项目成果。此项研究得到了清华大学公共管理学院课题组多位成员的协助和支持，包括唐啸、徐茂森、陈香凝、毛恩慧、郑林颖、吕瀚等，在此一并致谢。

了举世瞩目的经济快速增长和社会长期稳定的奇迹，中华民族实现了从站起来、富起来到强起来的伟大飞跃。“中国之治”的要义在于“治”。早期的篆文“治”，由左边的“水”（洪汛）与右边的“台”（通“臺”即土石堆砌的坝堤）构成，为“修筑堤坝、疏水防洪”之意，后引申为控制和管理之意。相传大禹由于治理洪水有功，受到百姓的爱戴，为建立夏王朝奠定了基础。在我国古代社会，天下大治、长治久安是历代王朝的治国追求。由此可见，治水与治国之间存在一定的联系。本文从治水的视角审视我国国家治理，主要结论有三：治国先治水，我国古代集权制度的形成与治水有着一定的联系；新中国成立以来的治水奇迹展现了我国制度的显著优势，从一个侧面解释了“中国之治”的制度密码；我国治水的成就和经验，也彰显了“中国之治”的光明前景。

一、治国先治水：水治理对我国古代国家治理的特殊意义

我国是世界四大文明古国之一，而四大文明古国与水之间都有密切的联系：我国古代文明发源于黄河流域、古埃及文明发源于尼罗河流域、古巴比伦文明发源于两河流域、古印度文明发源于恒河流域，可见，四大文明古国均地处大河流域，土地肥沃，适合农耕和居住。但是水对于我国古代文明而言，还有更为重要的含义，就是形成了两千多年的大一统体制。那么，如何理解我国独特的大一统体制呢？治水可以提供非常重要的解释线索。

围绕我国古代文明为何会形成大一统的封建专制制度，许多人都曾注意到，我国早期的统一与独特的自然地理气候特征存在密切联系，其中以卡尔·马克思和卡尔·奥古斯特·魏特夫为代表的“治水派”学说尤具影响力。他们认为大型灌溉工程对于东方集权主义的起源具有重要意义。马克思较早注意到灌溉工程对于亚细亚生产方式的重要性，他在 1853 年 6 月撰写的《不列颠在印度的统治》一文中指出：“在东方，由于文明程度太低，幅员太大，不能产生自愿的联合，因而需要中央集权的政府进行干预。所以亚洲的一切政府都不能不执行一种经济职能，即举办公共工程的职能。这种用人工办法提高土地肥沃程度的设施归中央政府管理，中央政府如果忽略灌溉或排水，这种设施立刻就会废置。”美国历史学家卡尔·奥古斯特·魏特夫在 1957 年出版的《东方专制主义》一书中指出，在东方农业文明中，农田灌溉依赖大规模的水利工程，这种文明的社会结构为

“水利社会”，以专制和集权的官僚行政系统为特征。黄仁宇相对于马克思和魏特夫强调的灌溉工程，更重视抵御洪水的重要性，他特别强调了黄河洪水的严重性，认为黄河的局部治理是无济于事的，只有一个统合所有资源、同等对待各方的中央集权政府，才能解除人们面临的常态威胁。持有“治水派”相近观点的著名学者，还有英国历史学家阿诺德·约瑟夫·汤因比和科学技术史学家李约瑟、德国社会学家马克斯·韦伯等。

“治水派”学说流传很广、影响较大，但魏特夫的“东方专制主义”形成说受到了批判，被认为过分夸大了水利灌溉工程的重要性。例如，埃里克·史维泽多的研究指出，世界范围内的历史经验表明，水的稀缺与集权政治之间并没有必然联系。黄仁宇也指出，就治水而言，在中国洪水比灌溉更加重要。

综合半个世纪以来围绕“治水派”学说的众多讨论，我国古代大一统体制的起源可以归结为三个要素，即国防的需要、赈灾的需要和治水的需要。它们是在生产力发展水平低下的文明早期，由于独特的自然地理条件产生的社会需要。

首先是国防的需要。现代著名地理学家胡焕庸揭示了我国这片国土有一个非常重要的特征，自黑龙江的瑷珲到云南的腾冲划一条线，这条线以东所占的国土面积只有 36%，但集聚了 96%的人口，而以西 64%的国土面积仅有 4%的人口。时至今日，“胡焕庸线”仍然基本成立，究其原因，这条自然地理分布线的东南方适合农耕，西北部适合游牧，这是两种迥异生产方式。在农业文明时代，西北的游牧民族无法自给自足，必须从东南方的农耕民族处获取粮食等生活必需品，其方式要么是和平时代的贸易，要么是战争方式的抢掠，由此导致了无休止的战争。对于中原地区而言，只有一个强大的中央集权帝国，才有可能抗御西北游牧民族的南下东进，由此战争的需要是我国古代大一统体制形成的重要解释因素。

其次是赈灾的需要。我国古代自然灾害频发，历史上有“三岁一饥、六岁一衰、十二岁一荒”之说。著名历史学家邓拓通过对灾荒史的研究，发现我国有文字记载的 3000 多年间，几乎是无年不灾，无年不荒，根据统计平均每年有将近两次大的自然灾害发生。在所有的自然灾害中，最为频繁和严重的是四种：水灾、旱灾、地震灾和海洋灾。这四种大约占全部自然灾害的九成，其中水旱灾害最为突出，占到一半还要多。我国水旱灾害有着非常悠久的历史记载，从公元前 206 年到 1949 年的 2155 年间都有详细的记录，总计发生较大的洪水灾害 1092

次，较大的旱灾 1056 次，平均每年发生一次大的水旱灾害。水旱灾的频繁是由于我国东南部的国土受到季风气候的影响，每年的雨水基本上集中在 3—4 个月之中，导致水资源时空分布不均衡，且时空变异性强，这种水文特性为世界罕有。自然灾害频繁使农业生产容易发生灾荒，如果不能及时救济就会演变为饥荒。因此，早在先秦时代，诸侯国之间的盟约就有“勿阻籴”的约定，如果一国发生灾荒，邻国有救济的义务。但是从历史记录来看，这种盟约并不可靠，诸侯国之间“阻籴”的事件常有发生。根据《左传》记载，公元前 647 年晋国发生饥荒，秦国予以接济；次年秦国发生饥荒，晋国不感恩图报，反而“阻籴”，因此两国发生战争。秦始皇灭六国，结束春秋战国持续数百年的分裂战乱局面，使我国走向了大一统，建立了中央集权的国家，能够一定程度解决赈灾的问题。

最后是治水的需要。由于我国水旱灾害频繁，早在 2000 多年前，古人就认识到治水的重要性，春秋时期齐国的国相管仲曾经说过：“善为国者，必先除其五害。”而他提到的“五害”之中，水最为大，这就是“治国先治水”的由来，我国历史上也留下了很多地方官吏大兴水利的美谈。我国古代治水大体围绕四个方面展开：防洪、灌溉、漕运和海塘。魏特夫强调的水利灌溉工程，是古代治水的重要方面。冀朝鼎曾经在《中国历史上的基本经济区与水利事业的发展》一书中，深刻揭示了水利灌溉工程对于古代王朝存续和更迭的意义。当然，诚如黄仁宇的观点，防洪相对于灌溉可能更为重要，他在《中国大历史》一书中指出，仅仅为了防治黄河的洪水，中央集权就不可避免。黄河不仅是世界上含沙量最高的河流，也是最复杂难治的河流。历史上黄河大迁徙共有 7 次，堤防溃决 1500 多次。黄河洪水波及的范围北至天津，南到南京，泛滥面积达数十万平方公里，对中华民族的存续造成极大威胁。因此，治水的需要，特别是黄河的治理，对于我国古代大一统体制的形成具有重要解释力。

综上所述，独特的自然地理条件，使我国早在几千年前就有大规模跨区域的集体行动需要，需要这块国土的各个地区联合起来解决国防的问题、赈灾的问题、治水的问题。大一统体制在本质上，是我国古代这片土地上的先人们出于存续的需要，对独特自然地理条件必须做出的制度响应。如果细看三个要素，由于水旱灾害占赈灾的一半多内容，并且战争的起因也有治水的成分存在，大规模跨区域的集体行动需要，其实有一多半可以归为治水的需要。从这个角度来看，我国古代大一统体制的形成，在一定程度上是由于治水的需要。从某种意义上来

说，我国治水的历史深刻反映了我国古代国家治理的特征和变迁，从治水的角度可以透视我国古代国家治理的逻辑。

二、治水的转型：新中国 70 年的治水成就

古代治水以维持基本生产生活和应对单一外部冲击为主，高度依赖水利工程。如京杭大运河、四川都江堰、广西灵渠、新疆坎儿井等，都是古代水利工程的杰出代表。相对于我国古代传统治水主要是水利工程建设和管理，现代治水内容日益多元丰富，至少包含以下四个方面：应对水资源短缺，解决水污染问题，防范水灾害，遏制水生态恶化。现代治水需要支撑现代经济增长和现代社会运行，出现了越来越多的具有分布式特征的问题，并且治理过程与公众的日常生活密切联系。这就要求从传统的单一工程建设和管理转向更加复杂综合的治理，即从传统治水到现代治水的转型。回顾新中国 70 年的治水实践，我国创造了现代治水奇迹，在多个方面都取得了辉煌成就。

（一）水利工程建设

水利工程对于抵御自然风险、抗洪除涝、防灾减灾和水资源利用提供硬件基础。过去 70 年，中国的水利工程设施在“一穷二白”的基础上，实现了快速的增长。具体来看，新中国成立以来我国堤防总长度增长了 6.4 倍，由 1949 年的 4.2 万公里增长至 2019 年的 31.2 万公里，年增长率为 2.9%；农田水利设施作为重要的农业基础设施，取得了长足的发展，农田有效灌溉面积由 1949 年的 160 万公顷增长至 2019 年的 7400 万公顷，增长了 45.3 倍，年增长率为 5.6%；水电装机容量增加了 978 倍，达到了 3.5 亿千瓦，年增长率为 10.5%。水利工程供水能力由新中国成立初期的 1000 亿立方米增长至 2018 年的 8677 亿立方米，增长了近 7.6 倍。

经过新中国 70 年的建设，我国建成了世界上数量最多、规模最大的水利工程体系，三峡工程、小浪底工程、南水北调工程等一大批超级水利工程相继建成。黄河洪水和长江洪水历史上是中华民族心腹之患。黄河流域开展了大规模堤防建设，修建了三门峡、刘家峡、龙羊峡等干支流水利枢纽和一大批平原蓄滞洪工程，黄河洪水得到有效控制，创造了伏秋大汛 70 年不决口的历史纪录。历史

上，当洪峰流量超过每秒 1 万立方米时，黄河下游就要决口泛滥。新中国成立以来，先后出现了 12 次洪峰流量大于每秒 1 万立方米的洪水，但是黄河却再也没有决过口。长江流域大兴防洪工程，目前长江堤防已经达到了 6.4 万公里，中下游修建了高标准的防洪体系。长江三峡工程建成以后，在 2010 年和 2012 年经受了两次超过 1998 年最大洪峰的考验，为长江流域提供了重要安全保障。

（二）水资源管理

我国不仅兴建了世界最大规模的水利工程体系，而且在水治理能力方面不断进步，实现了水资源的有效利用，用水效率快速提升，有效支撑了我国经济社会的快速发展。我国以占全球总量 6%的水资源和 9%的耕地养活了全球约 20%的人口。在经济快速发展，包括工业产值和粮食产量快速增长的同时，我国的用水量实现了低增长。具体来看，改革开放 40 多年以来我国用水总量仅增长了 27%，却支撑了经济总量 36 倍的增长。水利是农业的命脉，是农业生产最基础的要素投入。改革开放 40 多年以来，农业用水量不但没有增长，反而下降了 12%，但粮食产量却增加了 1.2 倍；工业用水总量增加了 1.4 倍，但产出增加了 55.3 倍。这些反映出我国各产业水资源利用效率都得到了持续快速提升。

从国际比较来看，按单位国内生产总值的用水量来衡量，我国的用水效率已经高于经济发展水平相当的国家，并且与发达国家之间的差距不断缩小。

综上所述，当代中国的水资源管理卓有成效。无论是纵向比较还是横向比较，我国的水资源利用效率都得到了快速提升，这就可以解释为何我国能够以占全球总量 6%的水资源养活全球约 20%的人口，同时支撑过去 40 多年较快的经济增长。

（三）水生态环境治理

20 世纪 70 年代初，中国开始了水污染治理。经过长期不懈的努力，特别是 21 世纪以来的大规模治理，我国的水环境取得了显著改善。2000 年，全国Ⅲ类及Ⅲ类以上水质所占河长比重为 58.7%，至 2018 年全国Ⅲ类及Ⅲ类以上水质所占河长比重为 81.6%，提升了 22.9 个百分点，水环境治理的成效十分明显。国家“十三五”规划纲要提出了环境质量全面改善的目标，我国开始全面实施污染防治攻坚战。习近平总书记在 2018 年 5 月召开的全国生态环境保护大会上的讲话提出：“要深入实施水污染防治行动计划，保障饮用水安全，基本消灭城市黑臭水体，还给老百姓清水绿岸、鱼翔浅底的景象。”这些是防治水污染、保护水环境的战略和政策举措，为水环境治理不断改善提供了保障。

在水生态治理方面，水土流失治理力度在不断加大。全国水土流失综合治理面积，从改革开放之初的 7 亿亩，上升到 2019 年的 19.7 亿亩。改革开放 40 多年来，水土流失综合治理面积年均增长率达到 2.5%。

当代中国治水取得的成就，作为“中国之治”的一个方面，生动诠释了我国国家制度和国家治理体系的显著优势。党的十九届四中全会总结了我国国家制度和国家治理体系具有 13 个方面的显著优势，其中与新中国成立以来我国治水成就息息相关的显著优势有 5 个，它们是：坚持党的集中统一领导，坚持党的科学理论，保持政治稳定，确保国家始终沿着社会主义方向前进的显著优势；坚持人民当家作主，发展人民民主，密切联系群众，紧紧依靠人民推动国家发展的显著优势；坚持全面依法治国，建设社会主义法治国家，切实保障社会公平正义和人民权利的显著优势；坚持全国一盘棋，调动各方面积极性，集中力量办大事的显著优势；坚持改革创新、与时俱进，善于自我完善、自我发展，使社会始终充满生机活力的显著优势。当代中国水治理能力的快速提升，是我国国家制度和国家治理体系显著优势的有效运用和具体体现。

三、当代中国治水的基本经验

我国当代治水的转型及取得的成就，展现了我国国家治理体制解决现代问题的效能。总结当代中国治水的基本经验，可以帮助透视我国国家治理的特征和逻辑。当代中国治水的经验，从一个侧面阐释了“中国之治”的制度密码，具体有以下六点总结。

（一）理念先导，目标引领

通过理念的更新不断提出新的战略目标，进而运用各种政策工具落实目标。

1998 年长江特大洪水发生后，我国治水理念发生深刻转型，从传统的治水观念转向现代治水理念，突出体现在以下五个方面：（1）防洪工作从控制洪水向洪水管理转变，注重给洪水出路，科学防控、依法防控、综合防控；（2）水资源管理工作从供水管理向需水管理转变，注重水资源节约保护，建设节水型社会；（3）水土保持工作从重点治理向预防保护、综合治理和生态修复相结合转变，从局部水生态治理向全面建设水生态文明转变；（4）水利建设工作从开发利用为主向开发保护并重转变，注重水利建设中的移民安置和生态保护问题，促进经济效益、社会效益和生态效益相统一；（5）水行政管理工作从依靠行政手段为主向综合运用法律手段、经济手段、行政手段和科技手段转变，注重依法治水、科学管水，提高水利社会管理和公共服务水平。治水新理念体现在21世纪的治水实践之中，对于当代中国治水成就的取得发挥了先导性作用，有力推动了一系列水法规的修订、规划计划的制订和创新政策的出台。

试举一例，关于新时代的长江治理，2016年年初，习近平总书记在重庆召开的推动长江经济带发展座谈会上的讲话提出，长江要共抓大保护，不搞大开发，即在当前和今后相当长的一个时期，要把修复长江生态环境摆在压倒性的位置。在新的治江理念和目标指引下，过去几年里，国务院各部门和地方合作，出台了长江经济带发展规划纲要和十几个方面的政策性文件，为新时代长江大保护提供一整套规划计划政策，把长江治理推向了生态保护和高质量发展的新阶段。

（二）问题导向，务实创新

当代中国国家治理的一个重要特点，是坚持问题导向，在各种现实挑战中务实应战，在应战的过程中不断创新，进而找到适合国情的解决问题的办法，形成了中国道路。这一特点在治水领域有鲜明体现。

例如，为应对水资源危机，我国从20世纪80年代就着手推动水资源管理体制改革，提出了开发、利用、保护、管理水资源的各项制度。21世纪之初又与时俱进全面升级了水管理制度，强化了水资源的统一管理，把节约用水、提高用水效率放在突出位置，以实施取水许可制度和水资源有偿使用制度为重点加强用水管理，加强水资源的宏观管理和规划制度，重视对水生态环境的保护等。2011年，我国开始实施最严格的水资源管理制度，划定水资源开发利用控制、用水效率控制和水功能区限制纳污“三条红线”，从全世界来看是独特的制度创新，推动我国形成了复杂的三维用水控制体系，也是保障水治理不断改进的重要制度保障。

再例如，针对我国华北地区地下水漏斗问题，近年来国家不断探索推出了一系列有力的举措。华北地区分布有世界上最大的地下水漏斗区，主要是由于华北地区依靠井灌，地下水被大规模超采导致水位不断下降形成的。为此，国家于 2014 年实施高效节水灌溉行动，2016 年开始推行水资源税试点，2017 年实施地下水漏斗区耕地季节性休耕政策，2019 年又推出华北地区地下水超采综合治理行动。同时，南水北调工程通水的 6 年间，通过直接补水、置换挤占的地下水用水等措施，也有效遏制了地下水位快速下降的趋势。目前，华北地区的地下水漏斗治理已初见成效，多地监测的地下水水位已从下降转为上升。

当前我国面临的水问题复杂多样，挑战严峻。为此，我国通过不懈的探索和创新，逐步找到了各种难题的解决之道，推动水治理水平不断提升。在应对和解决各种复杂问题的过程中，也推动了国家治理体制的创新和完善。

（三）党政主导，调试管理

我国国家治理体系下，具体管理制度是在“干中学”中不断发展完善的，很多公共政策经由地方试点试验后推广。

以太湖流域水环境治理为例。太湖流域水环境长期是个大难题，在我国的七大流域中，太湖流域水质最差，主要因为湖泊水系的纳污能力和自净能力差，加之人口密集、经济发达，排污量巨大且治污滞后。从 20 世纪 60 年代开始太湖流域水质不断恶化，到 2000 年前后，太湖流域水质基本为劣Ⅴ类，直到 2007 年太湖蓝藻事件发生，引起全社会的广泛关注，国家下决心开启大规模的太湖流域水环境整治行动。2008 年，国务院批复实施《太湖流域水环境综合治理总体方案》，提出了 2012 年水环境治理目标。方案实施 5 年，太湖流域水环境质量总体得到改善，水环境综合治理取得了初步成效。2013 年，为了解决治理过程中出现的新情况和新问题，国务院组织修编了《太湖流域水环境综合治理总体方案》，提出 2015 年和 2020 年水环境治理目标。根据修订后的方案，经过进一步努力，太湖流域水质总体已由Ⅴ类改善为Ⅳ类，富营养化从中度改善为轻度，流域内主要城市饮用水水源地供水安全基本得到保障。

太湖水环境治理充分体现了党政主导，国务院组织制定治理方案，由国家发展改革委牵头建立省部际联席会议制度，国家有关部门和两省一市共同建立太湖流域水环境综合治理的协调机制，同时督促监督流域两省一市建立严密的水污染防治制度，推动了一批治理工程和项目的落地。这套制度体系可以从宏观上解释为何太湖流域水环境治理成效卓著，太湖流域Ⅲ类以上水质所占河长比例，从2007 年的 14.3%上升到 2018 年的 42.5%，是同期我国七大流域之中水质提升幅度最大、改善最为明显的流域。

我国党政主导下的治水实践，有很强的灵活性，在不断调试之中推动和优化问题的解决。例如，我国人均水资源量仅为世界平均水平的 1/4，近 2/3 的城市存在不同程度缺水的现象，解决中国水短缺问题，节水是根本出路。2001 年国家节水型社会建设试点启动，之后的 10 年间，完成了 100 个全国节水型社会试点建设任务，开展的省级试点建设多达 200 个。经过广泛的试点试验，到“十二五”期间，建设节水型社会成为政府的优先行动和全社会的共识，很多地区能够将节约用水贯穿经济社会发展和群众生活生产全程。党的十九大又进一步提出实施国家节水行动。过去几年间，国家重点行动抓大头、抓重点地区、抓关键环节，提高各领域、各行业用水效率，提升全民节水意识；同时深化体制机制改革，强调政策推动和市场机制创新。节水制度的不断发展完善，是我国用水效率迅速提升的根本保障，充分体现了政府主导体制下的调试管理特征。

（四）系统治理，两手发力

我国国家治理体制的另外一个特点，是比较容易实现全局性的规划设计和统筹协调，有能力应对综合性强的公共事务。现代经济社会是复杂的有机体，必然要求系统治理，我国体制在这方面有天然的优势。随着我国市场主体的发展壮大，其参与国家治理的主动性不断增强。

市场在资源配置中起决定性作用，这也包括水资源在内的公共资源领域。随着治水理念的转型，特别是在干旱缺水的倒逼之下，市场机制被积极引入来优化水资源配置。21 世纪以来，水利部不断推进水权水市场改革，开展了多轮次的水权试点和水价改革。2014 年，习近平总书记就保障水安全问题发表重要讲话，从战略高度提出了“节水优先、空间均衡、系统治理、两手发力”的治水方针，成为新时代强化水治理、保障水安全的行动指南。

总体来看，经过 21 世纪以来 20 年的探索，建立健全水权制度，鼓励开展水权交易，运用市场机制合理配置水资源，已经成为我国水治理的政策取向。过去十几年来，我国的水权水市场改革有一系列进展。2004 年，黄河中上游内蒙古

自治区和宁夏回族自治区开展水权转换试点工作。2005，水利部发布《关于水权转让的若干意见》和《水权制度建设框架》。党的十八大以来，从国家层面上加大了对水权市场的引导和培育，在党中央、国务院印发的十几份重要文件中先后对水权水市场建设、水权交易推进作出部署。2014 年以来，国家在部分省区开展了水权试点工作和水流产权确权试点工作。2016 年，国务院批准在北京设立中国水权交易所，旨在推动水权交易规范有序开展，成立以来累计交易水量 28.88 亿立方米。与此同时，水价制度历经 30 年改革，已经实现无偿或福利型供水向有偿商品型供水的转变。城市供水基本实现了全成本定价商品化，推动水务产业的市场化不断提升，水基础设施建设大量利用市场融资，过去 20 年中国水基础设施的政府和社会资本合作项目增速较快，很好地弥补了公共投资的不足。农业水价改革也不断推进，2016 年，国务院发布《关于推进农业水价综合改革的意见》，提出用 10 年左右时间，建立健全合理反映供水成本、有利于节水和农田水利体制机制创新、与投融资体制相适应的农业水价形成机制。截至 2020 年年底，农业水价综合改革实施面积累计超过 4.3 亿亩。很多农村地区探索了灵活水价制度，有力地促进了农业节水。例如，河北省衡水市桃城区的灌区，当地农民发明了“一提一补”水价政策，制度创新的节水成效非常明显。

水资源属于较难利用市场机制配置的公共资源，特别是在我国的国情条件下。即使如此，我国仍一直重视市场机制的运用，并且经过不懈探索，使市场机制在水资源配置中开始发挥重要作用。

（五）群众路线，广泛参与

我国国家制度和国家治理体系的显著优势之一是坚持人民当家作主，密切联系群众，紧紧依靠人民推动国家发展。坚持和完善人民当家作主制度体系，确保人民依法通过各种途径和形式管理社会事务，是实现我国社会既和谐稳定又充满活力的关键。坚持群众路线，鼓励群众广泛参与，是中国特色民主政治的重要特征。事实上，群众路线要求必须主动深入到群众中去，而不是坐等群众前来参与。

在当代中国水治理中，群众参与是一个重要的政策取向。例如，为了提高农田水利管理绩效，我国积极推行以农民用水户协会为组织形式的参与式灌溉管理改革，鼓励和引导农民自愿组织起来，互助合作，承担直接受益的田间灌排工程的建设、管理和维护责任。2005 年，水利部、国家发展改革委、民政部联合出台《关于加强农民用水户协会建设的意见》。在水利部等国家部委的大力推动下，农民用水户协会数量增长很快，从 21 世纪之初的几千家，增长到 2010 年的 5 万多家，到 2019 年年底的近 10 万家。尽管从总体上来看，用水户协会发挥的作用不如人意，但是用水户协会数量的快速增长反映了当代水治理对于群众参与的重视。

再比如，2014 年水利部联合三部委发布《全国水情教育规划（2015—2020 年）》，要求广泛动员和凝聚社会各方力量，发挥政府、学校、企业、社会组织、科研院所等各类主体在水情教育中的作用，加快构建政府主导、多方参与、主体多元的水情教育工作格局。过去 6 年间，建立国家水情教育基地 63 家，开展了丰富的水情教育活动，基地年受众上千万；已经建成国家级水情教育的网络宣传教育平台“亲水网”，涌现出一批水情教育网站和手机 App，全面推动了公众水情意识提高。在各种水情教育工作推动下，知水、护水和亲水逐步成为全民行动，有力促进了节水型社会建设。

党的十九届四中全会提出，完善党委领导、政府负责、民主协商、社会协同、公众参与、法治保障、科技支撑的社会治理体系，建设人人有责、人人尽责、人人享有的社会治理共同体。由此可见，坚持群众路线和广泛参与，在我国国家治理体系中的重要性。

（六）依法治国，科技支撑

我国国家治理高度重视技术的支撑作用，以适应复杂的现代社会治理需要，这既包括社会技术意义上的制度建设，也包括工程技术意义上的科技应用。全面推进的法治建设与持续快速的技术进步，是我国治水取得重大成就的主要原因和经验之一。

过去 30 余年间，我国建立了一整套现代水法规体系，形成了有力的水行政执法队伍，水利的法制化程度不断提升。在立法方面，我国颁布了水法、水污染防治法、水土保持法、防洪法、抗旱条例等一系列法律法规作为水利工作的法律依据。在水行政执法方面，政府加强水利部门和流域管理机构在行政许可、行政处罚、行政征收和行政强制等方面执法职权的梳理工作，水利执法工作取得了明显的成效，从 2007 年到 2018 年，全国查处水事违法案件从 49501 件下降到 23578 件，调处解决水事纠纷从 9358 件下降到 27 件。在水利法律知识普及方面，

每年利用“世界水日”和“中国水周”普及水利法制知识。

当前我国水治理广泛运用了现代科技，科技进步对水利发展的贡献率达到 53.5%。我国的水利科技创新能力不断提升，在泥沙研究、坝工技术、水资源配置、水文预报等诸多领域已经达到较高水平。以现代信息技术在水利领域的应用为例，我国从 21 世纪之初就开始将信息技术全面应用于流域管理，黄河水利委员会在 2001 年启动了“数字黄河”工程的建设，目前全国各大流域管理委员会都建成了信息系统平台，大江大河管理已经进入数字治理时代。信息技术还被全面用于水资源利用的监管，目前全国已建成重要取水户、重要水功能区和大江大河省界断面三大监控体系，对全国 75%总许可水量进行在线监控，实现了中央、流域、省三级平台互联互通。

法律制度建设和现代科技的广泛应用，加速了水治理水平的提升，这是成就当代治水奇迹的重要原因。

四、当代中国治水的启示和展望

随着我国从传统社会到现代社会的转型，我国国家治理体制融入了越来越多的现代治理元素。我国国家治理体系在坚持党的集中统一领导下，重视法治；在充分发挥政府主导作用的同时，注重吸纳市场力量。

人类社会的制度是多样性的。正如习近平总书记指出的，世界上不存在完全相同的政治制度，也不存在适用于一切国家的政治制度模式。各国国情不同，每个国家的政治制度都是独特的，都是由这个国家的人民决定的，都是在这个国家历史传承、文化传统、经济社会发展的基础上长期发展、渐进改进、内生性演化的结果。诺贝尔经济学奖得主、美国政治经济学家埃莉诺·奥斯特罗姆也指出，人类社会不存在“万能药”的制度，制度是多样的，如同生物多样性，特定制度的成败取决于这些制度与当地的条件是否匹配，需要增进对复杂和多样性制度的理解和保护。

我国的传统智慧与制度多样性理论是高度契合的。比如，《晏子春秋·内篇杂下》记载的南橘北枳典故：“橘生淮南则为橘，生于淮北则为枳，叶徒相似，其实味不同。所以然者何？水土异也。”为何同样的种子，在淮河的南北会长出不同的果子呢？根本上是环境的不同，土壤、水分、气象条件发生了变化，自然结出的果子会有不同，这就是我国古人因地制宜的智慧。《吕氏春秋·察今》则记载了刻舟求剑的故事，讽刺那些死守教条、固执不懂变通的人，说明2000多年前古人就有因时而异的智慧。我国在漫长的治水实践中积累了丰富的智慧，比如“统筹兼顾”“因势利导”等，这些治水经验也成为治国的智慧。

世界上不存在普遍适用的制度，只有最适合自己的道路，各个国家必须根据自身的条件来建立适合自己的治理体系。“中国之治”的深层次动因，乃是我国探索了适合国情的发展道路，成功解决了自身面临的治理问题。我国探索建立的一些制度与西方是迥异的，但实践证明是适合我国国情并且管用的。例如，河长制经过10多年在全国的试验，被多地证明有助于改善水治理，特别是水环境治理。2016年，党中央国务院决定全面推行河长制，目前全国31个省区市均已经建立河长制，30多万名党政领导干部被任命为河长，通过制度建设有力促进了跨部门协作、跨层级协作和跨行政区协作等水治理难题。尽管河长制的可持续性在学术上还有一些争议，但大量实证研究表明，至少在现阶段河长制是有效的，对于河湖治理提升和面貌改善发挥了积极作用。

河长制是我国探索建立的众多水管理制度之一，是我国水治理体系基于我国国情不断发展完善的一个缩影。事实上，我国是在应对多重水问题过程中，探索适合自然地理、经济社会、历史文化等国情特征的管理制度，形成了中国特色的水治理体系。尽管我国的水治理体系目前存在一些有待改进的问题，例如过于依赖政府行政的力量、市场机制的运用存在很多障碍、人民群众的参与比较有限、水治理的法制体系不够健全等，但从总体来看，我国水治理体系是与国情条件和发展阶段相适应的，也展现出了较高的治理效能。

我们再以我国水利现代化进程为例，看一下我国水治理体系的实际效能。2010年，作者曾经定量计算和预测我国水利现代化进程，分四大类和十个水利发展指标测度水利现代化的综合实现程度。当时评价我国水利现代化综合实现程度，2000年为30%，2010年为46%，并预测2015年为56%，2020年为70%，2030年为91%，即2030年基本实现现代化。本文作者近期根据实际进展进行再评价，发现2015年水利现代化综合实现程度实际为65.7%，比之前的预测值高了将近10个百分点。分项来看，安全性需求保障度实际为85%，比之前预测高19个百分点，其中的水旱灾害直接经济损失占同期国内生产总值比重下降到0.25%；经济性需求保障度实际为68%，比之前预测高14个百分点，主要原因

是用水效率改进速度明显好于预期。[①] 但舒适性需求保障度实际为36%，比之前预测低了11个百分点，主要原因是生态用水比重没有提升；水生态环境和谐度实际为63%，比之前预测高9个百分点，主要原因是水环境改善速度明显高于预期。由此可见，21世纪以来的20年间，我国水利现代化水平呈现加速提升态势，按照这个趋势，水利现代化综合实现程度预计在2030年之前就可以达到90%，即提前基本实现水利现代化。这个例子再一次说明，我国探索形成的水管理制度和水治理体系是有效的，在推动我国的治水实践过程中展现出较高的效能。

当代中国的水治理实践，不仅彰显了中国特色社会主义制度的显著优势，也印证了党的十九届四中全会做出的重要判断：“实践证明，中国特色社会主义制度和国家治理体系是以马克思主义为指导、植根中国大地、具有深厚中华文化根基、深得人民拥护的制度和治理体系，是具有强大生命力和巨大优越性的制度和治理体系，是能够持续推动拥有近十四亿人口大国进步和发展、确保拥有五千多年文明史的中华民族实现‘两个一百年’奋斗目标进而实现伟大复兴的制度和治理体系。”

党的十九届四中全会部署了坚持和完善中国特色社会主义制度、推进国家治理体系和治理能力现代化的时间表：“到我们党成立一百年时，在各方面制度更加成熟更加定型上取得明显成效；到二〇三五年，各方面制度更加完善，基本实现国家治理体系和治理能力现代化；到新中国成立一百年时，全面实现国家治理体系和治理能力现代化，使中国特色社会主义制度更加巩固、优越性充分展现。”以上关于我国水利现代化进程的分析，反映了水治理体系和治理能力现代化的乐观前景，也增强了我们推进实现国家治理体系和治理能力现代化目标的信心。

综上所述，当代中国的水治理转型和成就，彰显了中国特色社会主义制度的显著优势。新中国70年的治水成就从一个侧面解释了“中国之治”的制度密码，反映了我国国家治理之道，也预示了推进国家治理体系和治理能力现代化的

---

① 现代治水的五个方面，具有不同类别的需求属性。防灾减灾、饮水安全、灌溉用水等，主要是安全性需求；生产供水、水电、水运等，主要是经济性需求；水系景观、水休闲娱乐、高品质用水，主要是舒适性需求；水环境保护和水生态修复，是安全性需求和舒适性需求兼而有之。三类需求处于不同的层次，通常高一层次需求的出现，以低一层次需求的一定程度满足为前提。

光明前景。当代中国的治水实践，充分体现了中国智慧、中国文化和中国自信，启示我们要坚定制度自信，坚定不移走中国特色治水之路，坚定不移沿着中国特色社会主义的道路前进。只要我们坚持和完善中国特色社会主义制度，不断推进国家治理体系和治理能力现代化，古老的治水文明必将焕发新的生机，中华民族的伟大复兴必将如期实现。

专刊2. "十三五"时期经济社会发展评价

胡鞍钢　鄢一龙

全面建成小康社会是第一个百年奋斗目标，是全面建设社会主义现代化国家的关键历史节点，也是中华民族伟大复兴征程上的重要里程碑。"十三五"时期是我国全面建成小康社会决胜期，也是全面深化改革开放、加快转变经济发展方式的关键时期。在国际政治和经济环境错综复杂、我国仍处于重要战略机遇期的背景下，"十三五"规划明确提出，以提高发展质量和效益为中心，以供给侧结构性改革为主线，坚持稳中求进，统筹推进经济建设、政治建设、文化建设、社会建设、生态文明建设和党的建设，确保如期全面建成小康社会。

党的十九大报告明确提出，从现在到2020年，是全面建成小康社会决胜期。特别是要坚决打好防范化解重大风险、精准脱贫、污染防治的攻坚战，使全面建成小康社会得到人民认可、经得起历史检验。①

一、第一个百年奋斗目标

什么是全面建成小康社会目标？有哪些内涵和主要指标？中国能否如期实现

① 习近平：《决胜全面建成小康社会　夺取新时代中国特色社会主义伟大胜利——在中国共产党第十九次全国代表大会上的报告》，人民出版社2017年版，第27—28页。

这一目标？如何使全面建成小康社会得到人民认可、经得起历史检验？

党中央经过战略部署、顶层设计、总体规划，不断丰富全面建成小康社会的科学内涵。

1997 年，党的十五大报告提出，到建党 100 年时，使国民经济更加发展，各项制度更加完善。①

2002 年，党的十六大报告首次提出 2020 年全面建设小康社会的奋斗目标：我们要在 21 世纪头 20 年，集中力量，全面建设惠及十几亿人口的更高水平的小康社会，使经济更加发展、民主更加健全、科教更加进步、文化更加繁荣、社会更加和谐、人民生活更加殷实。2020 年的量化目标是：国内生产总值到 2020 年力争比 2000 年翻两番，综合国力和国际竞争力明显增强；基本实现工业化；城镇人口的比重较大幅度提高，工农差别、城乡差别和地区差别扩大的趋势逐步扭转。② 2004 年 2 月，温家宝指出，我国人均国内生产总值已达 1000 美元，按既定的部署和现行汇率计算，到 2020 年将达到 3000 美元。③

2007 年，党的十七大报告明确提出新目标：实现人均国内生产总值到 2020 年比 2000 年翻两番。④ 当时有学者提出，2020 年我国经济总量将达到 58 万亿元，约为 7.2 万亿美元，人均约为 5000 美元；第三产业在生产、就业结构中的比重将提高到 50%和 44%左右，第一产业就业比重可能降低到 30%左右；城镇化率有可能接近 60%，基本达到工业化的要求。⑤

2012 年，党的十八大报告明确提出：实现国内生产总值和城乡居民人均收入比 2010 年翻一番。⑥ 当时我国经济总量已经跃居世界第二位，人均国内生产总值超过 5400 美元，成为世界最大的制造大国、商品出口国和外汇储备国以及对世界经济增长份额贡献最大的国家之一。⑦

---

① 《江泽民文选》第 2 卷，人民出版社 2006 年版，第 4 页。

② 《江泽民文选》第 3 卷，人民出版社 2006 年版，第 543 页。

③ 《十六大以来重要文献选编》（上），中央文献出版社 2005 年版，第 759 页。

④ 《胡锦涛文选》第 2 卷，人民出版社 2016 年版，第 627 页。

⑤ 《十七大报告辅导读本》，人民出版社 2007 年版，第 92—93 页。

⑥ 《胡锦涛文选》第 3 卷，人民出版社 2016 年版，第 626 页。

⑦ 《十八大报告辅导读本》，人民出版社 2012 年版，第 80 页。

二、全面建成小康社会的重大标志

我国经济社会发展的实际成效，已超过党的十六大提出的 2020 年预期目标。从国际视角看，我国全面建成小康社会的过程和特点更为凸显，是发展中国家实现现代化工业化城镇化信息化的重要参考。

第一，经济总量增长超过预期目标。根据国家统计局初步核算，2019 年我国国内生产总值 990865 亿元，按年平均汇率折算达到 14.4 万亿美元，稳居世界第二位。[①] 按不变价格计算，到 2019 年我国国内生产总值是 2000 年的 5.14 倍，年均增长 9%。

第二，人均国内生产总值增长超过预期目标。2019 年我国人均国内生产总值为 70892 元，按年平均汇率折算达到 10276 美元。[②] 按不变价格计算，是 2000 年的 4.39 倍，年均增长 8.1%。

第三，城镇化率超过预期目标。城镇人口比重从 2000 年的 36.22%提高到 2019 年的 60.6%，成为全面建成小康社会的重大标志。

第四，农业就业比重下降超过预期目标。农业就业比重从 2000 年的 50%下降至 2018 年的 26.1%，非农业就业比重从 50%上升至 73.9%。农业劳动生产率大幅度提高，2019 年相当于 2000 年 3.83 倍，年均增长达到 7.32%，创下了历史纪录。

第五，历史性地解决了绝对贫困问题。到 2020 年年底，全国 832 个贫困县全部摘帽，近 1 亿农村贫困人口实现脱贫，960 多万贫困人口实现易地搬迁，历史性地解决了绝对贫困问题，为全球减贫事业作出了重大贡献。

第六，地区差距、城乡差距、居民收入差距不断缩小。我国各地区人均国内生产总值差异系数 2004 年达到历史最高峰，而后下降；我国城乡居民人均可支配收入差距从 2007 年的 3.14 倍下降至 2019 年的 2.64 倍；根据国家统计局数据，我国基尼系数 2008 年达到高峰，为 0.491，到 2020 年下降至

---

① 盛来运：《稳中上台阶　进中增福祉——〈2019 年统计公报〉评读》，参见国家统计局网站。

② 盛来运：《稳中上台阶　进中增福祉——〈2019 年统计公报〉评读》，参见国家统计局网站。

0.468。这表明，已经达到"工农差别、城乡差别和地区差别扩大的趋势逐步扭转"的预期目标。

总之，21世纪的头20年，我国紧紧抓住了战略机遇全面建成惠及14亿多人口小康社会，不仅载入中国发展的历史史册，而且也将载入人类发展的历史史册。

三、"十三五"时期我国发展重大成就

我们采用目标一致性方法，根据国家统计局的最新数据以及相关部委公开数据，对"十三五"规划七大主要目标和25项（实际为33项）量化指标的实施情况进行评价，同时分析进展滞后的目标与指标。

总体来看，"十三五"时期前4年的总体进展符合预期，经济社会发展状况表现突出，无论是约束性指标还是预期性指标，4年完成率都比较高。具体来看，2项预期性指标滞后于时序进度，分别是服务业增加值比重和研发经费投入强度，2项约束性指标如耕地保有量（为18.65亿亩）、新增建设用地规模（控制在3256万亩以内）缺少年度信息，无法评估是否完成。

"十三五"时期前4年，我国经济社会发展取得重大历史性标志性成就，确保实现全面建成小康社会的主要目标。突出表现为以下八个方面：

（一）我国经济保持了中高速增长

"十三五"规划明确提出我国经济保持中高速增长，具体地讲，就是国内生产总值每年平均增长保持在6.5%以上。实际执行情况是，从2015年的6.9%下降至2019年的6.1%，2016—2019年平均增长（累计）6.7%，受新冠肺炎疫情的冲击，2020年国内生产总值增长2.3%，"十三五"时期预计是改革开放40多年来经济增速较低的时期。需要说明的，一是"十三五"时期我国经济发展进入新常态，也在客观上要求"增长速度要从高速转向中高速，发展方式要从规模速度型转向质量效率型"，[①] 核心是不再仅仅把地区生产总值及增长率作为政

① 《中共中央关于制定国民经济和社会发展第十三个五年规划的建议》，人民出版社2015年版，第47页。

绩评价的主要指标，而是由以往单纯比经济总量、比发展速度，转变为比发展质量、发展方式、发展后劲。① 二是中高速经济增长有助于实现主要经济指标平衡，有利于实现节能减排等约束性指标。三是实现了“两个同步”，居民收入增长和经济增长同步、劳动报酬提高与劳动生产率提高同步，前 4 年人均国内生产总值年均增长 6%，全国居民人均可支配收入实际年均增长 6. 5%，全员劳动生产率年均增长 6. 6%。四是全球经济增长持续乏力呈现下降趋势，年均增长 2. 9%，也直接影响中国经济增长趋势，既具有互动性，也具有同步性。五是暴发了新冠肺炎疫情，直接地冲击我国经济。客观地讲，尽管我国经济增长率下行，但是我国经济总量基数较大，新增规模越来越大，“十二五”时期国内生产总值总规模为 295 万亿元，“十三五”时期前 4 年就达到了 347 万亿元，估计到 2020 年 5 年总规模达到 450 多万亿元，相当于“十二五”时期的 1. 5 倍左右。

（二）经济结构出现重大变革

产业结构持续优化。“十三五”规划明确提出我国产业迈向中高端水平，要求服务业比重进一步提高。实际执行情况是，虽然第三产业增加值占国内生产总值比重从 2015 年的 50. 5%上升至 2019 年的 53. 9%，② 但 2020 年达不到 56%的预期指标；对经济增长的贡献率从 53%提高至 59. 4%，成为经济增长、创造就业、打造国内市场的主动力。作为世界农业生产大国，我国粮食总产量连续 8 年稳定在 6. 6 亿吨以上。

工业加快向中高端迈进。“十三五”时期前 4 年我国工业增加值增长了 26. 2%，年均增长 6%，工业增加值占国内生产总值比重从 2015 年的 34. 5%降至 2019 年的 32%，标志着进入后工业化时代；产业不断迈向中高端水平，更深更广泛地融入全球产业价值链体系，中美贸易摩擦和新冠肺炎疫情对我国产业产生了较大的影响，但我国国际竞争力仍然在不断提升；实施《中国制造 2025》取得重大进展，加快构建新型制造体系，由生产型向服务型转变，进而向服务生产型转变；我国工业化与信息化、数字化、智能化、绿色化融合趋势在加快；同时利用市场机制和经济手段可较好解决传统产业产能过剩等突出问题。

---

① 《〈中共中央关于制定国民经济和社会发展第十三个五年规划的建议〉辅导读本》，人民出版社 2015 年版，第 95 页。

② 参见国家统计局网站。

我国新产业、新业态、新模式正在成为国民经济最重要的支柱。全国“三新”经济增加值从2016年的11.36万亿元上升至2019年的16.19万亿元，相当于国内生产总值的比重从15.3%提高至16.3%。① 我国将培育和发展数字经济、平台经济、物联网、共享经济等一批战略性新兴产业，广泛而深刻地改变我国社会生产生活消费教育出行等方式。

战略性新兴制造业、新兴服务业都以较快速度增长。2020年，高技术制造业增加值占规模以上工业增加值的比重达15.1%，装备制造业增加值占规模以上工业增加值的比重达33.7%。信息消费服务已经成为创新最活跃、增长最迅猛、辐射最广泛的新兴消费领域之一，2019年信息传输、软件和信息技术服务业增加值同比增长18.7%。全国新能源汽车销量从2015年33.1万辆到2020年136.7万辆，我国连续多年成为世界最大的新能源汽车生产国和消费国。

基础设施现代化程度不断提高。截至2019年年底，我国铁路营业里程达到13.9万公里，其中高铁营业里程达3.5万公里；高速公路里程14.96万公里，覆盖97%的20万以上人口城市及地级行政中心；城市轨道交通运营里程6172.2公里；颁证民用航空机场238个，2019年完成旅客运输量6.6亿人，近90%的人口在直线距离100公里的范围内享受航空运输服务。我国交通基础设施、运输服务、技术装备等重要指标已达世界领先水平，成为经济发展的强大动力，正在重新塑造我国城乡、区域等空间经济地理，推动城乡、区域经济一体化，不断提高城乡、区域发展水平，进而推动不断趋同化。

新型城镇化取得重大进展，推动城乡协调发展。“十三五”规划提出户籍人口城镇化率加快提高，并设定了2020年达到45%的指标。我国户籍人口城镇化率从2015年的39.9%提高到2020年的45.4%，户籍城镇总人口从2015年的5.49亿人提高至2020年的6.55亿人，增加了1亿多人，平均每年增加2000多万人，创下历史新纪录；我国常住人口城镇化率从2015年的56.1%提高到2020年的63.89%，城镇总人口从2015年的7.71亿人提高至2020年的9.02亿人，② 新增加1.31亿人，平均每年新增2600多万人，成为我国经济发展的主要人力资源。

城乡居民人均可支配收入和人均消费支出差距趋于缩小，覆盖城乡的基本公

① 国家统计局编：《中国统计摘要2020》，中国统计出版社2020年版，第12页。

② 参见国家统计局网站。

共服务和社会保障制度不断完善。农村水、电、路、气、房等建设取得重要进展。截至 2020 年 8 月，全国具备条件的建制村通客车率达 100%。截至 2019 年，全国所有建制村通电，安装有线电视的建制村占比 98.1%，95.7%的建制村通宽带互联网，超过 1/4 的建制村有电子商务配送站点。91.3%的乡镇集中或部分集中供水，90.8%的乡镇垃圾集中处理或部分处理，53.5%的建制村完成或部分完成改厕。农村人居环境得到明显改善，2019 年全国休闲农业和乡村旅游接待人次超 32 亿，吸引了全国一半以上的旅游人次，营业收入超过 8500 亿元，这是典型的城乡居民间直接转移支付，也是农村居民收入增长的新来源，有助于缩小城乡居民收入差距。

（三）内需成为稳定经济增长的最大来源

我国消费支出增长较快。2015—2018 年，名义最终消费支出从 36.2 万亿元提高至 48.03 万亿元，目前已实现“消费对经济增长贡献明显加大”的预期目标，对经济增长的贡献率从 59.7%提升至 2018 年的 76.2%，2019 年回落至 57.8%，但仍然超过投资贡献率（资本形成总额贡献率为 28.9%），我国经济增长实现了由主要依靠投资、出口拉动向主要依靠消费并与投资、出口协同拉动的转变。

我国正在成为世界第一商品消费大国。我国零售市场迅速扩大，从 2015 年的 30 万亿元到 2019 年 41 万亿元，有望成为世界最大的零售市场。我国进入国内旅游高增长阶段，旅游业成为重要支柱服务业。国内旅游人次从 2015 年的 40 亿人次上升至 2019 年的 60.1 亿人次，全国旅游收入从 2015 年的 3.42 万亿元增长至 2019 年的 5.73 万亿元，与国内生产总值之比由 4.96%上升至 5.79%，对国内生产总值的综合贡献占比达 11.04%。①

我国国内投资支出较大。2015—2018 年，资本形成总额从 31.28 万亿元提高至 39.66 万亿元，这是我国保持中高速增长的基础性条件。

（四）创新驱动发展战略效果显著

我国成功发展的路径从“科技是第一生产力”到“创新是引领发展第一动

---

① 参见国家统计局网站。

力”的过程，“十三五”规划首次将科技进步率作为核心指标，提出从2015年的55.3%到2020年的60%的预期性目标，到2018年已经达到了58.5%，是统计期间（1998年之后）最高的年份。①

2006年，国务院颁布的《国家中长期科学和技术发展规划纲要（2006—2020年）》提出了到2020年的总目标和量化指标，② 除了个别指标（如全社会研究开发投入占国内生产总值的比重提高到2.5%以上）未能达到之外，其他主要指标均超过预期目标，实现了进入世界创新型国家行列总目标。

我国科技投入与产出创下历史新纪录。我国全社会研究与试验发展支出从2015年的1.42万亿元增加到2019年的2.17万亿元，相当于2015年1.53倍，年平均增长11.4%，高于同期国内生产总值年均增长，研究与试验发展支出与国内生产总值之比从2015年的2.1%提高至2019年的2.19%③。我国研究与试验发展人员全时当量从2015年的376万人年上升至2019年的480万人年。实现了“建成若干世界一流的科研院所和大学以及具有国际竞争力的企业研究开发机构，形成比较完善的中国特色国家创新体系”的目标，其中企业成为研发投入和技术创新主体，大学和中国科学院等国家科研机构成为我国基础研究和高技术领域原始创新的主力军之一。国家组织实施了十几个重大专项，涉及信息、生物等战略产业领域，能源资源环境和人民健康等重大紧迫问题，以及军民两用技术和国防技术。研发支出投入和研发人力资源投入增长直接促进了研发产出高增长，使我国加速进入世界创新型国家行列。世界知识产权组织发布的《2019年全球创新指数》报告显示，中国排名提升至第14位。

我国国内（不含港澳台）发明专利拥有量持续增长。2019年我国国内（不含港澳台）发明专利申请量140.1万件；发明专利申请授权量45.3万件，其中企业占60%以上；每万人口发明专利拥有量从2015年6.3件增加到2019年13.3件，提

---

① 1998—2003年我国科技进步率为39.7%，2005—2010年为50.9%，2010—2015年为55.3%。

② 到2020年，我国科学技术发展的总体目标是：自主创新能力显著增强，科技促进经济社会发展和保障国家安全的能力显著增强，为全面建设小康社会提供强有力的支撑；基础科学和前沿技术研究综合实力显著增强，取得一批在世界具有重大影响的科学技术成果，进入创新型国家行列，为在21世纪中叶成为世界科技强国奠定基础。到2020年，全社会研究开发投入占国内生产总值的比重提高到2.5%以上，力争科技进步贡献率达到60%以上，对外技术依存度降低到30%以下，本国人发明专利年度授权量和国际科学论文被引用数均进入世界前5位。

③ 参见国家统计局网站。

前完成“十三五”规划的目标（12 件）；到 2019 年年底，有效专利达到 972. 2 万件，其中国内（不含港澳台）有效发明专利拥有量从 2015 年 84. 5 万件达到 2019 年 186. 2 万件;① 2019 年我国共受理专利合作条约专利申请受理量 6. 1 万件，其中 5. 7 万件来自国内。②

国内发明专利质量稳中有进。2018 年，国内发明专利授权平均权利要求项数为 8. 3 项，比上年提高 0. 3 项；截至 2018 年年底，国内有效发明专利平均维持年限为 6. 4 年，比上年增长 0. 2 年。

我国已经形成知识产权新优势。2019 年我国商标申请数为 783. 7 万件，商标注册数 640. 6 万件。截至 2019 年年底，我国有效注册商标量 2522 万件,③ 平均每 4. 9 个市场主体拥有一件注册商标；我国申请人马德里商标国际注册有效量为 3. 8 万件。2019 年，我国商标注册平均审查周期缩短至 4. 5 个月。

我国知识产权对外开放力度持续加大。2019 年，国外在华发明专利申请量达到 15. 7 万件,④ 商标申请量达到 25. 5 万件⑤。这表明，我国知识产权保护取得较大进展。随着知识产权保护更加规范化、便利化、法治化，我国还会百尺竿头更进一步。

我国的国内技术市场规模不断扩大。技术合同成交金额从 2015 年 9835 亿元增长至 2019 年 22398 亿元,⑥ 与国内生产总值之比从 1. 45%提高至 2. 26%，超过了研发支出与国内生产总值之比，正在形成研发产业或知识产权产业的投入与产出良性机制，也形成了强大的更加开放的国内技术创新与开发市场能力。

我国重大科技成果集中涌现。国家安排了面向 2020 年重大科技专项（十几项）、前沿技术项目（八大类 22 个）和基础科学（学科发展、科学前沿问题、面向国家重大战略需求的基础研究、重大科学研究计划）等,⑦ 实现重点科技创新跨越进入世界前列。“十三五”时期是我国重大科技成果丰收时期，高达 21 项（见表 23-专 2-1）。载人航天、深海探测、量子通信、大飞机，北斗三号全

① 参见国家统计局网站。
② 参见国家知识产权局网站。
③ 参见国家统计局网站。
④ 数据来源于世界发展指数数据库。
⑤ 参见国家知识产权局网站。
⑥ 参见国家统计局网站。
⑦ 《国家中长期科学和技术发展规划纲要（2006—2020 年）》,《人民日报》2006 年 2 月 10 日。

球导航系统星座部署完成，世界最大球面射电望远镜落成启用，首颗地震监测卫星“张衡一号”升空，港珠澳大桥正式通车，高铁网络、电子商务、移动支付、共享经济等引领世界潮流，充分反映了我国加速进入世界创新型国家行列。

表 23-专 2-1 “十三五”时期我国重大科技成果

年份	重大科技成果
2016 年	“中国天眼”落成启用
	“悟空”号已在轨运行一年
	“墨子号”飞向太空
	神舟十一号和天宫二号遨游星汉
2017 年	“慧眼”卫星遨游太空
	C919 大型客机飞上蓝天
	量子计算机研制成功
	海水稻进行测产
	首艘国产航母下水
	“海翼”号深海滑翔机完成深海观测
	首次海域可燃冰试采成功
	洋山四期自动化码头正式开港
	港珠澳大桥主体工程全线贯通
	具有完全自主知识产权的复兴号首发
2018 年	嫦娥四号探测器成功发射
	第二艘航母出海试航
	国产大型水陆两栖飞机水上首飞
	北斗导航向全球组网迈出坚实一步
2019 年	嫦娥四号在人类历史上第一次登陆月球背面
	长征五号遥三运载火箭成功发射
	雪龙 2 号首航南极
	北斗导航全球组网进入冲刺期
	5G 商用加速推出
	北京大兴国际机场“凤凰展翅”
2020 年	“天问一号”“嫦娥五号”“奋斗者”号等科学探测实现重大突破

资料来源：习近平总书记 2017—2021 年新年贺词，参见《人民日报》。

建设网络强国迈上新台阶。移动电话普及率从 2015 年 95.5 部/百人上升至 2019 年 114.4 部/百人。固定互联网宽带接入用户达到 44928 万户，其中固定互

联网光纤宽带接入用户 41740 万户，占比达到 92. 9%，全年移动互联网用户接入流量 1220 亿 GB。[①] 截至 2019 年年底，全国 4G 基站总数达到 544 万个，4G 用户总数达到 12. 8 亿户，渗透率超过 80%；2019 年成为 5G 商用元年，全国已开通 5G 基站 12. 6 万个。截至 2020 年年底，我国光缆线路已达 5169 万公里，全国光网城市全面建成。

我国创新指数大幅度提高。以 2005 年为 100，创新指数到 2019 年已提高至 228. 3,[②] 相当于 2005 年的 2. 28 倍，年均增长 6. 1%。

总之，我国的对外开放充分利用后发优势，加大科技追赶力度，对内自主创新，正在走出一条科技强、产业强、经济强的强国之路。

（五）居民生活持续改善

全国居民人均可支配收入与经济增长同步。2015—2019 年全国居民人均可支配收入年均增长为 6. 5%，其中城镇居民人均可支配收入年均增长为 5. 9%，农村居民人均可支配收入年均增长 6. 6%，后者增速高于前者 0. 7 个百分点；城镇和农村居民人均可支配收入分别达到 42359 元和 16021 元，相对差距进一步缩小，从 2015 年的 2. 73 倍降至 2. 64 倍。

居民消费支出持续增长，生活质量显著提高。2019 年，全国居民人均消费支出 21559 元，首次超过 2 万元。2015—2019 年全国居民人均消费支出年均实际增长 6. 1%，其中城镇为 4. 8%，农村为 7. 7%，后者增速高于前者，城乡居民人均消费支出差距进一步缩小，从 2. 31 倍减少至 2. 1 倍。全国居民消费支出从 2015 年的 26. 6 万亿元提高至 2018 年的 34. 8 万亿元，占国内生产总值比重从 38%提高至 39%。

我国城乡居民消费结构已属于富足型。全国居民恩格尔系数从 2015 年的 30. 6%降至 2019 年的 28. 2%，全国居民人均服务型消费占比从 2015 年的 40. 2%提高至 2019 年的 45. 9%，成为我国发展服务业的重要微观基础，也是建设强大国内市场的消费者基础。

城乡居民居住面积和主要耐用消费品达到较高水平。2019 年城镇居民人均

① 参见国家统计局网站。

② 《2019 年中国创新指数较快增长　创新发展新动能加速聚集》，参见国家统计局网站。

住房面积达到 39.8 平方米，在八项主要耐用消费品家庭普及率，有四项（移动电话、空调、彩色电视、电冰箱）超过 100%，家用汽车普及率从 2015 年的 30% 上升至 2019 年的 43.2%；农村居民人均住房面积达到 48.9 平方米，在八项主要耐用消费品家庭普及率，有两项（移动电话、彩色电视）超过 100%，家用汽车普及率从 2015 年的 13.3% 上升至 2019 年的 24.7%，加上摩托车普及率的 55.1%，外出机动性比例近 80%。2016—2019 年全国棚户区住房改造开工 2157 万套，已超过“十三五”规划提出的 2000 万套的目标。农村居民环境和公共服务继续改善，到 2019 年全国有 84.5%的户所在社区（自然村）饮用水经过集中净化处理，有 94.2% 的户所在社区（自然村）垃圾能够做到集中处理，有 87.2%的户所在社区（自然村）有卫生室，有 98.5%的户所在社区（自然村）通宽带。

脱贫攻坚战取得全面胜利。“十三五”规划将“我国现行标准下农村贫困人口实现脱贫，贫困县全部摘帽，解决区域性整体贫困”作为经济社会发展的主要目标之一。经过 5 年的持续奋斗，截至 2020 年年底，我国现行标准下 9899 万农村贫困人口全部脱贫，832 个贫困县全部摘帽，12.8 万个贫困村全部出列，区域性整体贫困得到解决，完成了消除绝对贫困的艰巨任务，全面实现“十三五”规划提出的目标，创造了又一个彪炳史册的人间奇迹！

城镇新增就业创下历史纪录。2016—2019 年城镇新增就业人数累计达到 5378 万人，年均增加 1345 万人，创下历史新高，已提前实现 5000 万人的规划目标。2019 年城镇调查失业率为 5.2%，低于“十三五”规划设定的 5.5%左右的目标，城镇登记失业率从 2015 年的 4.1%降至 2019 年的 3.6%。全国农民工总量 2019 年达到 29077 万人，占全国就业总数比重的 37.4%，其中本地农民工人数为 11652 万人，占比为 40.1%，外出农民工占比为 59.9%。农民工人均月收入 3962 元，年收入达到 4.75 万元，相当于农村人均可支配收入（1.6 万元）的 2.97 倍，高于城镇居民人均收入水平，相当于城镇单位就业人员平均工资的 50%以上。①

教育事业全面发展。国家财政性教育经费占国内生产总值比例持续保持在

① 参见国家统计局网站。

4%以上，中央财政教育支出安排超过 1 万亿元。[①] 各类教育毛入学率显著提高，2019 年学前教育毛入园率达到了 83.4%；九年义务教育巩固率从 2015 年的 93%提高至 2019 年的 94.8%，高中阶段毛入学率从 2015 年的 87%提高至 2019 年的 89.5%，这为高中教育实行高度普及教育（90%以上）创造了有利条件；高等教育毛入学率从 2015 年 40%提高至 2019 年 51.6%，已达到 50%的普及化阶段，为社会输送了大量具有高等教育学历的人才资源。2019 年全国各类高等教育在学总规模 4002 万人；2019 年全国普通本专科招生 914.9 万人，在校生 3031.5 万人，毕业生 758.5 万人；在学研究生 286.37 万人，其中，在学博士生 42.42 万人，毕业研究生 64 万人。2019 年全国各级各类学历教育在校生 2.82 亿人，占全国内地总人口的 20.1%。教育公平不断改善，80%的进城务工人员随迁子女接受流入地公办学校的义务教育，2013—2017 年资助困难学生 4.3 亿人次，累计 7000 亿元，每人次接受资助 1627 元。我国高校每年向社会输送 800 万专门人才（2019 年为 822.5 万人，其中研究生占比为 7.8%）、600 万技术技能人才，劳动年龄人口平均受教育年限从 2015 年的 10.2 年提高至 2019 年的 10.6 年。

健康中国取得重要进展。我国人口平均预期寿命从 2015 年的 76.34 岁提高至 2019 年的 77.3 岁，婴儿死亡率从 2015 年的 8.1‰下降到 2019 年的 5.6‰，提前实现 2020 年目标（7.5‰），孕产妇死亡率从 2015 年的 20.1/10 万下降到 2019 年的 17.8/10 万，提前完成 2020 年 18/10 万的目标。我国政府继续提高城乡居民基本医疗保障水平，人均财政补助标准增加 30 元，一半用于大病保险。降低并统一起付线，报销比例提高至 60%。[②] 农村卫生服务条件明显改善，2019 年年底，全国乡镇卫生院 3.6 万个、54.2 万个行政村共设 62.1 万个村卫生室；2018 年年底，村卫生室人员已达 144.1 万人，平均每村村卫生室人员 2.32 人。2019 年全国出生人口 1465 万人，2015—2019 年人口自然增长率从 4.96‰降至 3.34‰，总人口从 13.75 亿人增长至 14 亿多人。[③]

2015—2019 年，全年各类生产安全事故死亡人数从 66182 人下降至 29519

---

① 李克强：《政府工作报告——2019 年 3 月 5 日在第十三届全国人民代表大会第二次会议上》，人民出版社 2019 年版，第 34 页。

② 李克强：《政府工作报告——2019 年 3 月 5 日在第十三届全国人民代表大会第二次会议上》，人民出版社 2019 年版，第 34 页。

③ 参见国家统计局网站。

人，下降55.4%；煤矿百万吨死亡人数从0.162人下降至0.083人，下降48.8%；全国民用汽车保有量从1.72亿辆上升至2.62亿辆，而道路交通事故万车死亡人数从2.1人下降至1.8人，下降14.3%。①

（六）生态文明建设取得重大进展

我国的基本自然国情就是能源、资源、水土资源有限，为此“十三五”规划明确提出实行能源和水资源消耗、建设用地等总量和强度双控行动，并作为约束性指标，建立目标责任制，分解落实，采取硬措施，倒逼经济发展方式转变。

构建清洁低碳安全高效能源体系。持续加强和完善节能减排工作，节能降耗取得重要成效，初步核算，2019年全国能源消费总量48.6亿吨标准煤，比2015年的43亿吨标准煤增长了13%，年均增长3.1%。2019年能源消费增长弹性系数降至0.47（2001—2018年期间为0.717），全国单位国内生产总值能耗累计下降13.5%。能源消费结构继续绿色化，2015—2019年，清洁能源消费占比从17.9%提高至23.4%，煤炭消费占比从64%下降至57.7%，减少了6.3个百分点，平均每年减少1.5个百分点。煤炭消费总量控制成效显著，已经进入高峰平台期，从27.38亿吨增加至28.04亿吨，年均增长已经降至0.6%；非化石能源发电装机容量占比从2015年的34%达到2019年的41.9%，② 2019年可再生能源装机突破8亿千瓦。电源结构不断优化，2019年水电、核电、风电和太阳能发电占全部发电量的27.7%，电力二氧化硫排放量下降86%，电力氮氧化物排放量下降89%，粉尘排放量下降85%。我国单位国内生产总值碳排放持续下降，2019年比2005年累计下降了49.6%，提前实现了2020年下降40%—45%的目标，也提前进入碳排放高峰平台期，这就为“十四五”时期提前从相对减排到绝对减排提供了前提条件。

初步实现了水资源消耗与经济增长脱钩。2019年全国用水总量为5991亿立方米，相较2015年6180亿立方米减少了1189亿立方米，而国内生产总值实际规模则增长了28.5%，③ 按2015年价格每万元国内生产总值用水量累计下降29.8%。

---

① 参见国家统计局网站。

② 国家统计局编：《中国统计摘要2019》，中国统计出版社2019年版，第77页。

③ 参见国家统计局网站。

生态环境质量持续改善，全国生态环境保护约束性指标年度目标任务均完成。打好污染防治攻坚战取得重要进展，特别是实行省以下环境保护机构监测监察执法垂直管理制度十分有效。2019 年全国 337 个地级及以上城市的空气质量平均优良天数比例为 82%，细颗粒物（$PM_{2.5}$）浓度比 2015 年下降 28%。全国地表水优良（Ⅰ—Ⅲ类）水质断面比例从 2015 年的 72. 1%提高至 2019 年的 74. 9%，劣Ⅴ类断面比例从 2015 年的 8. 9%降至 2019 年的 3. 4%，下降 5. 5 个百分点。到 2018 年年底二氧化硫排放量累计下降 18. 9%，提前完成“十三五”规划下降 15%的目标。2018 年氮氧化物排放量下降 4. 9%，化学需氧量排放量下降 3. 1%，氨氮排放量下降 2. 7%。全面禁止进口洋垃圾之后，全国固体废物进口量同比下降 48%。

林业已经成为我国重要的绿色产业。全国森林面积达到 2. 2 亿公顷，森林覆盖率从 2015 年的 21. 66%增加至 2019 年的 22. 96%，2019 年我国森林蓄积量 175. 6 亿立方米，超过了“十三五”规划提出的 165 亿立方米的约束性指标，森林植被总生物量 188. 02 亿吨，总碳储量从 79. 29 亿吨提高至 91. 86 亿吨，相当于 2015 年的 1. 16 倍。2019 年，我国林业产业总产值 7. 56 万亿元，林产品进出口贸易额达 1600 亿美元，各类经济林产品产量达 1. 81 亿吨。“十三五”时期，全国森林旅游游客总量达 75 亿人次，年增长率达到 14. 5%，创造社会综合产值 6. 8 万亿元。

2019 年年底耕地保有量为 19. 18 亿亩，高于“十三五”规划提出的 18. 65 亿亩的约束性指标。

全国主体功能区规划目标基本实现。以“两横三纵”为主体的城市化战略格局基本形成，主要城市化地区集中全国大部分人口和经济总量；以“七区二十三带”为主体的农业战略格局基本形成，农产品供给安全得到切实保障；以“两屏三带”为主体的生态安全战略格局基本形成，生态安全得到有效保障；海洋主体功能区建设加快推进，海洋资源开发、海洋经济发展和海洋环境保护取得明显成效。

（七）全面深化改革总目标基本实现

党的十八届三中全会提出的全面深化改革的总目标是完善和发展中国特色社会主义制度，推进国家治理体系和能力现代化。全面推进经济体制、政治体制、文化体制、社会体制、生态文明体制和党的建设制度改革。

坚持和完善了社会主义基本经济制度。公有制为主体、多种所有制经济共同发展。首先，我国国有企业改革取得重大进展，建立和完善现代企业制度，总体上国有经济与市场经济高度融合，已经成为社会主义市场经济主体下完善的国有资产管理体制，国有经济布局更多面向关系国家安全、国民经济命脉的重点行业和关键领域，服务国家战略目标，增强国有经济竞争力、创新力、控制力、影响力、抗风险能力，做强做优做大国有资本。到2019年，全国国有企业（不含金融企业）资产总额233.9万亿元，负债总额149.8万亿元，国有资本权益总额64.9万亿元；全国国有金融企业资产总额293.2万亿元，负债总额262.5万亿元，形成国有资产20.1万亿元；全国行政事业性国有资产总额37.7万亿元，负债总额10.7万亿元，净资产27万亿元；以上三项（国有资本权益、形成国有资产和净资产）共计112万亿元，相当于2019年国内生产总值（99.1万亿元）的113%，相当于1978年国有资本（5144亿元）的217.7倍；国有自然资源资产方面，截至2018年年底，全国国有土地总面积50552.7万公顷，国有森林面积8436.6万公顷，2019年全国水资源总量29041亿立方米，内水和领海面积38万平方公里。①

我国民营经济迅速发展，从小到大、从弱到强，不断发展壮大。截至2017年年底，我国民营企业数量超过2700万家，② 个体工商户超过6500万户，注册资本超过165万亿元。民营经济贡献了50%以上的税收，60%以上的国内生产总值，70%以上的技术创新成果，80%以上的城镇劳动就业，90%以上的企业数量。我国民营经济已经成为推动我国发展不可或缺的力量，成为创业就业的主要领域、技术创新的重要主体、国家税收的重要来源，为我国社会主义市场经济发展、政府职能转变、农村富余劳动力转移、国际市场开拓等发挥了重要作用。③

重点领域改革向纵深推进。“十三五”规划提出的七大类经济体制改革（坚

---

① 《国务院关于2019年度国有资产管理情况的综合报告》，参见中国人大网。

② 1996年全国私营企业共有44.3万个，占全部企业数量的比重为16.9%。2017年私人控股企业1620.4万个，占全部企业的比重为89.5%。参见国家统计局编《辉煌70年》，中国统计出版社2019年版，第77—78页。

③ 习近平：《在民营企业座谈会上的讲话》，人民出版社2018年版，第5页。

持和完善基本经济制度、建立现代产权制度、健全现代市场体系、深化行政管理体制改革、加快财税体制改革、加快金融体制改革、创新和完善宏观调控）全面推进。一是我国加快建设高标准市场体系，大力推进商事制度改革，[①] 营商环境显著改善。二是不断完善产权制度，促进我国各类市场主体迅速发展，市场主体总数登记户从 2015 年的 7747 万户升至 2019 年的 1.2 亿户，成为推动我国经济增长和就业的重要力量。三是不断完善公平竞争制度，促进我国各类企业国际竞争力和国际影响力显著提高，在世界 500 强企业中，我国民营企业由 2010 年的 1 家增加到 2019 年的 28 家。2019 年我国入选世界品牌 500 强企业增至 40 家。

对外开放水平不断提升，我国作为世界第一大货物贸易国地位日益巩固。我国主动降低关税税率，关税总水平进一步降至 7.5%，1585 个税目平均降幅约 26%。在国际贸易环境恶化的背景下，2015—2019 年，我国货物进出口总额从 24.57 万亿元上升至 31.55 万亿元，净增加 6.98 万亿元，其中货物出口额从 14.12 万亿元上升至 17.23 万亿元，净增加 3.11 万亿元；货物进口额从 10.45 万亿元上升至 14.32 万亿元，净增加 3.87 万亿元。货物进出顺差从 3.68 万亿元缩小至 2.92 万亿元，[②] 我国市场开放程度日益增大。我国主动放宽市场准入，继续缩减全国版和自贸试验区“负面清单”，允许更多领域实行独资经营，出台外商投资法。2016—2019 年我国实际使用外商直接投资金额累计达到 5301 亿美元。

我国与“一带一路”沿线国家经贸投资往来迅速扩大。2013—2019 年我国与沿线国家货物贸易总额超 7.8 万亿美元，2019 年进出口增长 10.8%，占比提高至 29.4%。截至 2019 年，中欧班列累计开行超过 2.1 万列；对沿线国家直接投资超过 1100 亿美元，年均增长 5.6%，新签承包工程合同额接近 8000 亿美元，年均增长 12.1%。截至 2019 年年底，我国在沿线国家建设的 80 多个经贸合作区累计投资 350 亿美元，入区企业 4000 家左右，成为当地轻工、纺织、建材、家电等产业集聚的重要平台，带动东道国就业 33 万人；与沿线国家推进建设 5 个

---

① 商事制度改革的具体措施是：推进企业注册便利化，改注册资本实缴登记制为注册资本认缴登记制；实施“五证合一、一照一码”改革，简化商事主体登记流程；实施“先照后证”改革，将前置审批事项转变为后置审批；建立企业信息公示制度，实现从企业年检到年报的转变；全面推行“双随机、一公开”监管等。

② 参见国家统计局网站。

自贸区。2019年，我国对沿线国家进出口总额达9.27万亿元，比2018年增长10.8%，增速快于全部进出口总额7.4个百分点；我国对沿线国家非金融类直接投资150亿美元；对沿线国家承包工程完成营业额为980亿美元，占对外承包工程完成营业额比重为56.7%，成为我国对外承包工程最大地区。

（八）我国综合国力持续增强

第一，我国经济实力稳中有升。2020年我国国内生产总值突破100万亿元。2019年我国货物进出口总额占全球市场比重为13.2%，是120多个国家和地区的最大贸易伙伴。

第二，我国科技实力不断增强。坚持创新在我国现代化建设全局中的核心地位，把科技自立自强作为国家发展的战略支撑。不断完善国家创新体系，加快构建以国家实验室为引领的战略科技力量，“十三五”时期建成了一批国家实验室和具有较高水平的大学研发机构。打好关键核心技术攻坚战，制定实施基础研究十年行动方案，提升企业技术创新能力，激发人才创新活力，完善科技创新体制机制，全社会研发经费投入年均增长7%以上。

第三，我国国防实力得到提升。党的十八大以来，党提出改革强军战略，领导开展新中国成立以来最为广泛、最为深刻的国防和军队改革，重构人民军队领导指挥体制、现代军事力量体系、军事政策制度，裁减现役员额30万，形成了军委管总、战区主战、军种主建新格局。面对世界新军事革命，我们实施科技强军战略，建设创新型人民军队，建设强大的现代化后勤，国防科技和武器装备建设取得重大进展。在党的坚强领导下，人民军队实现整体性革命性重塑、重整行装再出发，国防实力和经济实力同步提升，一体化国家战略体系和能力加快构建，建立健全退役军人管理保障体制，国防动员更加高效，军政军民团结更加巩固。

第四，我国国际地位持续提升。我国既是世界上人口最多的国家，又是世界第二大经济体、第一大货物贸易国，不断深化对外开放，积极参与全球治理，积极推动构建人类命运共同体。我国作为联合国安理会常任理事国，维护以联合国为核心的国际体系、以国际法为基础的国际秩序、以联合国宪章宗旨和原则为基础的国际关系基本准则。我国维护世界贸易组织在多边贸易体制中的地位，推动贸易和投资自由化、便利化，维护全球产业链、供应链和价值链。推动共建

“一带一路”高质量发展，为世界提供公共产品。支持和落实 2030 年可持续发展议程，同我国中长期发展战略相结合，努力实现高质量发展。

总之，“十三五”时期，虽然我国经济增长率不断下行，但是由于我国经济总量基数大、规模大、新增量大，使综合国力迈上了新的台阶，从而如期全面实现第一个百年奋斗目标。

专刊 3. 展望 2035 中国：基本实现经济现代化

胡鞍钢　刘生龙*

【摘要】

展望 2020—2035 年，我国经济将保持中高速增长，建成现代化经济体系，经济、科技实力大幅提升。总结我国改革开放的实践经验，未来 15 年在制定经济现代化战略时，可以提出新的“经济增长倍增”目标，与此同时提出“科技倍增”目标，作为加速科技现代化、支撑基本实现经济现代化的最大驱动力。

建议：重提实现科学技术现代化目标，以建成世界创新型国家为核心战略目标；提出用 10 年时间实现主要科技发展指标翻一番，到 2030 年基本实现科技现代化；着手制定第二个国家中长期科学技术发展规划纲要和国家中长期人才发展规划纲要。

“十四五”时期是向第二个百年奋斗目标进军的第一个五年，要对党的十九大报告提出的“到 2035 年基本实现社会主义现代化”的发展目标作出长远展望。依据统筹推进“五位一体”总体布局要求，本文对 2020—2035 年我国经济发展战略目标进行分析和预测，将“十三五”时期作为发展起点，包括了“十四五”“十五五”“十六五”规划时期，充分反映了我国每五年上一个新台阶的现代化路径，也更好地体现我国五年规划的继承性、创新性特征。

---

* 刘生龙，清华大学国情研究院副研究员，公共管理学院副教授。

我们认为，即使在全球新冠肺炎疫情持续蔓延、大流行、大暴发的背景下，外部冲击前所未有，但我国在全球率先控制疫情、率先复工复产、率先恢复经济社会发展，很快便回到增长轨道上来，因此，我国可以从 2021 年正式启动“十四五”规划实施，经过 15 年的努力，到 2035 年基本实现经济现代化核心目标，即党的十九大报告提出的“我国经济实力、科技实力将大幅度跃升，跻身创新国家前列”。

一、我国经济将保持中高速增长

2021—2035 年期间，国内生产总值年均增长保持在 4.8%左右，即用 15 年的时间实现国内生产总值（2020 年价格）翻一番（见表 23-专 3-1），由 2020 年的 101 万亿元增长至 2035 年的 209 万亿元，相当于 2020 年的 2.07 倍。这一增速预期目标，符合我国进入高收入阶段的速度变化、结构优化、动能转换的特点，更有利于实现高质量发展、协调发展、绿色发展。

表 23-专 3-1　我国主要经济指标年均增长率（2021—2035 年）

单位：%

	2021—2025 年	2026—2030 年	2031—2035 年	2021—2035 年
国内生产总值	5.7	4.8	4	4.8 左右
人均国内生产总值	5.3	4.6	4	4.6 左右
劳动生产率	6	5	4.2	5 左右
居民人均可支配收入	5.8	4.9	4.1	5 左右
居民人均消费水平	5.8	5	4.1	5 左右

注：按 2020 年价格计算。2021—2035 年系作者估算。

我国具有实现中高速增长的综合要素来源。从增长来源看，由于我国既是世界上国内储蓄率最高的国家之一（2019 年达到 44.6%），又是世界上国内投资率最高的国家之一（2017 年达到 42.6%），因此实物资本增长率仍然保持在 7%左右。从劳动力要素看，我国劳动力数量有所下降，但是总人口就业率仍保持在

55%以上,[①] 其中妇女就业参与率仍保持较高水平，并居世界前列,[②] 非农就业人数持续增长，农业就业人数持续下降。从人力资本要素看，我国已经拥有规模较大的知识型、技能型、创业型、创新型劳动者队伍，劳动技能人数比例明显上升,[③] 2019 年新增劳动力中仅普通本专科毕业生、毕业研究生就超过 800 万人，占城镇新增就业人数的 60%以上，各类人才规模迅速扩大，从人口红利转向人才红利，人力资本（劳动年龄人口受教育年限）增长率保持在 2%左右。我国已经进入创新驱动发展的重要阶段，全要素生产率增长率保持在 1%以上，科技进步贡献率保持在 60%以上。

我国将保持较高的全员劳动生产率增速。2021—2035 年，劳动生产率可与经济同步增长，保持在 5%左右，能够实现劳动生产率（不变价）翻一番，明显缩小与发达国家的相对差距。这是因为“人往高处走”，即人均劳动力物质资本存量持续增长、人力资本水平与技能水平持续提高，劳动力从农业向非农产业转移、从低生产率部门向高生产率部门转移、从低劳动报酬岗位向高劳动报酬岗位转移。

我国将实现居民收入与经济同步增长。2021—2035 年，居民收入增长速度保持在 5%左右，能够实现居民收入（不变价）翻一番，由此可以带动居民人均消费水平同步增长。居民收入来源日益多元化，除了以工资性收入为主外，经营性净收入、财产净收入、转移净收入比重不断增加。

为此建议，在“十四五”规划中明确提出到 2035 年国内生产总值比 2020 年翻一番的目标，以及劳动生产率、居民人均可支配收入同步增长的目标要求。

二、建成强大的国内需求市场

从未来发展趋势看，以人民为中心就要实现 14 亿多消费者的福利最大化。最终消费支出比重不断上升是一个基本趋势，从 2020 年的 54.3%将上升至 2025 年

① 2019 年我国总人口为 14 亿多人，全国就业人员为 7.75 亿人，占总人口比重为 55.3%。参见《中华人民共和国 2019 年国民经济和社会发展统计公报》。

② 2019 年中国女性就业参与率为 60.5%，经济合作与发展国家为 51.9%，世界平均为 47.1%。数据来源于世界发展指数数据库。

③ 2004 年我国技能劳动者为 8720 万人，到 2015 年上升至 1.65 亿人，年平均增长率 6%，占第二产业就业人数比重从 52.19%提高至 72.7%，2016 年我国高技能人才占技能劳动者总量升至 22.6%。

的 60.7%，2035 年则可能进一步上升至 66.5%，其中 2035 年政府和居民消费率分别为 17.6%和 48.9%。

我国拥有世界最大规模的消费群体，约有 4 亿户家庭和 14 亿多消费者。居民人均消费增长速度居世界前列，2018 年为 9%，大大高于世界 2%的平均增长率，国内居民消费支出总额（按购买力平价法计算，2011 国际元）2018 年占世界比重达到 13.2%，但是占国内生产总值的比重只有 39.4%，大大低于世界平均比重（57.7%），有极大的发展空间。预计到 2025 年居民消费支出占国内生产总值比例提高至 44.6%，居民消费支出总额从 2019 年 38.4 万亿元上升至 60 万亿元；到 2035 年这一比例再提高至 48.9%，居民消费支出总额上升至近 140 万亿元（见表 23-专 3-2）。

表 23-专 3-2　支出法国内生产总值构成（2019—2035 年）

支出法国内生产总值=100

	2019 年	2025 年	2030 年	2035 年
资本形成总额	43.1	39.3	36.2	33.5
最终消费支出	55.4	60.7	63.8	66.5
居民消费支出	38.8	44.6	47	48.9
政府消费支出	16.6	16.1	16.8	17.6
货物和服务净出口	1.5	0	0	0

注：按 2019 年价格计算。

数据来源：2019 年数据系国家统计局编《中国统计摘要 2020》，中国统计出版社 2020 年版，第 34 页；2025—2035 年数据系作者估计。

我国扩大内需的主要方面之一就是扩大投资需求。我国是世界上资本形成总额占国内生产总值比重最高的国家之一，2018 年达到 44.9%，比世界平均比重（24.4%）高出 20 个百分点。虽然已经进入不断下降的过程，到 2025 年将下降至 39.3%，2035 年进一步下降至 32.5%，但在世界上仍属于高投资率国家之一。2020—2035 年，实物资本对国内生产总值增长率的贡献率仍在 42.9%，这是我国长期可持续发展最重要的生产要素。

总之，实施积极扩大内需战略是一项长期战略，与供给侧结构性改革主线相辅相成，特别是在全球疫情可能常态化、长期化的大背景下，更有现实意义和长远意义，这是由我国基本国情和主要生产要素所决定的，不仅是人口多、消费市场容量巨大，而且仍处在现代化发展的关键时期。无论是国家基础设施建设以及新型基础设施建设，还是城镇化与新农村建设以及居民住房建设；无论是14亿多消费者的居民消费，还是为全体人民提供基本公共服务的政府消费；无论是衣食住行等传统消费模式升级，还是电子商务、人工智能等消费模式创新，都决定了必须千方百计把我国打造成为较大国内消费市场，打造成为较大国内投资市场，这是我国的巨大发展潜力和长期优势。

三、建成强大的现代化经济体系

结构优化、协同发展的产业体系。随着我国发展水平迈入新阶段，产业结构也将不断升级、不断优化。具体表现为第一产业比重持续下降，第二产业比重不断下降，第三产业比重明显上升，产业结构优化升级也会促进就业结构优化升级，这符合产业结构现代化的基本趋势。

第一产业增加值占国内生产总值的比重将从2019年的7.1%下降至2025年的6.2%，到2035年进一步下降至4.9%，这为降低第一产业占总就业比重、提高第一产业劳动生产率提供了必要条件。同时，农业农村现代化进一步加快，农业供给侧结构性改革持续深化，现代农业产业体系初步构建完成，成为现代化经济体系的重要基础。

第二产业增加值占国内生产总值的比重呈下降趋势，将从2019年的39%下降至2025年的35.8%，到2035年进一步下降至30%左右。我国仍属于世界上第二产业增加值占国内生产总值比重比较高的国家，主要是工业增加值占国内生产总值比重高。

第三产业增加值占国内生产总值的比重大幅提升，将从2019年的53.9%提高至2025年的58%，到2035年进一步达到65%左右，这为提高第三产业占总就业比重提供了必要条件，有助于吸纳从第一产业、第二产业转移出来的劳动力。

2013年第三产业增加值占比超过第二产业，成为第一大产业，开始了第三产业为主的“服务业主导时代”，工业增加值占国内生产总值比重持续下降，从2011年的40%下降至2019年的32%（见表23-专3-3），虽然工业增加值比重下降，但这并不意味着要“去工业化”，而是开启新型工业化。

表 23-专 3-3　我国国内生产总值构成（2019—2035 年）

单位：%

	2019 年	2025 年	2030 年	2035 年
第一产业	7. 1	6. 2	5. 5	4. 9
第二产业	39	35. 8	32. 6	30
工业	32	28. 2	26. 5	25. 5
第三产业	53. 9	58	61. 9	65. 1

注：2019 年数据来源于《中华人民共和国 2019 年国民经济和社会发展统计公报》；2025—2035 年数据系作者估算。

现代化工业体系进一步完善。预计到 2025 年我国工业增加值占国内生产总值比重将降至 28. 2%，到 2035 年我国工业增加值占国内生产总值比重进一步降至 25. 5%。我国工业已经从高速增长（7%以上）阶段进入中高速增长阶段，2018—2035 年工业增加值年均增长 4. 5%，略高于世界 4. 1%的年均增长率（见表 23-专 3-4），标志着我国工业从速度型增长向高质量、高效益、高附加值方向转变，是我国建成经济强国最重要的产业基础。

表 23-专 3-4　我国和世界工业增加值增长比较（2010—2035 年）

	2010 年	2018 年	2025 年	2030 年	2035 年	2018—2035 年年均增长率（%）
世界（亿美元）	182186	232954	303105	369854	460588	4. 1
中国（亿美元）	28304. 5	49790. 5	71229. 6	88765. 1	105935	4. 5
中国占世界比重（%）	15. 5	21. 4	23. 8	25	24. 5	3. 1

注：按 2010 年美元不变价格计算。

努力建成先进制造业集群。进入全球价值链中高端，建成经济质量强国；形成一批具有全球竞争力的世界一流企业，创造一批世界最具价值品牌；“三新”经济迅速增长，已经成为重要的经济支柱，[①]“中国制造”成为世界公认品牌。

建成一流的基础设施体系，更加先进、更加完备、更加高效、更加绿色、更

① 我国新产业、新业态、新商业模式的“三新”经济迅速增长，增加值从 2016 年的 11. 36 万亿元上升至 2019 年的 16. 19 万亿元，年均增速为 13. 4%，占我国国内生产总值的比重从 15. 3%提高至 16. 3%。

加安全，建成超大规模的交通强国；发展空间格局得到优化和拓展，整体上形成东西南北中纵横联动协调发展新格局；坚持海陆统筹，加快发展海洋经济，加快建设海洋强国；形成大规模的城市群、大中小城市和小城镇协调发展的城镇化大格局，城市品质明显提升，公共服务范围覆盖常住人口，公共安全覆盖国内外旅游人口。

构建世界最大规模的市场主体。市场主体从改革开放初期的 49 万户增长到 2019 年年底的 1.2 亿户，增长了 245 倍。充分调动了他们的积极性、创造性、创新性，构成我国经济持续发展的重要微观基础。

此外，全面建立统一开放竞争有序的市场体系、收入分配体系、城乡区域发展体系、绿色发展体系、全面开放体系等，成为建成经济强国的现代化经济体系。

四、建成创新型国家

到 2035 年，科技创新核心目标是科技实力将大幅跃升，跻身创新型国家前列。

不断提高研发经费投入强度。根据世界银行数据库（按购买力平价法计算，2011 国际元）计算，我国研发支出从 2000 年 451 亿国际元增长至 2018 年 4835 亿国际元，年均增长率为 14.8%，对国内生产总值增长弹性系数高达 1.62，即国内生产总值年均增长率每提高 1 个百分点，研发支出年均增长率就相应地提高 1.62 个百分点。我国研发支出占世界比重从 3.37%提高至 17.67%。① 2020 年我国研发投入强度达到 2.4%，未能达到“十三五”规划提出的 2.5%的预期目标。为此建议明确提出此后的三个五年规划研发强度的预期目标：到 2025 年达到 2.6%，2030 达到 2.8%，力争 2035 年 3%以上。不断提高基础研究占研发总经费比重，从 2020 年的 6.2%提高至 2025 年的 7.5%以上，到 2030 年达到 10%以上。预计到 2025 年我国研发支出占世界比重为 22.1%，到 2035 年进一步上升为 26.67%（见表 23-专 3-5）。

① 数据来源于世界发展指数数据库。

表 23-专 3-5　中国和世界研发支出占国内生产总值比重以及中国研发支出占世界的比重（2015—2035 年）

		2015 年	2018 年	2025 年	2035 年
研发支出占国内生产总值比重(%)	中国	2.09	2.15	2.6	3.1
	世界	2.07	2.26	2.5	2.8
中国研发支出占世界比重(%)		17.25	17.67	22.1	26.67

注：2000—2018 年数据来源于世界发展指数数据库，2025—2035 年数据系作者估计。

充分发挥我国科技人才优势。从事研发活动人员全时当量口径计算，我国从 2000 年的 92.2 万人年增加至 2019 年的 480 万人年，相当于 2000 年的 5.21 倍，年均增长 9.07%，放开各类研发单位编制限制，每万名就业人员中研发人员比例从 2019 年 62 人年到 2035 年将超过 100 人年，全时当量翻一番达到 800 万人年以上；各类人才及技能人才从 1.7 亿人超过 2.5 亿人，培养造就一大批具有国际水平的战略科技人才、科技领军人才、青年科技人才和高水平创新团队，科技、人才对经济增长的贡献率不断上升。在全球范围内大力吸引全球顶级科学家，资助邀请世界级学者短期访问讲学，加强一流科研机构间的国际合作，聚天下英才而用之。

在主要战略新兴科技领域加大力度，创造更多对世界科技发展和人类文明进步有重要影响的原创成果；国家创新体系更加完备，建成一批世界一流的科研机构、研究型大学和创新型企业；大力支持关键共性技术、前沿引领技术、现代工程技术、颠覆性技术创新，攻克制约国防科技的主要瓶颈问题；实施重大领域的强国战略，建成航天强国、信息强国、网络强国等，建成较大规模的数字经济、数字就业、数字服务和智能社会。

建设知识密集型产业。知识密集型服务业增加值占国内生产总值从 20% 提高到 25%左右，其中专利密集型产业已经成为我国最重要的知识密集型服务业之一，2019 年，我国专利密集型产业增加值达到 11.5 万亿元，占国内生产总值的比重达到 11.6%，对国内生产总值增长的贡献率达到 15.7%,① 到

① 参见国家统计局网站。

2035 年，占国内生产总值的比重达到 16%以上，成为经济高质量发展的重要支撑。

建成较大规模的国内技术市场。我国技术合同成交金额快速增长成为创新中国的重要标志之一，从 2000 年的 651 亿元增长至 2019 年的 22398 亿元，相当于 2000 年的 34.41 倍，年均增长 20.47%，明显高于研发经费年均增长率，相当于国内生产总值比重由 0.65%提高至 2.3%，与研发经费支出占国内生产总值比重趋同，形成研发投入与技术市场产出经济效益的良性互动增长关系。预计我国到 2025 年技术市场交易额占国内生产总值的比重将超过研发经费支出强度，从而发展成为规模较大的研发产业体系和技术市场体系。

当我国经济发展进入中高速阶段后，需要科技创新始终处在高速发展阶段，以强有力地支撑经济现代化发展。为此建议，一是重提实现科学技术现代化目标，以建成世界创新型国家为核心战略目标，充分反映我国依靠科技现代化实现经济现代化，通过科技现代化引领经济现代化。二是提出用 10 年时间实现“科技倍增”目标，即主要科技发展指标 10 年翻一番，到 2030 年基本实现科技现代化。三是建议着手制定第二个国家中长期科学技术发展规划纲要和国家中长期人才发展规划纲要，提出指导方针、2030 年和 2035 年总体目标、具体指标和总体部署、重大创新工程和重点项目。

五、小结：实现新的“经济倍增”规划和目标

从改革开放 40 多年的伟大实践和历史经验看，基本上遵循邓小平所强调的“每隔几年上个台阶”的发展逻辑，即每 10 年经济总量翻一番。实践表明，这是成功实现我国经济现代化的战略方针和核心目标。在全面建成小康社会、实现第一个百年奋斗目标之后，由于总人口、劳动年龄人口以及就业人数进入零增长（正负小于 2‰）或负增长阶段，未来 15 年在制定我国经济现代化战略方针和核心目标时，可以提出新的“经济倍增”规划和目标，用 15 年的时间实现经济总量和人均个量翻一番，即以国内生产总值为引领，带动人均国内生产总值、全员劳动生产率、居民人均收入、居民人均消费支出按不变价格到 2035 年比 2020 年翻一番。在公开表述上，仍采用“两个倍增”，即国内生产总值和城乡居民人均收入翻一番。这不仅为“十四五”规划，而且也为“十五五”“十六五”规划制

定经济增长预期目标提供了逻辑一致、前后衔接的路线图，以此作为基线一以贯之，每五年上个新台阶，用 15 年时间达到“经济倍增”目标。与此同时，提出用 10 年时间达到“科技倍增”目标，作为加速科技现代化、支撑基本实现经济现代化的最大驱动力。

专刊 4. 展望 2035 中国：全体人民共同富裕迈出坚实步伐*

胡鞍钢　王洪川**　刘生龙

【摘要】

本文展望“十四五”时期及 2035 年，对我国六大主要经济社会发展目标作出中长期预测和分析：城乡居民人均可支配收入、人均消费支出中高速增长，消费结构从富足型向中等发达型转变；总人口就业压力明显减少，实现高质量充分就业目标；各阶段入学率提高，劳动年龄人口平均受教育年限明显增加，加快建成教育强国；推动健康服务供给侧结构性改革，健全全民医保体系，全体人民身体素质大幅度提升；城乡居民家庭恩格尔系数同步下降，城乡居民收入消费水平差距缩小；建立与基本实现同社会主义现代化目标相适应的国家基本公共服务制度体系。

党的十九大报告提出把实现第二个百年奋斗目标分为到 2035 年基本实现社会主义现代化和到 21 世纪中叶建成富强民主文明和谐美丽的社会主义现代化强国两个阶段来安排。在强调实现第一阶段目标时，报告指出：“人民生活更为宽裕，中等收入群体比例明显提高，城乡区域发展差距和居民生活水平差距显著缩小，基本公共服务均等化基本实现，全体人民共同富裕迈出坚实步伐。”

---

* 此文参考了胡鞍钢等著的《2050 中国：全面建设社会主义现代化强国》，作者又做了最新的中长期预测。

** 王洪川，清华大学国情研究院助理研究员，公共管理学院助理教授。

从全面建成小康社会到全体人民共同富裕，这是对第一个百年奋斗目标的延续，也是支撑社会主义现代化强国的基础。本文基于以上发展目标，根据“十四五”时期及 2035 年中国基本实现社会主义现代化的主要任务，对主要经济社会发展目标作出中长期预测和分析。

一、人民生活更为宽裕

我国城乡居民人均可支配收入中高速增长。2020—2035 年期间保持在 5%左右，基本与国内生产总值增长同步。按 2011 年国际元不变价计算（下同），预计用 15 年的时间到 2035 年实现居民人均可支配收入比 2020 年翻一番。

我国城乡居民人均年收入持续稳步增长。全国居民人均年收入从 2019 年的 7471 国际元提高至 2025 年的 10479 国际元，到 2035 年进一步提高至 16271 国际元，按每个家庭 3 人计算，年收入为 48813 国际元（见表 23-专 4-1）。在人均年收入持续增长的过程中，不断提高中等收入人群比例，按人均每日收入国际元计算，从 2019 年的 20.5 国际元提高至 2025 年的 28.7 国际元，到 2035 年提高至 44.6 国际元（见表 23-专 4-1）。全国居民收入来源更加多元化，除了以工资性收入为主外，经营性净收入、财产净收入、转移净收入比重不断增加。

我国城乡居民人均消费支出中高速增长。2020—2035 年增长率将保持在 5%左右，与国内生产总值增速同步。从国际比较看，我国居民人均每日消费支出明显提高，从 2019 年 15.5 国际元上升至 2025 年的 21.7 国际元，到 2035 年提高至 33.9 国际元（见表 23-专 4-1）。全国居民最终消费支出总额从 2019 年 8.42 万亿国际元到 2035 年达到 18.45 万亿国际元，相当于 2019 年的 2.2 倍。因此，实施积极扩大国内需求战略的核心是积极扩大 14 亿多消费者、4 亿多家庭的消费需求，更好地实现消费者福利个性化、多元化、最大化，使之成为支撑我国经济持续中高速增长的主要内需动力。

我国城乡居民消费结构发生转变。我国居民家庭恩格尔系数持续下降，从 2019 年的 28.2%下降至 2025 年的 26.4%，到 2035 年进一步降至 22%左右（见表 23-专 4-1）；我国居民家庭服务性消费迅速上升，超过商品消费比重；城乡居民住房水平不断提升，城镇居民人均建筑面积由 2019 年的 39.8 平方米增加到 2035 年的 50 平方米，农村居民人均住房建筑面积从 2019 年的 48.9 平方米增加到 2035 年的 60 平方米以上。支持和鼓励城乡居民积累越来越多的家庭资产。①

表 23-专 4-1 我国居民人均收入、消费支出及恩格尔系数（2015—2035 年）②

	2015 年	2019 年	2025 年	2030 年	2035 年
居民可支配人均年收入（元）	21966	30733	37199	47251	57765
居民可支配人均年收入（国际元）	6349	7471	10479	13310	16271
居民可支配人均每日收入（国际元）	17. 4	20. 5	28. 7	36. 5	44. 6
居民人均年消费支出（元）	15712	21559	30237	38591	47178
居民人均年消费支出（国际元）	4113	5659	7936	10129	12383
居民人均每日消费支出（国际元/日）	11. 3	15. 5	21. 7	27. 8	33. 9
居民家庭恩格尔系数（%）	30. 6	28. 2	26. 4	24. 3	22

数据来源：2015 年和 2019 年数据来源于国家统计局的《中国统计摘要 2020》，中国统计出版社 2020 年版，第 56、57 页；2025—2035 年数据系作者预测。

二、实现高质量充分就业

我国是世界劳动力丰富的国家，也是世界上劳动参与率较高的国家。2019 年我国 15—64 岁的劳动年龄人口 98984 万人，就业人员总数 77471 万人，劳动参与率高达 78. 3%③。2019 年我国就业人员总数达到 77471 万人，进入高峰平台期，并逐步下降，总人口就业压力明显减少，但就业的结构性压力始终存在，主要集中在城镇新增就业机会上，每年需要创造 1100 万—1300 万新增就业岗位。

① 根据中国人民银行对我国城镇居民家庭资产负债情况的调查，2019 年我国城镇居民家庭总资产均值为 317. 9 万元，户籍城镇人口为 6. 21 亿人，按每户籍家庭有 3 人计算，全国户籍家庭约 2. 071 亿户，因此，全国城镇居民家庭总资产 658. 37 万亿元。

② 居民人均收入国际元采用 PPP 转换因子，2018 年为 3. 55。居民人均消费支出采用私人消费 PPP 转换因子，2018 年为 3. 81。数据来源于世界发展指数数据库。

③ 劳动参与率指就业人员总数占 15—64 岁人口比重。

未来我国就业的发展趋势：一是我国 15—64 岁的劳动年龄人口比重持续下降，从 2019 年的 78.3%下降至 2035 年的 71.4%，劳动力供给人数持续减少；二是我国就业人员总数持续减少，从 2017 年的最高峰 77640 万人，到 2025 年降至 76871 万人，到 2035 年降至 75075 万人，比 2019 年减少 2396 万人，总人口就业率持续下降；与此同时，我国劳动参与率持续下降，如果适当延长退休年龄、实现男女退休年龄趋同，还会提高劳动参与率，增加预期的退休金；三是农业就业人数持续减少，到 2025 年将降至 15221 万人，到 2035 年进一步降至 9610 万人，比 2019 年减少 9835 万人，大部分向非农产业转移，有助于提高农业劳动生产率增速；① 四是第三产业就业人数持续上升，从 2019 年的 36721 万人上升至 2035 年的 49174 万人，增加 12453 万人，年均增长 1.9%，成为城镇新增就业和第一、二产业转移就业的主渠道；五是就业者人均固定资本存量迅速增长，有助于持续提高劳动生产率水平；六是劳动年龄人口平均受教育年限持续提高，从 2020 年 10.8 年提高至 2025 年 11.3 年，到 2035 年将到达 12.3 年，其中新生劳动力预期受教育年限从 13.9 年，到 2035 年提高至 15.5 年；七是劳动生产率保持 6%左右的增长。

未来我国就业结构演变趋势是，第一产业就业人员数量占就业人员总数的比重从 2019 年的 25.1%降至 2035 年的 12.8%，第二产业就业人员数量占就业人员总数的比重从 27.5%降至 21.7%，只有第三产业就业人员数量占就业人员总数的比重从 47.4%提高至 65.5%，有助于促进各产业比较劳动生产率不断趋同。

具体情况见表 23-专 4-2。

表 23-专 4-2　我国人口年龄结构、总人口就业率以及三次产业就业人员所占比重（2019—2035 年）

指标	2019 年	2025 年	2030 年	2035 年	2019—2035 年变化量
0—14 岁人口比重(%)	16.8	16.2	15.8	15.3	-1.5
15—64 岁人口比重(%)	78.3	76.5	74.4	71.4	-6.9
65 岁及以上人口比重(%)	12.6	15	17.5	21	8.4

① 2000—2018 年，我国第一产业增加值年均增长 4%，第一产业人数年均增长为-3.2%，农业劳动生产率年均增长 7.2%。

续表

指标	2019 年	2025 年	2030 年	2035 年	2019—2035 年变化量
总人口就业率(%)	55.3	54.3	53.8	52.5	-2.8
就业人员总数(万人)	77471	76871	76171	75075	-2396
第一产业就业人数(万人)	19445	15221	11654	9610	-9835
第一产业就业人员比重(%)	25.1	19.8	15.3	12.8	-12.3
第二产业就业人员比重(%)	27.5	25.7	23.1	21.7	-5.8
第三产业就业人员比重(%)	47.4	54.5	61.6	65.5	18.1

注：总人口就业率是指实际就业人数与总人口之比。

数据来源：2015 年和 2019 年数据来源于国家统计局编的《中国统计摘要 2020》，中国统计出版社 2020 年版，第 20、37、38 页；2025—2035 年数据系作者预测。

实现高质量充分就业目标。实现充分就业的核心目标是城镇每年新增就业 1100 万人以上，为新生劳动力创造就业机会和岗位，城镇调查失业率控制在 5.5%左右，城镇登记失业率控制在 4.5%以内。实现“劳有所得”，所谓“劳”就是要使就业者不断提高劳动生产率，创造更多的经济社会财富；所谓“得”就是能够同步不断提高劳动报酬水平，获得可预期的经济所得，严禁拖欠工资，保护劳动者合法权益。促进农村富余劳动力转移职业或就业，对外地务工人员享有同等就业服务和权益。严格实行节假日和带薪年休假制度。改善劳动标准和条件，治理工作环境，保障劳动者安全和身心健康。民营企业建立和完善和谐的劳动关系。健全和完善就业机制，形成劳动者自主就业、市场调节就业、政府促进就业和鼓励创业的就业形式，使劳动力资源得到更为充分的利用。加强劳动保障监察和争议调解仲裁，为劳动者就业提供优质服务。继续实行国家就业行动计划，鼓励创业带动就业，提供全方位公共就业服务。

三、率先实现教育现代化

党的十九大报告明确提出“建设教育强国是中华民族伟大复兴的基础工程”。加快推进教育现代化、建设教育强国、办好人民满意的教育，培养一代代德智体美劳全面发展的社会主义建设者和接班人。为此基于《中国教育现代化

2035》，率先实现教育现代化，成为基本实现社会主义现代化的重要标志。

到2025年，我国教育总体实力和国际影响力显著增强，劳动年龄人口平均受教育年限明显增加，教育现代化取得重要进展。加快一批世界一流大学和一流学科建设，提高我国高等教育发展整体水平，增强国家人才核心竞争力。

到2035年，总体实现教育现代化，迈入教育强国行列。总体上，我国教育发展更加立足本土教育经验，继承优秀教育传统，建成更高水平的人力资源强国，建成惠及全民的教育公平社会，建成体系完备的全民终身学习型社会，建成贡献显著的教育红利社会，全面建成充满活力的现代化教育体系。

逐步实行15年义务教育（3年学前教育和12年初中、高中教育），学前教育毛入园率达到95%以上，高中阶段毛入学率达到97%以上；高等教育毛入学率达到75%以上；新增劳动力平均受教育年限达到16年以上，[①] 劳动年龄人口平均受教育年限达到12.8年；全社会教育总经费（包括家庭教育支出）与国内生产总值之比达到7%以上，其中财政性教育经费与国内生产总值之比达到5%以上（见表23-专4-3）。建设高等教育强国，努力使一批大学和学科进入世界一流行列。

全面提升各类教育质量，办好学前教育、均衡发展九年义务教育、高水平普及高中教育、加快发展现代职业教育、积极发展继续教育，形成覆盖终身、多层次、全方位的教育体系，满足人民日益多元的受教育需求。要大力促进教育公平，合理配置教育资源，支持农村、边远、贫困、民族地区教育发展，支持特殊教育发展，鼓励引导社会力量兴办教育，保障每个孩子的受教育权利。

表23-专4-3　我国教育现代化指标（2019—2035年）

指标	2019年	2025年	2030年	2035年	2019—2035年变化量
学前教育毛入园率(%)	83.4	93	>95	>97	13.6
高中阶段毛入学率(%)	89.5	97	100	100	10.5
高等教育毛入学率(%)	51.6	55	>60	>70	18.5
新增劳动力平均受教育年限(年)	13.8	14.8	15.5	>16.5	2.7

① 2018年极高人类发展组预期受教育年限到达16.4年。参见联合国计划开发署发布的《人类发展报告2019》。

续表

指标	2019 年	2025 年	2030 年	2035 年	2019—2035 年变化量
人才资源总量(亿人)	1.8	2.2	2.5	2.7	0.9
继续教育参与率(%)	50	55	60	65	15
全社会教育总经费与国内生产总值之比(%)	5.06	6	>7	>7.5	2.4
国家财政性教育经费与国内生产总值之比(%)	4.04	4.6	>5	>5.5	1.5

数据来源：2019 年数据来源于《2019 年全国教育事业发展统计公报》，参见教育部网站；2025—2035 年数据系作者预测。

四、人民健康水平显著提高

2016 年，我国制定了《“健康中国 2030”规划纲要》，成为推进健康中国建设的行动纲领。我国已经建立了覆盖 14 亿多城乡居民的中国特色基本医疗卫生制度，人人享有基本医疗卫生服务，成为全面建成小康社会的重要标志。与此同时，工业化、城镇化、人口老龄化、疾病谱变化、生态环境及生活方式变化等，也给维护和促进健康带来一系列新的挑战，健康服务供给总体不足与需求不断增长之间的矛盾依然突出，医疗卫生事业发展不平衡不充分与人民健康的多元化、个性化需求之间矛盾还比较突出，特别是新冠肺炎疫情进一步暴露了传染病防治、公共卫生应急体系建设等方面的短板，需要全面实施健康中国战略。

推动健康服务供给侧结构性改革，健全全民医保体系，提供公平可及、系统连续、覆盖全人群和全生命周期的医疗服务，建立体系完整、结构优化的健康产业体系。

全体人民身体素质持续增强，到 2035 年主要健康指标大幅提高，其中人均预期寿命到 2025 年达到 78 岁，到 2035 年达到 79.6 岁。卫生总费用与国内生产总值之比持续提高，到 2025 年达到 7.5%，到 2035 年达到 9%左右，其中政府卫生支出与国内生产总值之比持续提高，到 2035 年达到 3%以上（见表 23−专 4−4）。

到 2035 年健康服务业总规模达到 2018 年的 3 倍以上，成为国民经济支柱性产业。大幅提高全民健康素养，引导形成自主自律、符合自身特点的健

康生活方式，有效控制主要健康危险因素，基本形成有利于健康的生产生活环境。

表 23-专 4-4　我国主要健康发展指标（2019—2035 年）

	2019 年	2025 年	2030 年	2035 年	2019—2035 年变化量
人口平均预期寿命(岁)	77.3	78	79	79.6	2.3
婴儿死亡率(‰)	5.6	5.5	5	<4.5	-1.1
5 岁以下儿童死亡率(‰)	7.8	7.2	6	<5	-2.8
孕产妇死亡率(1/10 万)	17.8	15.2	12	<10	-7.8
卫生总费用与国内生产总值之比(%)	6.58	7.5	8.3	8.9	2.32
政府卫生支出与国内生产总值之比(%)	1.76	2.4	2.8	>3	1.24
健康服务业总规模(万亿元)	7	11	16	22	15

数据来源：2019 年数据来源于《2019 年我国卫生健康事业发展统计公报》；2030 年数据来源于《“健康中国 2030”规划纲要》；2025 年和 2035 年数据系作者估计。

五、城乡居民收入消费差距显著缩小

首先，城乡居民人均可支配收入呈中高速增长，城镇人均可支配收入水平比较高，年均增长率可保持在 4%以上；农村人均可支配收入比较低，年均增长率可保持在 6%左右，其中工资性收入成为最主要来源，从亦农亦工向亦工亦农转变，经营性净收入、转移净收入仍可保持城乡人均可支配收入差距不断缩小，到 2025 年可缩小至 2.37 倍，到 2035 年进一步缩小至 2 倍以下。

其次，城乡居民人均消费支出呈中高速增长，城镇人均消费支出年均增长率可保持在 4.5%，农村人均消费支出年均增长率可保持在 6%左右。与此同时，城乡居民人均消费支出差距明显缩小，从 2019 年的 2.11 倍缩小至 2025 年的 2 倍以下，到 2035 年进一步缩小至 1.7 倍以下。

最后，城乡居民家庭恩格尔系数同步下降，到 2035 年均下降 8 个百分点，从 2019 年的 28%下降到 2035 年的 20%左右（见表 23-专 4-5）。在考虑到农村居民支付居住费用仅相当于城镇居民的40%的情况下，实际城乡居民消费福利是趋同的，比名义收入差距会更小。

表 23-专 4-5 城乡居民人均可支配收入、消费支出及恩格尔系数比较（2019—2035 年）

	2019 年	2025 年	2030 年	2035 年	2019—2035 年年均增长率（%）
人均可支配收入					
城镇（元）	42359	55143	68719	83205	4.3
农村（元）	16021	23260	31570	41654	6.2
城镇/农村（倍）	2.64	2.37	2.18	2	
人均消费支出					
城镇（元）	28063	37411	46621	56449	4.5
农村（元）	13328	18813	25295	33217	5.9
城镇/农村（倍）	2.11	1.99	1.84	1.7	
恩格尔系数					
城镇（%）	27.6	23.8	22.1	19.6	
农村（%）	30	26.5	24.4	21.8	

注：本表按 2019 年价格计算。

数据来源：2019 年数据来源于国家统计局的《2019 年国民经济和社会发展统计公报》；2025—2035 年数据系作者预测。

总之，我国已经进入城乡居民收入消费水平差距缩小阶段，实现共同富裕目标也具备了越来越多的有利条件，如农村人口持续减少，直接转移到城镇，国家对农业发展、农村建设的各种投入以及对农民家庭直接转移支付和公共服务及社会保障支出持续增长。

六、基本公共服务均等化基本实现

我国需要再用 3 个五年规划，建立同社会主义现代化目标相适应的国家基本公共服务制度体系。到 2035 年，我国基本公共服务均等化基本实现，满足人民群众对美好生活多元化、多样化、个性化的需要，建成全民覆盖、更加均衡、更高质量、更加便捷、更可持续的国家基本公共服务体系，实现基本公共服务全人口覆盖，地区、城乡、收入差距持续缩小，基本公共服务均等化水平显著提高，

满足人民多层次、多样性的基本公共服务需求。

实现全体人口社会保障体系全面覆盖、保障标准稳步提升。改革完善社会保障制度，实施全民参保计划，完善城镇职工基本养老保险和城乡居民基本养老保险制度，实现养老保险全国统筹，城镇基本养老保险参保率全覆盖，基本养老金水平稳步提升，基本医疗保险参保率全覆盖。

建设老龄健康友好型社会。全面建设“老有所乐、老有所学、老有所为、老有所用、老有所养、老有所医”的社会服务体系，大幅度改善每千名老人拥有养老床位数、养老床位中护理型床位比例、接受老年教育培训人数占老年人群比例等指标，构建养老、孝老、敬老社会环境。

确保共同富裕一个不能少。健全以扶老、助残、爱幼、济困为重点的社会福利制度，不断提高农村新的低保标准，2019 年 12 月我国制定的农村低保平均标准为每人每年 5336 元。重点关注无劳动能力、无收入来源的重点人群的生活保障，包括无亲属供养来源的农村老人、农村低收入家庭的贫困儿童、单亲低收入家庭儿童、无劳动能力及缺乏供养来源的残疾人。

基本实现“幼有所学、学有所教、病有所医、老有所养、住有所居、弱有所扶”的美好愿景，人民获得感、幸福感、安全感更加充实、更有保障、更可持续。

具体情况参见表 23-专 4-6。

表 23-专 4-6　基本公共服务发展主要指标（2015—2035 年）

指标	2015 年	2020 年	2025 年	2030 年	2035 年
基本养老保险参保率(%)	82	90	100	100	100
基本医疗保险参保率(%)	—	>95	100	100	100
社会保障卡持卡人口覆盖率(%)	—	90	95	98	100
每千名老人拥有养老床位数(张)	27.5	30.5	35	40	55
养老床位中护理型床位比例(%)	—	>30	>50	>60	>70
生活不能自理特困人员集中供养率(%)	31.8	>50	>80	>90	>95
公共图书馆年流通人次(亿)	5.89	8	11	15	20
经常参加体育锻炼人数比例%	—	35	32	>40	>47
持证残疾人数(万人)	—	3600	5000	6500	7000
残疾人基本康复服务覆盖率(%)	—	80	90	95	100

七、总结：全体人民共同富裕迈出坚实步伐

我国将迎来共同发展、共同繁荣和共同富裕的新时代。共同发展创造了共同繁荣，共同繁荣带动了共同富裕。不断缩小三大差距，即缩小城乡差距、地区差距和居民收入之间差距，这些差距并不只是单一差距，而是包含收入、消费、居住、就业、教育、健康、文化、基本公共服务水平、社会保障等多维指标在内更广义的发展差距。使 14 亿多人民都能够过上更加富裕实惠的生活，都能够获得质量较高的基本公共服务和社会保障，都能够具有越来越高的人力资本水平，都能够具有自主地创业、创新、创造各类财富的发展能力，都能够公平地分享社会发展成果，真正实现“全体人民共同富裕迈出坚实步伐”的宏大目标。

专刊 5. 深度不确定条件下的决策：以新冠肺炎疫情为例

王绍光*

【摘要】

本文指出，我国政府在疫情初期的应对属于深度不确定条件下的决策，这类情况具有不可预见、小概率、影响超大的特征，决策者最初无从知道存在哪些政策选项，更无法判断各种选项的优劣。具体到疫情，其深度不确定性表现在对三组关键问题的研判上：是还是不是、封还是不封、复还是不复。

三组问题中，对第一组问题的研判最为艰难。即便对于负责流行病疫情防控的专门机构而言，认识新病毒的性质与危害，也需要一个学习、认识的过程。而在最终证实病毒可以人传人且极有可能引发比流感更高的死亡率之后，我国政府立即向公众发出了警告，并采取了前所未有的，最为严格、全面、彻底的防控措施，在短时间内消除了不确定因素，在深度不确定条件转化为确定条件后带来了较好的决策后果，和其他国家相比在疫情防控方面表现也好得多。

放眼未来 30 年，深度不确定的情况也许还会频繁出现。越是重要、涉及众多利益相关方、影响久远的事情，不确定性越严重，各个领域的学者应该携手积极推动有关深度不确定条件下决策的研究。

疫情暴发以来，时常有人把它比作“黑天鹅”事件，包括《枪炮、病菌与

* 王绍光，清华大学公共管理学院教授，香港中文大学政治与公共行政系荣休讲座教授。

钢铁》一书的作者雷德·戴蒙德。[①] 这恐怕是一种严重的误解。疫情在发生之初，绝不是“黑天鹅”事件；我国政府在疫情初期的应对，比应对“黑天鹅”事件要困难得多，因为它属于深度不确定条件下的决策。

一、何谓深度不确定条件下的决策

按确定性程度来划分，公共政策的决策环境可以分为三种情况：[②]

第一是确定条件下的决策。这里的确定性是指“已知之已知”，即与决策相关的信息都是已知的，且已纳入决策者的视野。“灰犀牛”事件便属于这种情况。按照米歇尔·渥克的说法，“灰犀牛”事件有 3 个特征：可预见、大概率、影响巨大。[③] 前两个特征都指向确定。在确定性的条件下决策，应该可以权衡各种政策选项的优劣，找出最佳或次佳选项。如果对确定性的条件熟视无睹、蓄意忽略便是失职，应该而且可以追责。

第二是一般不确定条件下的决策。在现实世界中，绝大多数决策恐怕都属于这一类。所谓一般不确定性是指“已知之未知”，即与决策相关的某些信息是未知的，但决策者已经知道未知因素的存在，“黑天鹅”事件便属于这种情况。《黑天鹅：如何应对不可知的未来》一书的作者纳西姆·尼古拉斯·塔勒布指出，这类事件也有 3 个特征：出乎意料、影响巨大、事后可解释且可预测。[④] 由于存在已知的不确定因素，这种情况下的决策无法精确地判断各种政策选项的优劣，决策者最终的决定不太可能是最佳选择，只要后果足够好，就算不错了。如果不分青红皂白，对一般不确定性条件下的决策失误进行追责的话，只会迫使决策者采取不作为的方式应对。

---

① 《新冠肺炎，将成为世界剧变新契机》，参见新京报网站。

② 理论上，还有第四种情况，也就是完全不确定性条件下的决策。所谓完全不确定性是指“不可知的未知”，即与决策相关的信息是未知的，且这些未知因素超出了人类的理解能力。这种情况应该极为罕见，可比作“宇宙爆炸”；一旦出现，也只能听天由命。因此，现实中，决策者与政策研究者不必为此分心。

③ ［美］米歇尔·渥克著：《灰犀牛：如何应对大概率危机》，王丽云译，中信出版集团 2017 年版，第 5 页。

④ ［美］纳西姆·尼古拉斯·塔勒布著：《黑天鹅：如何应对不可知的未来》，万丹、刘宁译，中信出版集团 2011 年版，第 3 页。

第三是深度不确定条件下的决策。与一般不确定性不同，深度不确定性是指“未知之未知”，即与决策相关的信息是未知的，且决策者并不知道这些未知因素是什么。这类情况既不属“灰犀牛”，也不属“黑天鹅”，如果硬要找比喻的话，它可以被称之为“陨石来袭”。作为对比，“陨石来袭”事件的 3 个特征是：不可预见、小概率、影响超大。由于具有这 3 个特征，面临深度不确定性的局面，决策者最初无从知道到底存在哪些政策选项，当然更无法判断各种选项的优劣。

近年来，国际上有些学者对深度不确定性条件下的决策进行了研究，并提出了一些解决方案。各种思路似乎可以归结到一句英文谚语，叫作“我们无法引导风向，但可以调整风帆”。与“摸着石头过河”相比，这种策略非常注重时效性，因为如果不及时调整风帆，航船随时会面临灭顶之灾。时效性表现在决策的各个阶段，首先要尽快收集分析关键信息；其次要迅速作出决策；再次要动态评估决策的代价与收益；最后要及时调整政策，以减少代价、扩大收益。

很显然，深度不确定性条件下的决策有赖于四种能力：及时的信息收集分析能力、高效的组织动员能力、灵巧的监测评估能力、快速的调整转变能力。不管一种政治体制的四种能力有多强，在深度不确定性条件下进行决策，出现错误、偏差是不可避免的。

二、疫情的深度不确定性

毫无疑问，我国首当其冲经历的疫情暴发属于最后一种情况。疫情的深度不确定性表现在对三组关键问题的研判上。

第一，是还是不是？真的出现了危害性极大的未知病毒大流行疫情吗？首先要问的是，疫情涉及的是已知病毒，还是未知病毒？如果是已知病毒的话，就转化为确定性条件下的决策，相对比较简单，可以运用已知的有效应对方式处置。一旦确定是未知病毒，要追问两个问题，它的传染力有多强？它的致命性有多大？如果传染力不强的话，哪怕死亡率很高，只需部署重点诊疗即可；如果致命性不大的话，哪怕传染力很强，可以当作普通流行性感冒处理。反过来，如果像武汉在 2020 年年初面临的情况那样，未知病毒不仅传染力很强，而且致命性很大，就必须提出下一组关键问题。

第二，封还是不封？为阻断疫情传播，要不要采取最为严格的封闭措施？2020 年 1 月 23 日注定会载入史册，因为那一天武汉采取了全面封城措施。如此当机立断、破釜沉舟，需要非同一般的意志力与决断力，这与此后多国面临类似局面表现出的迟疑不决、贻误战机，形成鲜明对比。

第三，复还是不复？封城不是目的，而是万不得已的情况下采取的极端手段，代价是天文数字的经济损失。疫情一旦出现好转势头，负责任的政府都会考虑，何时、在什么条件下复工、复产、复学？与“封还是不封”问题一样，对这组问题的判断，也没有任何可以借鉴的经验。

三、深度不确定条件下决策的难度

在上述三组问题的研判上，对第一组问题的研判最为艰难，因为无论是一线医务人员，还是疾控专门机构、医疗政策的研究者与评论者、政府决策者，他们面临的局面都是“未知的未知”。要作出正确的判断，必须经过不断的试错调适。

先看一线医务人员。虽然他们是患者的最初接触者，但要判断到底发生了什么，也绝非易事。湖北中西医结合医院呼吸内科主任张继先被称作“疫情上报第一人”，她于 2019 年 12 月 26 日接诊几例“不明原因肺炎”可疑病例，于 27 日把情况上报医院，医院随即上报区疾控中心。当时她比较确定，这是一种病毒性肺炎，但具体是什么病毒并不清楚，其传染性与致命性更不清楚。12 月 30 日，武汉某医院曾认为这是 SARS 冠状病毒。SARS 冠状病毒是已知病毒，我国应对这些病毒已积累了成功的经验。问题在于，2019 年年底出现的病毒与 SARS 冠状病毒很不一样。2003 年的非典危机，全国一共只有 5000 多个病例，死亡 300 多人，可见 SARS 冠状病毒的传染力比 2019 年年底出现的新型冠状病毒低得多。

如果 2019 年年底到 2020 年年初政府不采取谨慎的态度，也不等进一步的研究成果，而是将新出现的疫情当作另一次 SARS 冠状病毒应对，会不会因低估新病毒的危害性造成更严重的后果？

即便对于负责流行病疫情防控的专门机构而言，当出现一种由新病毒引发的疫情时，认识其性质与危害，也需要一个学习、认识过程，不可能如某些人期待的那样，马上做出准确无误的判断。对另一种新冠病毒引发的疾病中东呼吸综合

征的认识就是一个例子。

2012 年 9 月 22 日，英国发现一例由新型冠状病毒感染的患者。次日，世界卫生组织通过其全球疫情警报和反应系统进行了通报。9 月 25 日，丹麦发现 5 名疑似患者；同日，世界卫生组织发言人指出：新型冠状病毒不应被称为“类非典病毒”；此后一段时间里，它被称为“2012 年新型冠状病毒”。9 月 29 日，世界卫生组织称，尚无新型冠状病毒人际传播证据。9 月底 10 月初，我国卫生部表示，不排除新型冠状病毒输入的可能；国家质检总局则要求，采取措施，防止新型冠状病毒传入；但我国疾控中心以及相关研究人员告诉记者，“目前来看，这种病毒应该不会严重影响我国”“不必为新型冠状病毒紧张恐慌”。10 月 7 日，香港出现新型冠状病毒致严重呼吸系统病的疑似病例，但 3 天后被排除。我国卫生部再次表示：新型冠状病毒不同于非典，且我国尚无此病例。英国花费了几乎两个月时间，到 11 月 15 日才发布新型冠状病毒完整基因组测序结果。当月，世界卫生组织报告，全球新型冠状病毒确诊病例 6 例，死亡 2 例。一直到 2013 年 2 月中旬，全球新型冠状病毒确诊才达到 10 例。2 月 19 日，瑞士研究机构发现，新型冠状病毒能够感染人类，但没有明确提及病毒在人际间传播的可能性。这时距发现第一例新型冠状病毒感染患者已经过去了几乎 5 个月。而世界卫生组织当时仍坚持，暂时无法确定这种病毒能否持续在人际间传播。5 月 15 日，国际病毒分类委员会将新发现病毒引发的疾病命名为中东呼吸综合征。几天后，广东省惠州市发现了我国首例输入性中东呼吸综合征确诊病例。从 2012 年 9 月到 2013 年 6 月，我国虽有媒体零星报道，但这个“2012 年新型冠状病毒”几乎没有引起人们的注意。以至于 2020 年新冠肺炎疫情暴发后，有人在搜索网络时惊奇地发现，原来 8 年前我国已与新型冠状病毒打过交道了。①

到 6 年后的 2019 年，全球 27 个国家报告了中东呼吸综合征冠状病毒感染病例，其中约 80%的病例由沙特阿拉伯报告。世界卫生组织对这种新型冠状病毒的判断是：“密切接触者之间可能传播，但迄今在世界任何地方均无持续性人际间传播情况记录在案。”② 2020 年 1 月 26 日，即武汉封城 3 天之后，《中国科学报》发表了一位科学作者的看法，从目前的情况看，SARS 冠状病毒的发病数发

① 2012—2013 年，由中国科学院、中国工程院和国家自然科学基金委支持的中文综合性科学网站科学网持续刊发有关中东呼吸综合征的报道，其中多数报道来自《中国科学报》。

② 参见世界卫生组织网站。

病率最高，中东呼吸综合征的病死率最高，但 2019 年年底出现的新型冠状病毒肺炎要比中东呼吸综合征的发病率高，但死亡率低。至于 2019 年年底出现的新型冠状病毒肺炎是否比 SARS 严重，需要未来疫情的发展来判断。[①] 这符合人们通常的思维方式：在面对未知现象时，习惯于借用已知的经验来进行研判。遗憾的是，已知的经验并不总是那么可靠。

不管怎么说，“2012 年新型冠状病毒”的传染力已被证实相当低。试想一下，如果它刚出现时，某些国家的政府或世界卫生组织就紧张兮兮地在媒体上大张旗鼓地动员民众抗疫，不惜拖累经济发展也要采取严格的封闭措施，今天的人们会如何评价？

另外，尽管世界卫生组织和各国政府在疫情判断上一直都小心谨慎，过去 10 余年，不少有影响的医疗政策研究者与评论者还是认为它们过于草率，多次造成虚惊一场。

2005 年，美国医学教授马克·西格尔出版《错误的警报：关于流行性恐惧症的真相》一书，认为人们夸大了流行病的危害性。他指出，炭疽和 SARS 并不像人们想象地那么可怕，即使出现，其风险也比车祸或冠心病致死低得多。

2009 年 3 月至 2010 年 8 月，H1N1 流感引发全球性流行病疫情时，美国和加拿大的不少报刊都发表专家的文章，指责世界卫生组织夸大了 H1N1 流感疫情，造成巨大经济社会损失，如加拿大《环球邮报》一篇文章的题目便是《虚报的大流行成本几何》。虽然这期间也有人认为，世界卫生组织敦促准备充足的疫苗恐怕是必要的，但由于指责的声浪太高，世界卫生组织不得不专门发表声明，回应批评它谎报疫情、为医药企业谋利的指责。

2015 年，英国医学教授卡洛·卡达夫在《大流行？姑且听之：危险公共文化中的戏剧性事件》一书中认为，大流行的危险往往是相关人士建构出来的，并不是现实存在的威胁。他建议人们，今后凡是听到大流行的警告，一定要抱着姑且听之的态度，不应盲目相信。

虽然警告不断，但直到 2020 年疫情暴发之前，危及全球的重大疫情一直没有出现，不少专家认为，可以造成大量死亡的疫情已不再会出现。2018 年，美

① 张田勘：《从中东呼吸综合征看新型冠状病毒肺炎》，《中国科学报》2020 年 1 月 26 日。

国全国公共广播电台播出的一档节目叫“为什么病毒难以转化为致命的流行病”，其开场白就是：“寨卡病毒，禽流感，西尼罗河病毒，尼帕病毒：不断有人警告世界上有一种新的疾病可能威胁到人类的灭绝，但事实并非如此。”

直到 2020 年 2 月，当病例还散发于某些国家和地区时，欧美媒体上可以看到一些专家的说法：不要夸大这种流行病的严重性，并提醒本国政府吸取过往数次虚惊一场的教训。

世界卫生组织与各国政府对大流行疫情的判断一直相当谨慎，却仍有不少医疗政策的研究者与评论者批评它们，太多次喊“狼来了”，以至于“狼”真的来了时，他们还是不相信。

一线医务人员、疾控专门机构、医疗政策的研究者与评论者都是专业人士，在深度不确定的条件下，他们也不可能马上作出正确的判断。在同样的条件下，政府必须快速决断到底发生了什么？如何应对？既要避免为虚惊一场付出沉重代价，又要准备出现最糟糕的情况。这岂不是难上加难？初期出现误判几乎在所难免。既然如此，深度不确定条件下的决策不应简单追责了之，因为追责的假设是，行为人明知会出现某些坏的后果，却没有采取措施加以避免。实际上，2019 年年底出现的新型冠状病毒是前所未知的病毒，在疫情初期，几乎没有任何可供借鉴的科学依据，证明这种新型病毒可能会导致危险的大流行。而在证实病毒可以人传人且极有可能引发比流感更高的死亡率之后，政府立即向公众发出了警告，并采取了前所未有的，最为严格、全面、彻底的防控措施。

因此，判断深度不确定条件下的决策质量，决不应着眼于决策早期过程有哪些失误，而应看在多短时间内决策者消除了不确定因素，以及深度不确定条件转化为确定条件后的决策后果如何。

四、中外疫情防控表现的对比

2019 年 12 月底，武汉疾控中心监测发现“不明原因肺炎”病例。“不明原因”这个说法告诉我们，那时的情况充满了深度不确定性。仅仅 10 天后，国家卫生健康委专家评估组就初步确认新型冠状病毒，排除了第一个不确定性：不是已知病毒，而是未知病毒。2020 年 1 月 12 日，国家卫生健康委向世界卫生组织提交新型冠状病毒基因组序列信息，由全球共享，比确定中东呼吸综合征病毒基因组序列所花费的时间短得多。1月20日，国家医疗与防控高级别专家组排除了第二个不确定性，“有人传人现象”。次日，中国科学院评估了新型冠状病毒的潜在人传人能力，排除了第三个不确定性：新病毒与中东呼吸综合征冠状病毒感染病例不同，可能出现持续性人际间传播，也比确定中东呼吸综合征传染力所花费的时间短得多。这三大不确定性被排除后，湖北省于1月22日率先在全国宣布启动突发公共卫生事件二级响应（两天后改为一级响应）；武汉市稍事准备后，于1月23日宣布封城。相比2012—2013年其他国家应对中东呼吸综合征的表现，我国决策者消除不确定因素的速度之快，实在是可圈可点！

这样，到武汉封城时，对“是还是不是”“封还是不封”两组关键问题，我国政府已经基本上排除了不确定性，从“未知之未知”转向“已知之未知”。很快，31个省区市在1月29日之前相继宣布启动突发公共卫生事件一级响应，并迅速压平了疫情曲线。到1月30日，世界卫生组织宣布新冠肺炎疫情为全球突发公共卫生事件（这是该组织最高级别的警报）时，疫情的性质以及疫情的防控已由“未知之未知”变成为“已知之已知”了。正如国际顶尖医学期刊《柳叶刀》总编理查德·霍顿所言，中国政府在面对紧急情况时决定封锁武汉非常果断，通过封锁武汉，这不仅仅是正确的决定，同时也向其他国家展示了他们应该如何应对疫情的紧急威胁。①

其他国家与地区，包括欧美发达国家就是在这种确定条件下遭遇疫情的，已经可以借鉴中国的经验教训。与中国各省区市相比，它们离武汉远得多，与武汉的人员交流少得多，医疗水平普遍高得多。同在“已知之已知”的条件下，照说它们的疫情控制理应比中国各省区市简单得多，表现好得多。但遗憾的是，现实并非如此。

截至2020年5月2日，除湖北以外的30个省区市的疫情防控表现总体相当好。不管是确诊人数还是死亡人数，人口1100万的苏州市（87/0）比人口565万的新加坡（17101/16）好；湖北的邻省（如河南、安徽、江西、湖南等）表现比韩国、日本、澳大利亚，新西兰好。② 欧美发达国家这次抗击疫情的表现更

① 《〈柳叶刀〉总编辑的这次访谈，信息量很大！》，参见人民论坛网。

② 括号中的前一个数字是确诊人数，后一个数字是死亡人数。

是令人大跌眼镜，如果计算每百万人口死亡率，排在 140 个有数据可查国家头 20 位的，除伊朗外，全是最发达的国家。即使计算确诊患者死亡率，至少有 10 多个欧美发达国家排在中国前面，包括美国、英国、法国。① 与美国的纽约市（840 万人）和纽约州（不到 2000 万人）比起来，即使是中国疫情最严重的武汉市（1120 万人）与湖北省（近 6000 万人）表现也好得多。

为什么疫情已变为“已知之已知”以后，那么多国家与地区的表现令人失望呢？也许正如斯洛文尼亚哲学家斯拉沃热·齐泽克所说，除了“已知之已知”“已知之未知”“未知之未知”之外，还有一种“未知之已知”。出于侥幸心理也罢，妄自尊大也罢，自欺欺人也罢，患得患失也罢，视而不见也罢，其他缘由也罢，有人会拒绝了解他们本应能够了解的东西，结果“已知之已知”却变为了“未知之已知”；明明可以在确定条件下决策，却非要回到一般不确定条件甚至深度不确定条件下闭门造车。一些国家之所以白白浪费了一两个月中国为它们争取到的宝贵时间，这应是一个重要原因。因为这个原因而错失抗疫良机，完全应该追责，而且应该一追到底。前面提到，深度不确定性条件下的决策质量取决于四种能力：及时的信息收集分析能力，高效的组织动员能力，灵巧的监测评估能力，快速的调整转变能力。四种能力的不足也是这些国家应对疫情不利的原因，这就不是追责可以解决的问题了，而属于更深层次的体制问题。

五、结　　语

疫情在武汉、湖北、全国肆虐一段时间后，从 2020 年 2 月下旬开始节节败退，越来越多的省区市下调应急响应级别。5 月 2 日，随着湖北省宣布将突发应急响应级别由一级调整至二级，全国 31 个省区市均宣布解除一级响应，其中绝大多数已降至三级或四级。即使还存在疫情反弹的风险，但已不太可能再回到深度不确定条件下了。

然而，未来 30 年，深度不确定的情况也许还会频繁出现。疫情过后的世界会发生哪些变化？全球产业链、价值链、供应链的稳定性会受到多大威胁？现在，恐怕谁也没有把握回答这些问题。除此之外，诸如气候变化、能源结构、金

---

① 数据来源于约翰·霍普金斯大学。

融危机、自然灾害、恐怖袭击等方面的不确定性也会长期困扰世界各国。越是重要的事情，越是涉及众多利益相关方的事情，越是影响久远的事情，不确定性就越难以预知，各个领域学者应该携起手来，积极推动有关深度不确定条件下决策的研究。

专刊 6. 展望 2035 中国生态环境：基本实现绿色现代化

胡鞍钢　唐　啸

【摘要】

展望 2035 年，我国环境质量明显改善，到 2035 年根本好转，生态环境迈上新台阶。将建成国土空间生态修复新格局，建成节水型社会，建成较大规模的绿色林业产业，重大生态保护和修复工程取得重要进展。基本形成绿色发展的体系、技术和生活方式。全国统一的空间规划体系和全国主体功能区规划目标基本实现。清洁低碳、安全高效的能源体系基本建立，能源利用效率显著提升。全面建成气候适应型、资源节约型社会。完善生态对外开放布局和国际环境治理体系。健全生态文明制度体系，建成生态友好型社会。

习近平总书记在全国生态环境保护大会上的重要讲话提出："确保到 2035 年节约资源和保护环境的空间格局、产业结构、生产方式、生活方式总体形成，生态环境质量实现根本好转，生态环境领域国家治理体系和治理能力现代化基本实现，美丽中国目标基本实现。"① 这是我们展望 2035 年中国生态环境目标的基本依据。全面建设的现代化就是人与自然和谐共生的现代化，即绿色现代化。这标志我国进入绿色创新、生态投资、生态盈余的新时代，形成人与自然和谐发展的绿色现代化新格局。

① 《十九大以来重要文献选编》（上），人民出版社 2019 年版，第 454 页。

一、环境质量持续改善

环境质量明显改善，到2035年根本好转，生态环境迈上新台阶。推进城市空气质量达标计划，严格落实约束性指标。到2025年，地级及以上城市的空气质量平均优良天数比例从2019年的82%提高至2025年的87.5%，细颗粒物（$PM_{2.5}$）未达标地级及以上城市浓度比2019年下降20个百分点。完善流域、海域综合监管与治理。全国地表水优良（Ⅰ—Ⅲ类）水质断面比例从74.9%提高至85%，地表水劣Ⅴ类断面比例从3.4%下降至1%以内。加强污染物排放监管，主要污染物排放总量持续减少，化学需氧量、氨氮累计下降10个百分点，二氧化硫、氮氧化物排放量累计下降15个百分点。环境风险得到有效控制，确保全社会环境安全。到2035年，主要环境保护指标进一步提高。具体情况参见表23-专6-1。

表23-专6-1 环境质量指标（2019—2035年）

	2019年	2025年	2030年	2035年
地级及以上城市空气质量优良天数比率(%)	82	87.5	92	>95
细颗粒物($PM_{2.5}$)未达标地级及以上城市浓度下降(%)	23.1	20	15	10
达到或好于Ⅲ类水体比例(%)	74.9	85	>90	>93
劣Ⅴ类水体比例(%)	3.4	<1		
化学需氧量减少	11.9(2015—2019)	10	10	
氨氮减少	16.2(2015—2019)	10	10	
二氧化硫减少	22.5(2015—2019)	15	13	
氮氧化物减少	11.9(2015—2019)	15	13	

数据来源：2019年数据来源于生态环境部发布的《“十三五”生态环境保护规划》实施情况中期评估报告；其他年数据系作者估计。

二、生态文明建设取得明显成效

建成国土空间生态修复新格局。严守18亿亩耕地红线，保障耕地保有量高于18.05亿亩的约束性指标。完善“三化”草原治理，保护草原生态系统：草原植被覆盖度明显提高，2018年全国草原综合植被覆盖度达55.7%，比2011年增加6.7个百分点，草原禁牧和草畜平衡面积分别达到8043万公顷和1.7亿公顷。大力推动国土绿化行动，保护治理河湖生态系统：重要江河湖泊水功能区水质达标率由2012年的63.5%提高到2017年的76.9%，到2020年可以实现80%左右的目标。

建成节水型社会。通过实现水利现代化，实施国家节水行动，实现14亿多人口现代化的美好期许。将节水指标纳入国家五年规划及年度考核指标，至2035年指标基本达成：一是控制全国用水总量，[①] 年均下降约为0.5%；二是单位国内生产总值用水量持续下降，从2019年到2035年累计下降56.4%，年均下降5.1%左右，缓解中国仅占世界6.6%的可再生内陆淡水资源总量的窘境；[②] 三是全国工业用水量明显下降，[③] 单位工业增加值用水量明显下降，[④] 年均下降4.8%左右；四是全国农业用水量持续下降，生活用水量略有上升，生态用水量持续上升；五是全国人均生活用水量实现逐年下降，[⑤] 全面实行阶梯水价。到2035年基本实现水利现代化，全面推行水资源合理利用，做到一水多用、优水优用。

表23-专6-2　我国用水量与用水效率（2015—2035年）

	2015年	2019年	2025年	2030年	2035年
用水总量(亿立方米)	6103	5991	5814	5670	5529
国内生产总值(万亿元)	68.6	99.09	134.11	171.16	209.25
单位国内生产总值用水量(吨/万元)	89	60.5	43.4	33.1	26.4

① 根据“十三五”规划，到2020年全国用水总量控制在6700亿立方米以内，2019年实际用水总量为5991亿立方米，相当于控制指标的89.4%，相当于全年水资源总量28670亿立方米的20.9%。

② 数据来源于世界发展指数数据库。

③ 2011年全国工业用水量达到高峰，为1462亿立方米，到2018年下降至1285亿立方米，减少了12.1%。

④ 2019年万元工业增加值用水量为42立方米，比上年下降7.2%。

⑤ 2019年全国人均用水量为429立方米，比上年下降0.8%。

续表

	2015年	2019年	2025年	2030年	2035年
农业灌溉用水有效利用系数	0.53	0.55	0.57	0.6	0.62
单位工业增加值用水量(吨/万元)	56	42	30	23	19
生态用水占总用水比重(%)	2	3.4	3	3.6	>4

数据来源：2015年数据来源于国家统计局编的《中国统计摘要2019》；2019年数据来源于国家统计局发布的《中华人民共和国2019年国民经济和社会发展统计公报》；其他数据系作者预测。

建成较大规模的绿色林业产业。建设现代化的天然林保护制度，建成一批永久性国家森林公园和省级森林公园，发挥国有林区林场在绿化国土中的带动作用。充分发挥自然价值，保持自然资本。提高森林覆盖率，森林覆盖率从2019年的22.96%提高至2035年的25.8%，森林蓄积量从175.6亿立方米提高到191.2亿立方米，累计吸收二氧化碳总量进一步提高，全国森林面积达到2.2亿公顷（见表23-专6-3）。我国林业产业总产值从2018年的7.33万亿元增加到2035年的20万亿元以上，林产品进出口贸易额从1600亿美元增加到3000亿美元，全国森林旅游游客量从18亿人次增加到36亿—40亿人次，创造社会综合产值从1.75万亿元增加到3.5万亿—4万亿元。

表23-专6-3　我国森林资源及碳汇能力变化（1948—2035年）

年份	森林覆盖率(%)	全国森林面积(亿公顷)	森林蓄积量(亿立方米)	活立木总蓄积量(亿立方米)	累积吸收二氧化碳总量(亿吨)
1948年	8.6	0.828	90.28		165.21
1950—1962年	11.81	1.13	110.24		201.74
1973—1976年	12.7	1.22	86.6	95.32	158.48
1977—1981年	12	1.15	90.3	102.61	165.25
1984—1988年	12.98	1.25	91.41	105.72	167.28
1989—1993年	13.92(10.05)	1.33(0.96)	106.7	119.5	195.26
1994—1999年	16.55(11.14)	1.59(1.07)	112.7	124.9	206.24
1999—2003年	18.21(12.46)	1.75(1.198)	124.56	136.18	227.94

续表

年份	森林覆盖率（%）	全国森林面积（亿公顷）	森林蓄积量（亿立方米）	活立木总蓄积量（亿立方米）	累积吸收二氧化碳总量（亿吨）
2004—2009 年	20.36(12.53)	1.95(1.2)	137.21	149.13	251.09
2009—2013 年	21.5	2.11	143	157.3	261.7
2019 年	22.96	2.2	175.6	164	321.35
2025 年	24	2.3		170	280
2030 年	25	2.4		176	292.8
2035 年	25.8	2.45	191.2	180	310

注：括号内数据为天然林数据。1973—2019 年数据为第一次至第九次森林资源清查数据。1950—1962 年，曾对全国范围内的森林资源进行了清查，但由于采用的方法多样、要求不统一，数据难以反映当时的实际情况，仅作参考。第六次森林资源清查中森林面积含清查间隔期内新增的国家特别规定的灌木林。1948—2015 年数据由国家林业局提供，第四次天然林数据系作者根据数据推算，森林累积吸收二氧化碳总量的计算方法：当年森林蓄积量×1.83 吨/立方米。2030 年数据系作者估计。2014—2019 年数据来源于第九次全国森林资源清查数据，其中森林植被总生物量 188.02 亿吨，总碳储量 91.86 亿吨。

重大生态保护和修复工程取得重要进展，全面修复、提升生态系统，生态赤字变为生态盈余，继续扩大退耕、退牧、还林、还草，恢复退化湿地不断增加，确保全国湿地面积不低于 8 亿亩，综合治理水土流失和沙漠化土地面积不断增加。① 全国草原综合植被盖度从 2018 年的 55.7%提高至 2035 年的 60%以上。生物多样性下降势头得到根本控制，国家重点保护野生动植物种群数量总体保持稳定，生态系统稳定性明显增强。

三、绿色发展方式基本形成

绿色发展体系基本形成。建成体系完整、结构优化的绿色经济产业体系，绿色农业、绿色制造业、绿色能源与节能产业、绿色矿业、绿色交通业、环保产业、循环经济、绿色建筑、林业等成为新兴战略性产业，成为国民经济支柱性产业；形成一大批具有绿色创新能力和国际竞争力的大型绿色企业集团，制定绿色

① 仅“十三五”规划时期，全国新增水土流失治理面积达 27 万平方公里，占全国国土面积的 2.8%。

技术产品标准、绿色品牌标准，建立绿色金融、税收体系，发行绿色债券，设立绿色发展基金，推行绿色标识认证和标准，实行绿色采购制度，完善绿色供应链产业体系。

绿色发展技术基本形成。研发、示范、推广绿色环保创新技术。结合健全的绿色产业体系，在各行业内广泛投入绿色环保设备产品。完善统一的绿色技术产品标准体系。实现经济与产业、行业与企业、技术与产品绿色转型，创造较大规模的绿色就业。

绿色发展生活方式基本形成。全民环境保护意识更加强烈，自愿参与绿色活动，制定绿色消费服务标准，促进绿色消费、绿色饮食、绿色出行、绿色居住、绿色办公，使绿色生活成为人们的生活习惯，自觉为美丽中国建设作出贡献。

四、生态安全屏障体系基本建立

全国统一的空间规划体系基本形成。明确严守生态保护红线，生态功能保障基线，包括禁止开发区生态红线、重要生态功能区生态红线和生态环境敏感区、脆弱区生态红线；环境质量安全底线，包括环境质量达标红线、污染物排放总量控制红线和环境风险管理红线；自然资源利用上线，包括促进资源能源节约，保障能源、水、土地等资源高效利用，不应突破的最高限值。

全国主体功能区规划目标基本实现。以“两横三纵”为主体的城市化战略格局基本形成，全国主要城市化地区集中大部分人口和经济总量；建设完成以“七区二十三带”为主体的农业战略格局，农产品供给安全得到切实保障；完善以“两屏三带”为主体的生态安全战略格局，生态安全得到有效保障。完善可持续的海洋空间开发格局，海洋资源开发、海洋经济发展和海洋环境保护取得明显成效。完善国家空间规划体系，推动“多规合一”，加强多地区生态空间管控，推动各地区依据主体功能定位发展。

五、清洁低碳、安全高效的能源体系基本建立

建成低能源消费型社会。推动能源消费革命，严格控制能源消费总量。2025 年我国能源消费总量控制在 55 亿吨标准煤以内，到 2035 年达到 65 亿吨标

准煤以内，年均增长 2.5%，支撑经济增长率 5%左右，其中能源自给率保持在 80%以上，保障我国能源安全。

能源利用效率显著提升。单位国内生产总值能耗 2025 年比 2019 年下降 20% 以上，到 2035 年累计下降 50%以上。实施全民节能行动计划，全面推进各产业节能，大幅提高资源利用效率。

建成低碳消费型社会。严格控制煤炭消费总量，从 2019 年的 28 亿吨标准煤减少到 2025 年的 27 亿吨标准煤，再到 2035 年控制在 25 亿吨标准煤以下；降低煤炭消费占能源消费总量比重，从 2019 年的 57.7%下降至 2025 年的 50%以下（48.8%），再到 2035 年下降至 40%以下（37.9%）。加速煤炭清洁化和综合利用，发电用煤占煤炭消费比重从 55%提高至 2025 年的 60%以上，到 2035 年提高至 75%以上。进一步推进节约集约循环利用的资源观。能源消费结构加速绿色化、推动资源利用方式根本转变。增加绿色能源供给与使用，到 2035 年绿色能源比重显著提高：大幅度提高清洁能源消费比例，从 2019 年的 23.4%提高至 2025 年的 28.5%，再到 2035 年的 37%以上（见表 23-专 6-4）。大力推行节能低碳电力调动，电力结构加速绿色化，非化石能源发电装机容量占比从 2018 年的 39.8%达到 2035 年的 50%以上。

表 23-专 6-4　我国能源消费与碳排放增长（2019—2035 年）

年份	能源消费总量（亿吨标准煤）	煤炭消费量（亿吨标准煤）	煤炭能源占能源消费比重（%）	清洁能源消费总量（亿吨标准煤）	清洁能源占能源消费比重（%）	绿色能源占发电装机容量比重	碳排放量（亿吨碳当量）	单位国内生产总值能耗（标准煤吨/万元）	单位国内生产总值碳排放（碳当量吨/万元）
2019 年	48.6	28	57.7	11.4	23.4	39.8	94.3	0.49	0.95
2025 年	55.3	28	50	15.8	28.5	50	90.9	0.41	0.68
2030 年	61	26	42.6	20.1	33	53	87.6	0.36	0.51
2035 年	65	25	37.9	24.4	>37	56	84.3	0.32	0.4
2019—2035 年年均增长率（%）	1.8	-0.7		4.9			-0.7	-2.6	-5.3

数据来源：2019 年数据来源于国家统计局发布的《中华人民共和国 2019 年国民经济和社会发展统计公报》；其他数据系作者预测。

六、从容应对气候变化，坚持减缓与适应并重

全面建成气候适应型社会。全面提高抵御各种自然灾害的综合防范能力，健全防灾减灾救灾体制，将防灾减灾救灾工作纳入各级国民经济和社会发展总体规划，制定综合防灾减灾专项规划，明确提出减少因灾人员伤亡比例，因灾经济损失占国内生产总值比重降低至1%以内等相关指标。① 深刻理解防灾减灾救灾工作与人民群众生命财产安全、社会和谐稳定的紧密联系。

全面建成资源节约型社会。落实减排承诺，力争提前进入碳排放下降期。减排效果至2035年根本显现，我国已经提前实现2020年应对气候变化行动的主要目标，将从2005—2020年的碳排放相对减排期到2020年之后的高峰平台期，在2030年之前进入绝对减排期。2019年我国碳排放量为94.3亿吨碳当量，进入碳排放高峰平台或下降期，主要途径：一是继续消减煤炭消费总量，从2019年的28亿吨标准煤下降到2035年的25亿吨标准煤以下；二是大力推进煤炭清洁化，发电用煤占煤炭消费比重从55%提高至2035年的75%以上；预计碳排放从2019年的94.3亿吨碳当量下降至2035年的85亿吨碳当量以下，单位国内生产总值碳排放累计下降近60%，年均下降5.3%（见表23-专6-4），② 提前实现碳排放的“双下降”，进而带动世界碳排放总量进入下降期。③ 实施碳排放消费总量和强度“双控”并取得显著成果，把碳排放总量与碳排放强度作为经济社会发展重要约束性指标，建立指标分解落实机制，通过建立碳排放市场及完善的监管体系，促进市场主体、高碳行业企业实行碳排放报告制度，入市与绿色能源企业直接交易。

七、建立生态文明开放新格局

完善生态对外开放布局。充分利用两种资源、开拓两个市场、使用两种技

---

① 根据《国家综合防灾减灾规划（2016—2020年）》，到2020年，全国年均因灾直接经济损失占国内生产总值的比例控制在1.3%以内，年均每百万人口因灾死亡率控制在1.3以内。2019年，因灾直接经济损失为2497亿元，占国内生产总值比例仅为0.25%。

② 2019年全国万元国内生产总值二氧化碳排放下降4.1%。

③ 2007—2019年中国碳排放年均增速为2.2%，明显高于世界年均增速的1%，对世界碳排放增长的贡献率高达56.9%。一旦中国碳排放零增长或负增长，世界碳排放将零增长或负增长。

术、吸引两种人才，通过对外开放来确保我国资源安全、环境安全、生态安全有效缓解我国人口基数大、耕地等资源严重不足、环境压力大、生态基础薄弱方面的困难，并为全球生态安全作出贡献。

完善国际环境治理体系。深化国际交流，广泛开展国际合作，加强与国际组织之间的联系，充分借鉴国际先进经验。积极参与应对全球气候治理，主动承担并落实阶段性减排行动，支持发展中国家提高应对气候变化能力、承担并履行国际合作责任。积极参与应对全球气候变化谈判，建立公平合理、合作共赢的全球气候治理体系。

八、生态环境治理现代化基本实现

健全生态文明制度体系，建成生态友好型社会。坚持生态优先、绿色发展的战略定位，生态文明建设领域治理体系、空间治理体系和治理能力基本实现现代化。完善生态环境保护制度，建立多种生态补偿机制，生态文明建设的政策法律法规体系基本健全。在全国层面，将绿色发展指标作为核心考核指标，根据主体功能定位，实行差异化年度评价、五年考核。健全生态环境资源价值评估核算制度，完成各类资源资产负债表编制，以实物量核算账户为基础，形成与自然规律相适应的责任主体和追究制度，落实生态环境保护制度，保障国家生态安全。

专刊 7. 准确判断我国社会主义社会发展历史阶段

胡鞍钢

【摘要】

本文认为，在大战略的思维下，对社会主义社会的阶段性应做出新的基本判断，提出新的理论、新的表述，准确地概括社会主义发展规律性的新实践、新目标。我国社会主义社会发展阶段应为：从新民主主义社会到社会主义社会的过渡阶段（1949—1956 年），到社会主义社会初级阶段（1956—2035 年），再从社会主义社会初级阶段到中级阶段的过渡阶段（2035 年到 21 世纪中叶），而后再到社会主义社会中级阶段（21 世纪中叶之后）。

其中，到 2035 年，我国将基本实现社会主义现代化。到 21 世纪中叶，我国将处于社会主义中级阶段，建成富强民主文明和谐美丽的社会主义现代化强国。

准确判断我国社会主义社会发展的历史阶段，始终是制定党的基本路线、基本纲领、基本战略、基本方针的基本依据，本质上就是以全新的视野深化对三大规律（共产党执政规律、社会主义建设规律、人类发展规律）的认识。本文主要集中阐述了对中国特色社会主义社会规律性、阶段性的认识。

2012 年，党的十八大报告提出“三个没有变”，即我国仍处于并将长期处于社会主义初级阶段的基本国情没有变，人民日益增长的物质文化需要同落后的社会生产之间的矛盾这一社会主要矛盾没有变，我国是世界最大发展中国家的国际地位没有变。

2017 年，党的十九大报告中重大的理论突破就是提出“两个没有变”和

“一个变”，即我国仍处于并将长期处于社会主义初级阶段的基本国情没有变，我国是世界最大发展中国家的国际地位没有变，但将“人民日益增长的物质文化需要同落后的社会生产之间的矛盾这一社会主要矛盾没有变”改为“我国社会主要矛盾已经转化为人民日益增长的美好生活需要和不平衡不充分的发展之间的矛盾”。

从未来中国社会主义的发展趋势来看，“两个没有变”“一个变”的基本判断，将变成“一个没有变”“两个变”，进而变为“三个变”，这反映了我国社会主义社会发展演变的客观规律性、发展阶段性、历史进步性，也符合辩证唯物主义和历史唯物主义。

一、我国社会主义社会发展演变因素及趋势

我国社会主义现代化发展的历程始终围绕着一个主题，即在我国国情条件下如何建设社会主义现代化？这就涉及如何认识中国特色社会主义社会发展的规律性、阶段性、长期性。

在社会主义初级阶段条件下，哪些社会主义现代化因素发生变化？社会主义现代化历程是如何演进的？在社会主义初级阶段，始终存在着传统因素与现代化因素、欠发达因素与发达因素、限制因素与发动因素、不利因素与有利因素、国内因素与国外因素等同时存在、相互竞争、此消彼长、相互转化的现象，这既促进了我国社会主义社会发展的历史进程，也客观上制约了这一进程。

总的来看，整体趋势是欠发达因素和范围在不断缩小，发达因素和范围在不断扩大；去欠发达化与发达化过程同时发生。一方面，去欠发达化过程所出现的欠发达因素不断减少，进而不断脱离（去）欠发达特征；另一方面，发达化过程所出现的发达因素迅速增多，明显地增强发达特征。这就使我国的现代化过程具有差异性、不平衡性、长期性以及量变到部分质变、再量变再到质变的基本特征，反映了整个社会主义初级阶段中存在着具有部分质变特征的若干阶段，它们之间既相互不同又相互衔接，既相互继承又相互升级，与时俱进，直接影响了我国社会主义现代化的历史进程。

总之，正确认识和把握我国社会主义初级阶段的特征，特别是我国社会主要

矛盾的变化及影响，要坚持实事求是、解放思想的原则，坚持辩证唯物主义和历史唯物主义的方法论，坚持历史比较和国际比较相结合的量化分析。

二、从两阶段论到初级阶段

我国领导人怎样认识社会主义社会发展的阶段性？首先，毛泽东将社会主义划分为两个阶段，即不发达社会主义与比较发达社会主义。1959 年年底到 1960 年年初，毛泽东在《读苏联〈政治经济学教科书〉的谈话》中提出："社会主义这个阶段，又可能分为两个阶段，第一个阶段是不发达的社会主义，第二个阶段是比较发达的社会主义。后一阶段可能比前一阶段需要更长的时间。"当时毛泽东没有来得及预见第一个阶段，即不发达社会主义社会到底有多长时间？有什么样的依据？不过毛泽东指出，我们对社会主义规律的认识，不是一开始就是完善的。到了社会主义社会，也还是没有什么"先知先觉"。① 1962 年，毛泽东在扩大的中央工作会议上的讲话强调："至于建设强大的社会主义经济，在中国，五十年不行，会要一百年，或者更多的时间。"他的根据是："中国的人口多、底子薄，经济落后，要使生产力很大地发展起来，要赶上和超过世界上最先进的资本主义国家，没有一百多年的时间，我看是不行的。"② 但是根据毛泽东的指示，我国政府 1964 年提出，在 20 世纪内全面实现农业、工业、国防和科学技术的现代化，使我国国民经济走在世界的前列。③

其次，是邓小平首次提出了社会主义初级阶段论。1979 年，邓小平在充分认识我国国情基础上指出，要使中国实现四个现代化，至少有两个重要特点是必须看到的：一个是底子薄。第二条是人口多，耕地少。中国式的现代化，必须从中国的特点出发。④ 1987 年，党的十三大正式提出我国正处于并将长期处于社会主义初级阶段，即不发达阶段，为此提出社会主义现代化"三步走"战略目标，设想第三步是到 21 世纪中叶，人均国民生产总值达到中等发达国家水平，人民生活比较富裕，基本实现现代化。当时对我国基本国情的判断是：人口多，底子

---

① 《毛泽东文集》第 8 卷，人民出版社 1999 年版，第 116、118 页。

② 《毛泽东文集》第 8 卷，人民出版社 1999 年版，第 301—302 页。

③ 《周恩来选集》下卷，人民出版社 1984 年版，第 479 页。

④ 《邓小平文选》第 2 卷，人民出版社 1994 年版，第 163—164 页。

薄，人均国民生产总值仍居于世界后列。我国从 20 世纪 50 年代生产资料私有制的社会主义改造基本完成，到社会主义现代化的基本实现，至少需要上百年的时间，都属于社会主义初级阶段。[①] 这表明中国社会主义初级阶段是百年的现代化长征，由此制定了党在社会主义初级阶段的基本路线。[②]

当时邓小平提出这一现代化战略设想和依据是：到 21 世纪中叶，我国人口达到 15 亿，国民生产总值达到 6 万亿美元，人均国民生产总值达到 4000 美元水平（以 1980 年美元与人民币比价计算）。[③] 这是我国领导人从国际比较来认识基本国情，定量地提出了实现社会主义现代化大战略的设想，并提出了“三步走”的战略目标。

社会主义初级阶段理论的提出，成为党中央制定我国现代化战略和目标的理论依据。历史经验值得注意，急于求成、超越发展阶段是错误的，而因循守旧、滞后发展阶段也是错误的。前人为后人提供了历史基础，后人总是要突破前人的预想，才能有所创造、有所前进。

应该看到，社会主义初级阶段理论的提出和实践，不仅具有对马克思主义进行中国特色创新的理论意义，而且赋予了我国社会主义现代化建设重大的实践意义。一方面，为避免过去超越阶段所犯的“左”的错误，社会主义初级阶段理论明确指出，一切方针政策都必须符合社会主义初级阶段的实际，而非拘泥于社会主义的一般形式。[④] 无论是对社会主义初级阶段的定义性描述，对我国基本国情的概括，以及对社会主义初级阶段长期性的强调，根本目的都是为了建设社会主义正确的路线方针政策的制定。一方面，在这一理论思想指导下，我国的制度建设、生产力乃至政治文化发展，都在改革开放中释放出巨大能量。另一方面，社会主义初级阶段理论对当时生产力落后、社会结构整体不完善以及社会主义初级阶段将持续较长时间的判断，都为我国的平稳发展赢得了较为和平的外部环境。

---

① 《十三大以来重要文献选编》（上），人民出版社 1991 年版，第 12、16 页。

② 1987 年，党的十三大制定的社会主义初级阶段基本路线是：领导和团结全国各族人民，以经济建设为中心，坚持四项基本原则，坚持改革开放，自力更生，艰苦创业，为把我国建设成为富强、民主、文明的社会主义现代化国家而奋斗。2007 年，党的十七大通过的党章，又加上了“和谐”。2017 年，党的十九大提出的到 21 世纪中叶的奋斗目标是：建成富强民主文明和谐美丽的社会主义现代化强国。

③ 《邓小平文选》第 3 卷，人民出版社 1993 年版，第 225 页。

④ 胡绳：《马克思主义与改革开放》，中国社会科学出版社 2000 年版，第 114 页。

三、从两阶段论到三阶段论

改革开放以来，中国是从极低收入阶段起步，经过第一步走，基本解决温饱；经过第二步走，总体上达到小康水平。21 世纪头 20 年，全面建成小康社会、实现第一个百年奋斗目标。

实际上，我国现代化发展进程大大超出了原先的预期，为此党的十九大报告提出，2035 年我国将提前 15 年基本实现社会主义现代化，这就意味着我国将进入社会主义中级阶段。如果说全面建成小康社会、实现第一个百年奋斗目标是实现第三步战略目标的承上启下的标志性发展阶段，那么从 2020 年到 2035 年基本实现社会主义现代化阶段，就是从社会主义初级阶段到中级阶段所必经的承上启下标志性发展阶段或过渡阶段。这一基本判断，既没有超越当前我国社会主义现代化发展阶段，也没有始终停留在社会主义初级阶段，它的基本方向就是逐步过渡到社会主义中级阶段，这是长达 80 年（1956—2035 年）社会主义初级阶段的必然结果和大势所趋。由此，我国社会主义社会发展规律是从新民主主义社会到社会主义社会的过渡阶段（1949—1956 年），到社会主义社会初级阶段（1956—2035 年），再从社会主义社会初级阶段到中级阶段的过渡阶段（2035 年到 21 世纪中叶），而后再到社会主义社会中级阶段（21 世纪中叶之后）。

这就需要有大战略的思维，对社会主义社会的阶段性作出新的基本判断，提出新的理论、新的表述，准确地概括社会主义发展规律性的新实践、新目标。

四、结语：坚持实事求是、解放思想、与时俱进

我国社会主义现代化的过程是从社会主义初级阶段逐步过渡到社会主义中级阶段，从社会主义的发展规律看，就是量变到部分质变（阶段性），再量变再到质变的过程，始终具有积累性。我国社会主义社会的发展，就是从最不发达水平到中等发达水平的长期过程，从新中国成立算起，至少需要 100 年的时间，必然经历了不同的发展阶段。这就需要坚持实事求是、解放思想、与时俱进，对未来中国的展望和判断必然要突破已有的战略定位。为此，既要回头看，又要朝前看。拓展 2035 年基本实现社会主义现代化总目标内容，为到 21 世纪中叶把我国

建成富强民主文明和谐美丽的社会主义现代化强国准备条件。在此基础上，适时提出到改革开放 100 年时的总目标。到那个时候，我国虽然仍处在社会主义中级阶段，但已经发生了历史性的变化，与发达资本主义国家相比具有更大优越性、公平性、可持续性。

专刊 8. 中国与世界百年未有之大变局

胡鞍钢

【摘要】

新冠肺炎疫情暴发加速了世界百年未有之大变局，对中国而言既是重大挑战，更是难得机遇。本文剖析世界三次经济全球化的发生过程，并指出世界百年未有之大变局的主要特征在于世界人口、城镇化、经济、制造业、贸易、科学研究、技术创新、现代通信格局均发生较大改变。

因此本文建议：抓住未来 30 年的重要战略机遇期。一是从经济全球化看世界百年未有之大变局，中国已经成为创造世界大变局的重要因素；二是中国带动南方国家迅速发展，反之，美国及北方国家持续衰落，疫情暴发又进一步加速历史进程；三是中国与南方国家形成了前所未有的互动关系；四是必须做好应对一系列新的风险挑战的准备，以高水平对外开放打造国际合作和竞争新优势；五是当代世界发展的基本规律之一，仍是经济政治发展的不平衡性，但已经突出表现为南方国家迅速发展、迅速崛起；六是为了战胜全球疫情，最紧迫的是构建人类卫生健康命运共同体，也需要构建人类经济社会发展命运共同体。

习近平总书记指出："当今世界正经历百年未有之大变局。当前，新冠肺炎疫情全球大流行使这个大变局加速变化，保护主义、单边主义上升，世界经济低迷，全球产业链供应链因非经济因素面临冲击，国际经济、科技、文化、安全、政治等格局都在发生深刻调整，世界进入动荡变革期。今后一个时期，我们将面

对更多逆风逆水的外部环境，必须做好应对一系列新的风险挑战的准备。”①

我们怎样看待世界百年未有之大变局，又怎样看待中国在这个大变局中的角色和作用？当今世界，南方国家与北方国家政治经济不平衡性发展发生深刻变化，从南北严重失衡到南北开始均衡，再到未来南北大逆转，从传统北方主导经济全球化到新型经济全球化，需要应用世界眼光、历史视角、国际比较来观测分析这一重大命题。

本文以分析中国与世界百年未有大变局为主题，分为四个部分：第一部分从经济全球化看世界百年未有之大变局，解析三次经济全球化的发生过程；第二部分分析世界百年未有之大变局的主要特征，中国将在第四次新型经济全球化中发挥世界大国的作用，极大地推动世界百年未有之大变局；第三部分阐述疫情暴发加速世界百年未有之大变局，对中国而言既是重大挑战，更是难得机遇；第四部分强调世界百年未有之大变局充分反映了当代世界南方国家与北方国家发展的不平衡性，导致了南北大逆转，南方国家迅速发展，根本改变了北方国家主导两个世纪（19 世纪、20 世纪）的世界格局，揭示了 21 世纪上半叶世界大变局，即人口、城镇化、经济、制造业、贸易、科学研究、技术创新、现代通信新格局，也成为我国实现“两个一百年”奋斗目标的全球背景。

一、从经济全球化看世界百年未有之大变局

第一次工业革命以来，世界真正进入了现代经济增长（人均产出平均增长率在 1%以上），这是从 1820 年之后出现的，引发了列宁所论述的世界经济政治发展不平衡性，这种不平衡性就意味着原来经济落后的国家可能实现跳跃式的发展，超过先进国家。

依据英国经济学家安格斯·麦迪森关于世界近现代经济史的研究，我们可将现代经济增长和经济全球化划分为 5 个阶段。

第一个阶段是 1820—1870 年，世界经济增长率为 1%，这是进入现代经济增长的基本条件，1820 年之前只有英国等极少数国家的经济增长率超过 1%。1870 年之前，英国一直是世界工业化的代表，号称“世界工厂”。而中国在这一

① 习近平：《在经济社会领域专家座谈会上的讲话》，人民出版社 2020 年版，第 2—3 页。

时期国内生产总值（1990 年国际元）的增长率为-0.4%，不仅处在绝对下降中，而且还处在大幅度相对下降中，中国国内生产总值占世界总量比重从 1820 年的 33%下降至 1870 年的 17.1%。

第二个阶段是 1870—1913 年，世界经济增长率为 2.1%，相当于第一个阶段经济增长率的两倍，所以被称之为世界相对和平和繁荣的时期，也是第一次经济全球化的黄金时期。国际贸易增长高于经济增长，世界出口总额占世界国内生产总值的比重从 5%上升至 8.7%，殖民主义达到了顶峰，全球的铁路里程从 19 万公里增长到 100 万公里，科技革命也达到了前所未有的高峰，美国迅速赶超英国，成为世界第一大工业国；中国出口额占国内生产总值的比重从 0.7%上升至 1.4%，但却是第一次经济全球化的边缘者，也是现代经济增长的落伍者，这一时期的经济增长率仅为 0.6%，不足 1%，仍属于传统经济增长类型，中国国内生产总值（1990 年国际元）占世界总量比重从 1870 年的 17.1%下降至 1913 年的 8.8%，美国国内生产总值于 1890 年超过中国，占世界比重从 10%提高至 1913 年的 18.9%，仅 23 年后就相当于中国的 2 倍之多。

第三个阶段是 1913—1950 年，是两次世界大战与经济大萧条时代，也是逆经济全球化时代。世界出口总额占世界国内生产总值的比重从 8.4%下降至 7%。到 1950 年，中国出口占国内生产总值比重为 1.9%，仅比 1913 年提高了 0.5 个百分点。到 1950 年，中国国内生产总值占世界总量比重已降至 4.6%，是历史的最低点，这是最典型的经济不平衡性特征，中国因封闭而落后，因落后而挨打，因挨打而奋起，为此付出了几千万人的生命才建立了新中国，根本改写了中国历史。

第四个阶段是 1950—1990 年，经历了前所未有的第二次经济全球化。世界国内生产总值（1990 年国际元）年均增长 4.1%，世界出口额（1990 国际元）年均增长 7%，明显超过经济增速，世界出口额占国内生产总值比重从 7%上升至 15.6%。1960 年中国货物出口额占世界总量比重为 2.1%，到 1978 年下降至 0.8%，[①] 到 1989 年提高至 17.4%，主要是改革开放以后明显提高，成为第二次经济全球化上半期（1950—1978 年）的落伍者，又成为下半期（1978 年之后）的后来者、追赶者。这一阶段中国仍然是世界贸易小国，货物进出口贸易额在世界上从 1978 年的第 29 位上升至 1990 年的第 16 位，货物出口贸易额占世界比重

① 数据来源于世界发展指数数据库。

提高至 1.8%。中国进入经济起飞阶段，对世界产生深刻变化，经济增速超过了日本、德国、美国等发达国家。

第五个阶段是 1990 年至今，冷战结束之后经历了第三次全球化。以 2008 年爆发国际金融危机为标志，又可分为前后两个时期。1990—2008 年是经济全球化加速时期，世界货物出口额占国内生产总值的比重从 1990 年的 15.5%上升至 2008 年的 25.8%，而后大幅度下降，到 2019 年降至 21.7%（见表 23-专 8-1）。2000 年中国成为世界第 8 位贸易大国，2010 年上升为世界第二贸易大国，2017 年上升为世界第一贸易大国，货物出口贸易额占世界比重达到 12.7%，成为当今世界贸易增长的发动机。2008 年后，中国外国直接投资额占国内生产总值比重从 2008 年的 2.1%下降至 2019 年的 1%。中国对外开放 40 多年，从世界边缘地带日益走近世界舞台中央，成为影响和改变世界贸易格局的重要变量和动力。

2020 年之后，因为疫情冲击加速改变世界大变局，可能会持续比较长的时间，可以视为第四次全球化，主要是由南方国家开创和推动的新型全球化。

表 23-专 8-1　三次经济全球化浪潮：中国与世界（1870—2019 年）

指标	第一次（1870—1913 年）	第二次（1950—1990 年）	第三次经济全球化	
			（1990—2008 年）	（2008—2019 年）
世界（中国）出口额占国内生产总值比重	从 1870 年的 5%（0.7%）上升至 1913 年的 8.7%（1.4%）	从 1950 年的 7.0%（1.9%）上升至 1989 年的 15.2%（17.4%）	从 1990 年的 15.5%（15.9%）上升至 2008 年的 25.8%（31.7%）	从 2008 年的 25.8%（31.7%）下降至 2019 年的 21.7%（17.4%）
世界（中国）进口额占国内生产总值比重		从 1960 年的 9.6%（4.5%）上升至 1989 年的 15.6%（12.9%）	从 1990 年的 15.8%（13.7%）上升至 2008 年的 26.2%（25.1%）	从 2008 年的 26.2%（25.1%）下降至 2019 年的 22%（14.5%）
外国直接投资额（中国）占国内生产总值比重		从 1970 年的 0.49%（1983 年的 0.3%）上升至 1989 年的 0.99%（0.97%）	从 1990 年的 0.9%（0.97%）上升至 2008 年的 3.76%（2.1%）	从 2008 年的 3.76%（2.1%）下降至 2019 年的（1%）

注：括号内为中国数据。

数据来源：1870—1950 年世界与中国数据来源于安格斯·麦迪森的《世界经济二百年回顾》，改革出版社 1997 年版，第 162—165 页；1989—2019 年数据来源于世界发展指数数据库。

二、世界百年未有之大变局的主要特征

2002年党的十六大报告前瞻性地指出，综观全局，21世纪头20年，对我国来说，是一个必须紧紧抓住并且可以大有作为的重要战略机遇期。事实证明，在这20年出现了世界百年未有之大变局，形成前所未有的利于南方国家崛起的新局面，不仅影响到当今世界，更将影响到未来世界，突出表现为以下几个方面。

第一，世界人口格局大大改变。人口变量是影响世界格局变迁的长期性变量，凸显了量变到质变的特征。1990年，北方国家人口占世界总数比重仅为20.91%，到2019年，北方国家人口占世界总数比重降至17.63%，累计下降了3.28个百分点。与此同时，南方国家人口占世界总数比重持续上升，从79.09%提高至2019年的82.37%，相当于北方国家的4.67倍（见表23-专8-2）。这反映了南方国家人口比重持续上升，这一长期变量将影响未来世界经济格局。到21世纪中叶，南方国家人口占世界总数比重将达到85%以上，而北方国家人口占世界总数比重将降至15%以下。①

表23-专8-2 北方国家与南方国家人口占世界总数比重（1990—2019年）

	1990年	2000年	2010年	2019年	1990—2019年变化量
北方国家(%)	20.91	19.58	18.61	17.63	-3.28
南方国家(%)	79.09	80.42	81.39	82.37	3.28
南方国家/北方国家(倍)	3.78	4.11	4.37	4.67	

数据来源：世界发展指数数据库。

第二，世界城镇化格局大大改变。城市化变量是影响世界格局变迁的长期性、根本性变量，成为促进经济发展社会进步的最大动力。1990年，北方国家

① 根据联合国人口司《世界人口展望2019》报告预测，到21世纪中叶，发达国家人口占世界总数比重将降至13.1%。

城镇人口占世界总数比重为 35. 5%，到 2019 年降至 25. 7%，累计下降了 9. 8 个百分点。与此同时，南方国家城镇人口占世界总数比重持续上升，从 64. 5%提高至 2019 年的 74. 3%，相当于北方国家的 2. 89 倍（见表 23-专 8-3）。这反映了南方国家城镇人口比重持续上升，这一长期变量将影响未来时期世界经济社会格局。到 21 世纪中叶，南方国家城镇人口占世界总数比重将达到 85%左右，城镇化率达到 70%左右，而北方国家城镇人口占世界总数比重将降至 15%左右，城镇化率达到 85%以上。

表 23-专 8-3　北方国家与南方国家城镇人口占世界总数比重（1990—2019 年）

	1990 年	2000 年	2010 年	2019 年	1990—2019 年变化量
北方国家（%）	35. 5	31. 7	28. 5	25. 7	-9. 8
南方国家（%）	64. 5	68. 3	71. 5	74. 3	9. 8
南方国家/北方国家（倍）	1. 82	2. 15	2. 51	2. 89	

数据来源：世界发展指数数据库。

第三，世界经济格局大大改变。国内生产总值变量是影响世界经济格局变迁的长期性变量和重要变量之一。1990—2019 年，北方国家国内生产总值（2017 国际元）年均增长 2. 2%，南方国家达到 4. 6%，比北方国家多出 2. 4 个百分点，由此导致北方国家国内生产总值占世界经济总量比重从 1990 年的 63. 57%，到 2019 年降至 46. 7%，累计下降了 16. 87 个百分点。与此同时，南方国家国内生产总值占世界经济总量比重持续上升，从 36. 43%提高至 2019 年的 53. 3%，超过北方国家的比重。其中，中国国内生产总值占世界经济总量比重从 3. 17%提高至 17. 33%，累计提高了 14. 16 个百分点（见表 23-专 8-4）。这反映了中国与南方国家大规模兴起是同步的，也必然改变由北方国家主导的世界经济格局。到 21 世纪中叶，南方国家国内生产总值占世界经济总量比重将达到 70%左右，而北方国家国内生产总值占世界经济总量比重将降至 30%，世界经济格局比以往更加均衡。

表 23-专 8-4　北方国家与南方国家、中国国内生产总值占世界经济总量比重（1990—2019 年）

	1990 年	2000 年	2010 年	2019 年	1990—2019 年变化量
北方国家(%)	63.57	62.95	52.71	46.7	-16.87
南方国家(%)	36.43	37.05	47.29	53.30	16.87
中国(%)	3.17	6.43	12.36	17.33	14.16
南方国家/北方国家(倍)	0.57	0.59	0.9	1.41	

注：国内生产总值系 2017 年国际元。
数据来源：世界发展指数数据库。

第四，世界制造业格局大大改变。工业化变量是影响世界工业化格局变迁的长期性变量和重要变量之一。2000—2018 年，北方国家制造业增加值（现价美元）年均增长 2.4%，南方国家达到 9.1%，比北方国家多出 6.7 个百分点；2000 年北方国家制造业（现价美元）占世界制造业比重高达 77.42%，到 2018 年，这一比重降至 52.19%，下降了 25.23 个百分点，平均每年下降 1.4 个百分点。南方国家制造业占世界制造业比重持续上升，从 22.58%提高至 2018 年的 47.81%，预计 2020 年之后将超过北方国家的比重，成为世界工业化的主体（见表 23-专 8-5）。到 21 世纪中叶，南方国家制造业增加值占世界制造业比重将达到 70%以上，成为世界第四次工业革命的最大受益者，而北方国家制造业增加值占世界制造业比重将降至 30%以下。

表 23-专 8-5　北方国家与南方国家制造业增加值占世界制造业比重（2000—2019 年）

单位：%

	2000 年	2010 年	2019 年	1990—2019 年变化量
北方国家	77.42	60.30	52.19(2018)	-25.23(2000—2018)
南方国家	22.58	29.70	47.81(2018)	25.23(2000—2018)

注：制造业增加值系现价美元。
数据来源：世界发展指数数据库。

第五，世界贸易格局大大改变。贸易变量是影响世界贸易格局变迁的长期性变量和重要变量之一。1990 年，北方国家货物出口额（现价美元）占世界总量比重高达 76.08%，到 2019 年，降至 58.04%，下降了 16.04 个百分点。与此同时，南方国家货物出口额占世界比重持续上升，从 23.92%提高至 2019 年的 41.96%，尚未超过北方国家的比重。其中，中国货物出口额占世界比重从 1.78%提高至 13.15%，累计提高了 11.37 个百分点（见表 23-专 8-6），从世界第 16 位上升为世界第一位，中国货物进口额占世界比重从 1.5%提高至 10.75%，累计提高了 9.25 个百分点。中国不仅是世界第一大进出口贸易之国，还是 120 多个国家和地区的第一大贸易伙伴，即最主要的利益相关者。中国对拥有 10 亿人口的最不发达国家实行零关税，更有利于它们尽早摆脱绝对贫困的状态。到 21 世纪中叶，南方国家货物进出口额占世界比重将达到 60%以上，而北方国家货物进出口额占世界比重将降至 40%以下。

表 23-专 8-6　北方国家与南方国家、中国货物进出口额占世界比重（1990—2019 年）

单位：%

	1990 年	2000 年	2010 年	2019 年	1990—2019 年变化量
货物出口额					
北方国家	76.08	70.84	59.05	58.04	-18.04
南方国家	23.92	29.16	40.95	41.96	18.04
中国	1.78	3.83	10.24	13.15	11.37
货物进口额					
北方国家	78.93	75.25	63.45	61.12	-17.81
南方国家	21.07	24.75	36.55	38.88	17.81
中国	1.5	3.36	9	10.75	9.25

注：货物进出口额系现价美元。

数据来源：世界发展指数数据库。

第六，世界科学研究格局大大改变。科学研究特别是基础研究是创新的源头活水，对经济发展、社会进步起到长期性、根本性的影响。2000 年北方国家科技期刊论文数占世界总量比重高达 82.46%，到 2018 年降至 55.68%，下降了

26.78个百分点。南方国家科技期刊论文数占世界比重持续上升，从17.54%提高至2018年的44.32%（见表23-专8-7）。预计到21世纪中叶，南方国家基础研究也会取得重大进展，为世界科学进步做出贡献。

表23-专8-7 北方国家与南方国家科技期刊论文数量占世界总量比重（2000—2018年）

单位：%

	2000年	2010年	2018年	2000—2018年变化量
北方国家	82.46	67.05	55.68	-26.78
南方国家	17.54	32.95	44.32	26.78

数据来源：世界发展指数数据库。

第七，世界技术创新格局大大改变。技术创新是发展的强大动能。1990年，北方国家本国居民发明专利申请数占世界总量比重高达97.06%，到2018年，降至35.9%，下降了61.16个百分点，其下降幅度之大前所未有。南方国家本国居民发明专利申请数占世界总量比重持续上升，从2.94%提高至2018年的64.1%，已经相当于北方国家比重的1.79倍（见表23-专8-8）。到21世纪中叶，南方国家发明专利申请数占世界总量比重将达到60%以上，而北方国家发明专利申请数占世界总量比重将降至40%以下。

表23-专8-8 北方国家与南方国家发明专利申请数占世界总量比重（1990—2018年）

	1990年	2000年	2010年	2018年	1990—2018年变化量
北方国家(%)	97.06	91.38	67.98	35.9	-61.16
南方国家(%)	2.94	8.62	32.02	64.1	61.16
南方国家/北方国家(倍)	0.03	0.09	0.47	1.79	

数据来源：世界发展指数数据库。

第八，世界现代通信格局大大改变。1990年，北方国家移动电话用户数占世界总数比重高达94.55%，到2018年，北方国家移动电话用户数占世界总数比重降至20.88%，累计下降了73.67个百分点。与此同时，南方国家移动电话用

户数占世界总数比重持续上升，从 5. 45%提高至 2018 年的 79. 12%，相当于北方国家的 3. 79 倍（见表 23-专 8-9）。这反映了在第三次信息革命和第四次数字革命，中国与南方国家信息化、网络化、数字化、智能化崛起是同步的。到 21 世纪中叶，南方国家移动电话用户数占世界总数比重将达到 90%左右，而北方国家移动电话用户数占世界总数比重将降至 10%左右，南方国家也会涌现一批数字化智能化全球化世界级企业。

表 23-专 8-9　北方国家与南方国家移动电话用户数占世界总数比重（1990—2018 年）

	1990 年	2000 年	2010 年	2018 年	1990—2018 年变化量
北方国家(%)	94. 55	71. 38	24. 74	20. 88	-73. 67
南方国家(%)	5. 45	28. 62	75. 26	79. 12	73. 67
南方国家/北方国家(倍)	0. 06	0. 4	3. 04	3. 79	

数据来源：世界发展指数数据库。

上述世界大变局必然会改变世界政治格局、国际格局，也必然催生适应这一大变局的全球治理理念和治理模式，不仅实现国际社会提出的 2030 可持续发展目标，还要构建人类命运共同体。

三、疫情暴发加速世界大变局

2020 年疫情在全球的大流行必然引发经济全球化的逆转和中断。

2020 年 6 月，国际货币基金组织的《世界经济展望报告》对世界主要经济体的 2020 年和 2021 年的国内生产总值增长率做了预测（见表 23-专 8-10），从世界的增长率看，从 2019 年的 2. 9%下降至 2020 年的-3%，下降幅度达到 5. 9 个百分点，即使 2021 年恢复增长率为 5. 8%，实际比 2019 年仅增长 2. 6 个百分点；从中国的增长率来看，从 2019 年的 6. 1%下降至 2020 年的 3%，是主要经济体中唯一的正增长国家，我们预计到 2021 年达到 7%，实际比 2019 年增长 10. 2 个百分点；从主要经济体的增长率来看，美国累计下降 1. 5 个百分点，欧盟累计下降 3. 2 个百分点，新兴经济体及发展中国家累计上升 5. 5 个百分点。

表 23-专 8-10 主要经济体的经济增长率（2019—2021 年）

单位：%

国家	2019 年	2020 年预计	2021 年预计	2020—2021 年累计（2019 年为 100）
发达国家	1.7	-6.1	4.5	98.1
美国	2.3	-5.9	4.7	98.5
欧盟	1.2	-7.5	4.7	96.8
日本	0.7	-5.2	3	97.6
新兴经济体及发展中国家	3.7	-1	6.6	105.5
中国	6.1	1.2(3)	9.2(7)	110.5(110.2)
俄罗斯	1.3	-5.5	3.5	97.8
巴西	1.1	-5.3	2.9	97.4
印度	4.2	-5.8	7.4	101.2
世界	2.9	-3	5.8	102.6

数据来源：国际货币基金组织发布的《世界经济展望报告》；印度数据来源于《经济学家》；括号内数据系作者估计。

这表明，疫情加速了各国的经济分化，进一步呈现南方国家上升、北方国家下降的经济格局，要比 2008—2010 年的国际金融危机变化更加凸显。为此，以美国为代表的北方国家再次兴起反全球化运动，贸易保护主义上升，同时全球交通运输、人员流动受到极大限制，也会直接影响全球贸易增长。随之而来的是世界进入新的动荡变革期，根本改变美国霸权主义、单边主义、封闭保守的旧格局，形成多元化、多边主义、更加开放合作的新格局。

四、结语：抓住并创造世界大变局机遇

未来 30 年，对中国来说仍是一个必须紧紧抓住并且可以主动创造的重要战略机遇期，仍具有更大的天时地利人和。纵观世界与未来，主要结论如下。

第一，从经济全球化看世界百年未有之大变局，先后经历了三次经济全球化阶段，第一次（1870—1913 年），美国成为世界最大的经济体和贸易体；第二次（1950—1990 年），美国仍然独霸世界，西方国家主导世界贸易体系；第三次（1990 年至今），中国进入世界经济舞台，大大改变了世界经济贸易格局，已经成为创造世界大变局的重要因素。

第二，进入 21 世纪头 20 年，随着中国迅速崛起，带动了南方国家迅速发展，反之，美国及北方国家持续衰落，全球疫情的暴发，又进一步加速了世界百年未有之大变局的历史进程。

第三，中国与南方国家形成了前所未有的互动关系，特别是共建“一带一路”倡议，提供了更大的舞台、更好的平台、更多的机会，进一步加速了南方国家崛起，即使发生全球疫情等类似的重大事件，都不会改变这一根本趋势，这为中国 2035 年基本实现社会主义现代化、2050 年建成社会主义现代化强国创造了长期的天时地利。

第四，世界面临百年未有之大变局，中国的发展处于并将长期处于重要的战略机遇期。突发性、全球性疫情的暴发和大流行，对中国而言，挑战就是机遇，重大的挑战就是重大的机遇，如同国际金融危机期间，中国日益走近世界舞台中央，既是世界经济增长的动力源，又是世界宏观经济的稳定器。习近平总书记指出，今后一个时期，我们将面对更多逆风逆水的外部环境，必须做好应对一系列新的风险挑战的准备。以高水平对外开放打造国际合作和竞争新优势。①

第五，当代世界发展的基本规律之一，仍是经济政治发展的不平衡性，但已经区别于过去 200 年北方国家主导世界南北大趋异的时代，突出表现为南方国家迅速发展、迅速崛起，正在改变这一趋势，转向南北大趋同时代，这也为中国创造了前所未有的战略机遇期，更加积极推动与南方国家的经济、贸易、科技等方面的全方位合作，进而使南北大趋同成为时代与世界主流趋势。

第六，构建人类命运共同体，② 是世界未来发展的必然选择。人类始终面临巨大的共同挑战，就更需要坚持和平共处、合作共赢，特别是为了战胜全球疫情，最紧迫的是构建人类卫生健康命运共同体，为了疫情之后恢复经济社会发展，也需要构建人类经济社会发展命运共同体。

---

① 习近平：《在经济社会领域专家座谈会上的讲话》，人民出版社 2020 年版，第 3、8 页。

② 习近平总书记指出：同世界各国和平共处、合作共赢，共建人类命运共同体，为创造世界经济更加美好的明天不懈努力。参见《人民日报》2019 年 6 月 29 日。

专刊 9. 国家治理能力多目标机制：以我国抗击新冠肺炎疫情为例*

胡鞍钢　李兆辰**

【摘要】

在全球抗疫时期，处理疫情防治、经济复苏、国际合作等多目标是国家治理面临的重大问题，也是对国家治理能力的世界大考。本文提出国家治理能力多目标机制的分析框架，其关键是正确处理几类矛盾：准确判断主要矛盾与次要矛盾（决策能力）、优先集中解决主要矛盾（动员能力）、统筹主要矛盾与次要矛盾（协调能力）、统筹内部矛盾与外部矛盾（国际合作能力）。本文基于这一框架将我国抗疫治理分为三个维度，即疫情防治、经济社会发展、国际合作，通过过程追踪法对五个阶段进行实证分析。事实表明，多目标机制是成功抗疫的有效途径，充分体现我国国家治理能力优势，共同实现疫情防治、经济社会发展、国际合作的目标。

习近平总书记指出，这场抗疫斗争是对国家治理体系和治理能力的一次集中检验，有力彰显了我国国家制度和国家治理体系的优越性。① 这次抗疫是对国家

* 本研究得到清华大学文科“双高”专项、春风基金专项的资助。

** 李兆辰，清华大学公共管理学院博士生。

① 习近平：《在全国抗击新冠肺炎疫情表彰大会上的讲话》，人民出版社 2020 年版，第 19、24 页。

治理体系和治理能力的一次大考，[①] 在全球抗疫时期也是一次世界大考。

我国抗疫的实践是分析和理解国家治理能力的典型案例。现有文献对于疫情与国家治理的研究，主要包括防控手段[②]、应对政策[③]、国家制度[④]、国家治理能力[⑤]、应急管理[⑥]等不同方面。多目标管理通常应用于微观层面的企业管理[⑦]和项目管理[⑧]，尚未发现有国家治理能力多目标的文献[⑨]。本文提出国家治理能力多目标机制，并在此基础上实证研究了我国如何充分发挥国家治理能力，特别是在抗疫中实现多维度、多目标的治理效能。为此，本文提出并回答以下四个方面的问题。

第一，如何理解国家治理能力的多目标机制？本文提出国家治理能力多目标机制的分析框架，从矛盾运动的视角归纳了这一机制的主要特征，为抗疫治理提供了理论基础。

第二，如何分析我国在抗疫之战的治理实践？本文基于多目标机制的分析框架提出抗疫治理的三个维度，即疫情防治、经济社会发展、国际合作，通过过程追踪法归纳了这三个维度和三组矛盾在抗疫之战五个阶段中的变化以及相应的治理实践。

第三，多目标机制下的国家治理能力如何发挥作用？本文强调多目标机制下

---

① 《完善重大疫情防控体制机制　健全国家公共卫生应急管理体系》．《人民日报》2020 年 2 月 15 日。

② 武汉大学国家发展战略研究院新冠病毒疫情防控研究课题组：《抗击新冠病毒疫情的中国经验》,《学习与实践》2020 年第 4 期。

③ 陈强、敦帅：《疫情之下支持和保障企业的政策优化研究——基于有关典型政策分析》,《中国特色社会主义研究》2020 第 2 期。

④ 于滨：《疫情防控彰显中国特色社会主义制度优越性》,《学校党建与思想教育》2020 年第 10 期。

⑤ 刘炳辉、郭晓琳：《大流动社会危机时刻的关键国家治理能力——以新冠肺炎疫情的应对为例》,《华东理工大学学报》（社会科学版）2020 年第 2 期；张再生：《新冠肺炎疫情防控中的国家治理体系与治理能力建设》,《理论与现代化》2020 年第 2 期。

⑥ 彭宗超、黄昊等：《新冠肺炎疫情前期应急防控的“五情”大数据分析》,《治理研究》2020 年第 2 期。

⑦ 郭本海、张笑腾等：《基于多目标的企业创新资源优化配置 GERT 网络模型》,《科技管理研究》2018 年第 22 期。

⑧ 王艳伟、黄宜、李靖：《政府和社会资本合作（PPP）项目多目标优化模型研究》,《工程管理学报》2016 年第 1 期。

⑨ 截至 2020 年 9 月 10 日，根据中国知网统计，以“国家治理”为题的论文共 1272 篇，以“国家治理能力多目标”为题的论文却没有。

的国家治理能力突出表现为四个方面，即决策能力（准确判断主要矛盾与次要矛盾）、动员能力（优先集中解决主要矛盾）、协调能力（统筹主要矛盾与次要矛盾）、国际合作能力（统筹内部矛盾与外部矛盾），并通过我国抗疫实践进行了案例分析。

第四，我国抗疫实践提供了哪些重要启示？本文基于抗疫这一国家治理能力大考，对国家治理能力多目标机制进行了总结，有利于更好地认识和推进国家治理现代化。

本文主要创新之处是：第一，提出国家治理能力的多目标机制，归纳了这一机制的内涵和特征；第二，以多目标机制为视角，对我国抗疫实践进行案例分析，从实证角度验证了这一机制，有利于更好地理解和总结我国抗疫实践和启示；第三，本文提出实现多目标机制需要依靠国家治理能力的四个方面，并进一步通过我国抗疫实践进行案例分析和总结。

一、国家治理能力多目标机制的特征

国家治理能力是一种总括性的能力集，是协调国家权力关系的能力，由体制吸纳力、制度整合力、政策执行力构成。① 从功能上，国家治理能力可以归纳为八种基础性国家能力：强制能力、汲取能力、濡化能力、国家认证能力、规管能力、统领能力、再分配能力以及吸纳和整合能力。② 提升国家治理能力的核心是提升制度执行力，这是一项系统性、整体性的工程。③

本文将国家治理能力的多目标机制用图 23-专 9-1 表示。在多目标机制中，多个不同目标构成了国家治理目标集，国家治理能力需要同时考虑多个目标，并统筹协调彼此之间的关系。不同目标之间具有矛盾性，两种目标之间会存在一组矛盾，而三种目标在两两之间会存在三组矛盾。多目标机制至少包括三种目标，需要通过国家治理能力由对立实现统一。与此同时，实现每个目标都需要多个方

① 杨光斌：《关于国家治理能力的一般理论——探索世界政治（比较政治）研究的新范式》，《教学与研究》2017 年第 1 期。

② 王绍光：《国家治理与基础性国家能力》，《华中科技大学学报》（社会科学版）2014 年第 3 期。

③ 秦国民、陈红杰：《国家治理能力现代化视阈下提升制度执行力的着力点》，《中国行政管理》2017 年第 8 期。

面的国家治理能力共同作用，形成合力。在国家治理能力作用下，多目标机制根据实际情况的变化将呈现出不同阶段和不同特点，从而具有不同应对方式，需要根据实践与时俱进。

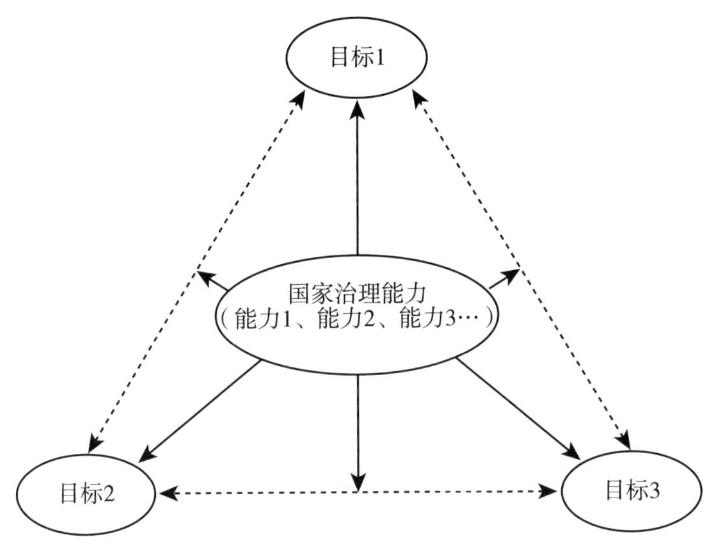

图23-专9-1　国家治理能力的多目标机制

多目标机制的关键是处理好不同目标之间的矛盾，这可以归纳为以下四个方面：

第一，准确判断主要矛盾与次要矛盾，这就需要决策能力。国家治理是一种系统性的综合治理，面对错综复杂的多种矛盾，首先需要合理判断什么是主要矛盾，什么是次要矛盾。决策能力是判断主要矛盾与次要矛盾的关键，只有正确判断，才能有效处理，从而在全局实现国家治理效能。

第二，优先集中解决主要矛盾，这就需要动员能力。一定阶段下的主要矛盾是当前最重要、最迫切需要解决的矛盾，处理好主要矛盾才有条件进一步解决其他矛盾。这就需要通过动员能力对于主要矛盾集中优先处理，尤其是在面临突如其来的重大挑战时。

第三，统筹主要矛盾与次要矛盾，这就需要协调能力。不同矛盾之间是对立统一的，既要有所侧重又要相互协调。协调能力体现了对于多种不同矛盾的统筹协调，使得不同目标在国家治理的层面实现统一，从而实现全局最优解。

第四，统筹内部矛盾与外部矛盾，这就需要国际合作能力。在深度全球化的当下，国家治理需要同时处理内部与外部矛盾，否则外部矛盾也会对于内部矛盾的发展产生影响。国际合作能力体现了内部矛盾与外部矛盾的统筹协调，从而在开放条件下实现各方面的国家治理目标。

应当说，突如其来的疫情为我们提供了一个分析和总结国家治理能力多目标机制的现实案例。

二、多目标机制下的抗疫实践

通过几个月的努力，我国的抗疫取得了决定性成果，显示了我国国家治理的显著优势。本文将我国的抗疫治理分为三个维度，即疫情防治、经济社会发展、国际合作，通过过程追踪法分五个阶段研究抗疫的中国治理实践。

（一）抗疫治理的多目标体系

抗疫是一场总体战，抗疫治理也是具有多个维度的综合治理，需要统筹和处理同时存在的多种矛盾。本文根据我国抗疫实践，提出抗疫治理的多目标体系，包含相互联系的三个维度（如图 23-专 9-2 所示）：

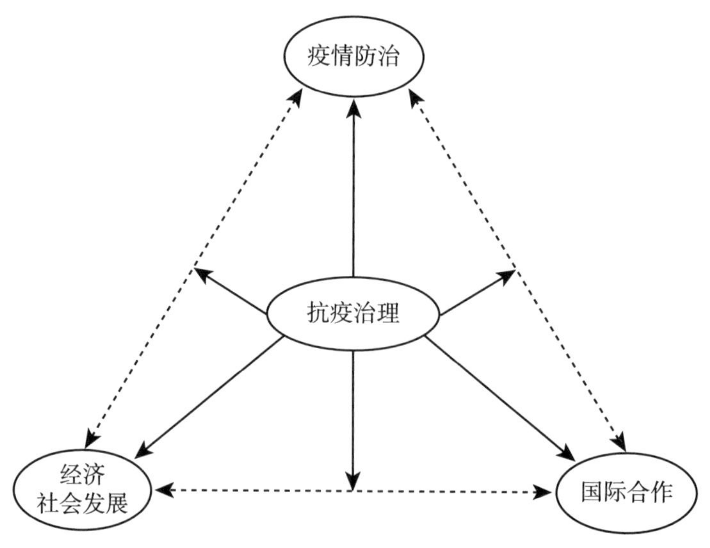

图 23-专 9-2　抗疫治理的多目标体系

一是疫情防治目标，按照坚定信心、同舟共济、科学防治、精准施策的总要求，尽快扭转全国疫情蔓延的局面，提高收治率、治愈率，降低感染率、病死率，使人力资本损失最小化。

二是经济社会发展目标，坚持 2020 年的经济社会发展目标任务，党中央决策部署的经济社会发展各项工作都要抓好，党中央确定的各项任务目标都要完成，使经济社会福利最大化。

三是国际合作目标，在全球疫情肆虐的背景下，更需要积极主动同世界卫生组织和国际社会开展合作和信息交流，为世界公共卫生事业作贡献。①

在我国抗疫治理的全过程中，需要始终协调和实现这三个维度的目标。首先，有效防治疫情是核心目标，是实现经济社会发展和国际合作目标的前提条件，否则就会出现二次疫情和输出性病例，影响经济复苏和全球共同抗疫进程；其次，经济社会发展是最终目标，需要把疫情冲击的影响和损失降到最低，完成经济社会发展目标，如期实现全面建成小康社会目标；最后，国际合作是人类卫生健康共同体的必然选择，流行性疾病不分国界和种族，是人类共同的敌人。国际社会只有共同应对，才能战而胜之。② 在全球抗疫时期，充分发挥国家治理能力，实现三个维度的治理目标，才能通过这一世界大考。

（二）抗疫治理的五个阶段

疫情具有典型的生命周期特征，从公共卫生危机的生命周期视角来看，可以分为潜伏、蔓延、高峰、衰退、有效控制的阶段，不同国家会呈现不同的演变模式。我国发动了一场大规模的疫情防控的人民战争，仅用几个月的时间就有效控制了疫情。我国抗疫大体可分为五个阶段，在每个阶段中，疫情防治、经济社会发展、国际合作呈现出不同的特点，采取了不同的防控目标和措施。

第一阶段为潜伏期与发现期，从 2019 年 12 月底至 2020 年 1 月 19 日。1 月 7 日，习近平总书记主持召开中央政治局常委会会议，对做好疫情防控工作提出了要求。立即开展病因学及流行病学调查，第一时间发布病毒信息，向世界卫生组织等国际组织通报相关信息，向全球公布病毒基因组序列。确定和公布诊断治疗

① 习近平：《在统筹推进新冠肺炎疫情防控和经济社会发展工作部署会议上的讲话》，人民出版社 2020 年版，第 9 页。

② 《习近平同美国总统特朗普通电话》，《人民日报》2020 年 3 月 28 日。

方案，开展国际合作。

第二阶段为疫情迅速蔓延期与高峰严控期，从2020年1月20日至2月20日。明确提出把人民生命安全和身体健康放在第一位的指导思想，在全国范围内实行最严格和最全面的防控措施，明确提出防控目标是提高收治率和治愈率、降低感染率和病亡率。经济停摆一个月的时间内，初步遏制疫情蔓延势头。2月16日，各地区、各部门实行分区分级精准防控，除湖北省外有序恢复生产生活，各类生产企业复工复产，产业链总体保持稳定。1月28日，习近平主席会见世界卫生组织总干事谭德塞，强调中方愿同世界卫生组织和国际社会一道，共同维护好地区和全球的公共卫生安全。

第三阶段为本土新增确诊病例下降衰退期，从2020年2月21日至3月17日。3月17日，首批42支援鄂医疗队撤离武汉市，标志着疫情最严重的武汉市总体得到有效控制。2月23日，习近平总书记作出统筹推进疫情防控和经济社会发展的工作部署，实行疫情防控和经济社会发展“两手抓”的基本方针。3月以来，主要经济指标呈现回升态势，工业、服务业、投资、消费、进出口降幅均大幅收窄。2月24日，中国与世界卫生组织完成《新型冠状病毒肺炎（COVID-19）联合考察报告》。3月12日，中国向世界卫生组织捐款2000万美元，支持开展抗疫国际行动。

第四阶段为有效控制期，从2020年3月18日至4月28日。输入性病例成为主要来源。4月8日，武汉正式解除离汉离鄂通道管控措施，有序恢复生产生活秩序。4月26日，武汉所有住院病例清零。4月27日，中央指导组离鄂返京，标志着疫情的重灾区湖北武汉保卫战取得决定性成果。3月18日，中央政治局常委会召开会议，研究部署统筹疫情防控和经济社会发展的重点工作。4月17日，中央政治局会议提出加大“六稳”工作力度，提出扩大内需战略，可视为我国第三次扩大内需，对加快经济复苏具有关键作用。3月26日，习近平主席在二十国集团领导人特别峰会上的讲话提出了全球共同抗疫的4点倡议。

第五阶段为疫情防控常态化阶段，从2020年4月29日至今。境内病例总体呈现零星散发状态，境外输入病例总体得到控制。我国采取常态化防控措施，坚持预防为主，强化支撑保障，动态调整风险等级和应急响应级别。5—6月，主要经济指标由负转正，部分指标恢复到疫情前水平。5月18日，习近平主席在第73届世界卫生大会视频会议开幕式上的致辞宣布推进全球抗疫合作的5项实际举措。

我国的抗疫实践经历了五个阶段，属于典型的倒 V 字形模式，实现了疫情防治、经济社会发展、国际合作三个维度的治理目标。一是疫情防控战，我国在世界上实现了高治愈率（93%）、低感染率（64.1 人/百万人）、低病亡率（5.2%），实现了人力资本损失最小化。二是经济保卫战，我国率先经济复苏，世界银行和国际货币基金组织预测中国 2020 年经济增长率超过 1%，实现了经济损失最小化。三是国际合作共同抗疫，我国向世界卫生组织提供两批共 5000 万美元现汇援助，截至 2020 年 5 月 31 日，我国共向 27 个国家派出 29 支医疗专家组，已经向 150 多个国家和 4 个国际组织提供抗疫援助。①

三、多目标机制下的国家治理能力

抗疫充分体现了国家治理能力的重要作用。本文以我国抗疫实践作为案例进行实证分析，从多目标机制的视角将国家治理能力概括为抗疫决策能力、社会动员能力、多方协调能力与国际合作能力。

（一）抗疫决策能力

决策成功是最大的成功，决策失败是最大的失败。面对突如其来的疫情挑战，习近平总书记亲自指挥、亲自部署，我国迅速建立应对疫情的准战时决策机制，牢牢掌握抗疫主动权，充分体现强大的抗疫决策能力。

第一，党中央统揽全局、果断决策，以非常之举应对非常之事。党中央第一时间实施集中统一领导，中央政治局常委会、中央政治局召开 21 次会议研究决策，领导组织党政军民学、东西南北中大会战，因时因势制定重大战略策略。党中央果断关闭离汉离鄂通道，实施史无前例的严格管控。习近平总书记指出，这需要巨大的政治勇气，需要果敢的历史担当。

第二，成立中央应对疫情工作领导小组。该小组在中央政治局常务委员会领导下开展工作，指挥全国的疫情防控工作。在全国范围内选调医务人员和应急物

① 中华人民共和国国务院新闻办公室：《抗击新冠肺炎疫情的中国行动》，人民出版社 2020 年版，第 80 页。

资支援湖北等疫情严重地区，之后统筹疫情防控和经济社会发展工作。

第三，向湖北等疫情严重地区派出中央指导组。负责推动有关地方全面加强防控一线工作，上与中央和各部门联络，下与地方党委协调，直到4月27日湖北武汉疫情得到有效控制之后返回北京。

第四，建立国务院联防联控机制。1月20日，国务院召开联防联控工作机制会议，由国务院副总理负责，有关部门负责人共同组成，分析研判疫情形势，部署落实防疫工作，充分发挥协调作用。

第五，建立各级地方疫情防控领导机制。地方各级党委统一领导本地的疫情防控，确保党中央大政方针落实落细落地。各省区市启动突发公共卫生事件一级响应机制①。

（二）社会动员能力

我国发挥集中力量办大事的制度优势，开展了全方位的人力组织战、物资保障战、科技突击战、资源运动战，② 充分体现强大的社会动员能力。

集中全国卫生健康专业人力资源。我国迅速支援疫情严重地区，组织29个省区市和新疆生产建设兵团、军队等调派330多支医疗队、4.1万多名医护人员支援湖北武汉，迅速开设火神山、雷神山医院和方舱医院，千方百计增加床位供给。

集中全国物资保障资源。我国全力保障上下游供应和物流运输，保障防控物资大规模生产和配送。医疗行业企业用最快速度恢复生产，其他行业企业迅速调整转产防疫物资。截至2020年4月底，我国医用非N95口罩和医用N95口罩日产量分别超过2亿只和500万只，全国粮食应急加工企业开工率达到90%。③

集中全国科技攻关资源。我国组织全国优势力量开展防疫科技攻关，加快推进科技研发及应用，启动83个应急攻关项目，按照5条技术路线同时推进疫苗研发，160多家研究机构和企业参与应急药物研发。

---

① 突发公共事件，按照其性质、严重程度、可控性和影响范围等因素分成4级，特别重大的是Ⅰ级，重大的是Ⅱ级，较大的是Ⅲ级，一般的是Ⅳ级。参见《十六大以来重要文献选编》（中），中央文献出版社2006年版，第838页。

② 《中共中央召开党外人士座谈会》，《人民日报》2020年5月9日。

③ 中共国家粮食和物资储备局党组：《积极应对疫情影响　扛稳国家粮食安全重任》，《求是》2020年第12期。

（三）多方协调能力

面对疫情考验，我国始终统筹协调各项目标，坚持依法、科学、精准防控，迅速开展社会动员、发动全民参与，始终保持社会稳定运转，充分体现强大的多方协调能力。

保持社会稳定运转，有序恢复经济发展。我国在疫情防治的同时加强社会稳定工作，有效保障 14 亿多人民的基本民生。密集出台多项政策，通过减费降税、财政补贴等方式有序恢复经济发展。截至 2020 年 4 月底，我国规模以上工业企业复工率超过 99%。

分级分区精准施策。我国采取分级、分区的措施，有利于在党中央统一领导下更好发挥地方的积极性和适应性。全国分为低、中、高三级，不同地区根据自身情况和疫情演变逐步恢复生产生活秩序。

构筑群防群控的严密防线。我国充分发动人民群众，提高群众自我服务和自我防护能力。充分发挥基层主体作用，把防控力量和资源下沉到社区（村）。全国 64.3 万个城乡社区（村）、400 多万名社区（村）工作者承担了多项防疫工作。

（四）国际合作能力

病毒是人类共同的敌人，国际社会需要共同应对才能战胜疫情。在抗疫过程中，充分体现强大的国际合作能力。

打造人类卫生健康共同体。面对新冠病毒这一全人类的共同挑战，习近平主席提出，打造人类卫生健康共同体，① 成为构建人类命运共同体的重要组成部分。在全球抗疫时期，构建人类命运共同体的迫切性和重要性更加凸显，国际社会唯有团结协作、携手应对，才能共同战胜疫情。

对外抗疫援助，雪中送炭。我国不仅有国际合作意愿，更有强大的综合国力，积极提供世界最大的对外抗疫援助，截至 2020 年 5 月 31 日，向 150 多个国家和 4 个国际组织提供抗疫援助，向 27 个国家派出医疗专家组，向 200 多个国家和地区提供和出口防疫物资。从 3 月 15 日至 9 月 6 日，我国总计出口口罩

---

① 《习近平向法国总统马克龙致慰问电》，《人民日报》2020 年 3 月 22 日。

1515 亿只、防护服 14 亿件、护目镜 2.3 亿个、呼吸机 20.9 万台、检测试剂盒 4.7 亿人份、红外测温仪 8014 万件，有力支持了全球疫情防控。这成为新中国成立以来最大规模的全球紧急人道主义行动，赢得了国际社会广泛赞誉。

向世界积极分享抗疫信息和经验。我国在第一时间及时主动向全球通报疫情信息，毫无保留地向全球 180 多个国家、10 多个国际和地区组织分享经过我国实践检验的防控经验。我国主动建立疫情防控网上知识中心，建立国际合作专家库，密集组织有实战经验的专家分享经验。①

总之，我国在抗疫中充分发挥国家治理能力，进行了一场惊心动魄的抗疫大战，经受了一场艰苦卓绝的历史大考，成为国家治理世界大考的成功案例。如世界卫生组织总干事谭德塞所言：中方行动速度之快、规模之大，世所罕见，这是我国制度的优势，有关经验值得其他国家借鉴。②

四、总结与启示

这次疫情是百年来全球发生的最严重的传染病大流行，是新中国成立以来在我国发生的传播速度最快、感染范围最广、防控难度最大的一次重大突发公共卫生事件。我国在全球抗疫时期成为疫情防控、经济发展、国际合作共同抗疫的成功案例，也成为分析和理解国家治理能力的典型案例。这给我们提供了如下启示。

第一，抗疫决策能力是实现多目标治理的关键。我国迅速建立了高效统一的决策体系，充分发挥党中央总揽全局、协调各方的领导核心作用，与时间赛跑，并根据实际情况灵活调整战略战术。实践证明，决策能力是疫情大考的胜战之道。

第二，社会动员能力是实现多目标治理的基础。我国开展了人力组织战、物资保障战、科技突击战、资源运动战，打赢一场新中国成立以来最大规模的抗疫之战。实践证明，动员能力是充分发挥社会主义制度集中力量办大事的基础和优势。

---

① 马晓伟：《深化抗击疫情国际合作　共筑人类卫生健康共同体》，《求是》2020 年第 8 期。

② 《习近平会见世界卫生组织总干事谭德塞》，《人民日报》2020 年 1 月 29 日。

第三，多方协调能力是实现多目标治理的保障。我国始终坚持人民至上、生命至上的核心理念，统筹协调各项治理目标，依靠人民打赢抗疫之战。实践证明，协调能力是统筹协调各项目标的保障，为实现更好的全局治理提供了条件。

第四，国际合作能力是实现多目标治理的要求。我国及时对国际社会雪中送炭，大力支持世界卫生组织等开展全球抗疫，为打造人类卫生健康共同体作出重大贡献。实践证明，国际合作能力是统筹协调内部和外部矛盾的要求，得道者多助，失道者寡助。

我国在抗疫的实践中充分体现了强大的决策能力、社会动员能力、多方协调能力和国际合作能力，在多目标机制下共同实现了疫情防治、经济社会发展与国际合作目标，体现了国家治理能力优势，实现了经济社会福利最大化。

专刊 10. 没有退路就是胜利之路

——第二次世界大战期间美国化解橡胶危机的措施

王绍光

【摘要】

本文回顾了第二次世界大战期间的一个历史片段：珍珠港事件后，美国面临橡胶供应短板、天然橡胶几乎断供的严峻局面，通过由政府牵头组建国家橡胶储备公司与橡胶署长办公室，开展合成橡胶技术产、学、研协同攻关，采用国有商办的模式建设了 51 座合成橡胶工厂，美国合成橡胶产业在短期内实现了跨越式发展，产量从 1940 年的 4500 吨提高到 1945 年的 94.5 万吨，有力保障了美国和盟军的军事行动。

美国马丁・邓普西上将曾说过："要让打胜仗的思想成为一种信仰，没有退路就是胜利之路。"第二次世界大战初期，橡胶被称作"黑色黄金"，具有不可或缺性，美国在第二次世界大战期间曾经遭遇过的致命橡胶危机，但它们开展科研攻关，由此催生了合成橡胶产业。

一、最大短板

早在 20 世纪初汽车工业刚刚诞生时，人们已预感到，天然橡胶将无法满足未来社会的需求。1909 年，德国有机化学家领导的研究团队获得世界上第一个

合成橡胶的专利。次年，德国橡胶巨头大陆集团开始生产合成橡胶汽车轮胎。第一次世界大战期间，英国的海上封锁迫使德国厂商转向，生产了大约 2500 吨甲基橡胶。十月革命后，屡遭外敌封锁的苏联也付出极大努力发展合成橡胶产业，于 1927 年完成第一项合成橡胶实验，于 1932 年开始批量生产合成橡胶产品，这是苏联第一个五年计划的重大成就之一。

第一次世界大战与第二次世界大战初期的主战场在欧洲，对美国而言，战争的紧迫性没有那么强。整个 20 世纪 30 年代，美国主要使用天然橡胶，是世界上最大的天然橡胶进口国，吞下全球一半的天然橡胶产量。不过，几家相关公司开始研发合成橡胶，出现五种不同的技术路线。但此时它们都希望压倒竞争对手，没有任何合作意愿。特别是与德国化工巨头法本公司分享大量合成橡胶专利的标准石油公司，它不断制造要与本土竞争对手分享技术的假象，以阻止其他公司展开合成橡胶方面的独立研究。后来，杜鲁门牵头的参议院调查委员会得出结论：标准石油公司的所作所为“确实阻碍了美国合成橡胶的发展”。

身处欧洲大陆的苏联与德国则更有紧迫感。早在 1936 年，希特勒就开始催促本国企业大力发展合成橡胶，苏、德两国在 20 世纪 30 年代后期大力发展合成橡胶产业，掌握着该产业的核心技术。到 1940 年，苏联的合成橡胶年产量已达 9.7 万吨，是当时世界上最大的生产国；德国紧随其后，是世界上第二大合成橡胶生产国。苏德战争爆发后，交战双方的战车使用的都是合成橡胶制作的轮胎。

在直接参加第二次世界大战之前，美国生产的几乎每一种战略物资的份额都比其他国家高，唯独合成橡胶是例外，成为最大的短板。1940 年，美国的合成橡胶生产能力只有区区 4500 吨（占国内消费总量的 0.4%），[1] 远远落后于苏联和德国，这两个国家年产量共有 12 万吨左右，是美国的几十倍。事后，美国国会议员赖特·派特曼遗憾地说：“100 多年来，我们一直把获得橡胶看作理所当然的事情。我们使用了大约 35000 种橡胶产品，但我们犯了一个近乎致命的错误，认为橡胶唾手可得。我们几乎完全没有从战略角度看待橡胶，没有意识到它在这方面有多么重要。”[2]

---

① https：//www. ipwatchdog. com/2016/08/21/butyl - rubber - william - sparks - robert - thomas/id = 71857/.

② John Tully, The Devil's Milk：A Social History of Rubber, p. 319.

橡胶是制造飞机、军舰、坦克、汽车、各种机械和器械必需的材料。第二次世界大战中为美国及其盟军屡建奇功的谢尔曼坦克，每辆需要大概半吨的橡胶；每架重型轰炸机大概需要一吨的橡胶；每艘战舰需要两万多个橡胶零部件，重量共7万多吨。此外，美国在第二次世界大战爆发的时候有3000万辆乘用车、公共汽车和卡车，它们都需要轮胎；每个工厂、家庭、办公室、军事设施里的每一寸电线都需要橡胶的包裹。没有足够的橡胶，就根本无法应战，更谈不上取得战争胜利。①

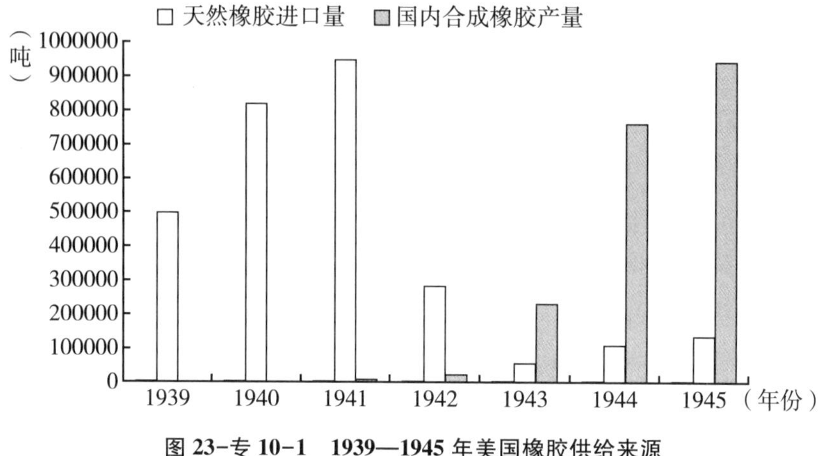

图 23-专 10-1　1939—1945 年美国橡胶供给来源

数据来源：Alan L. Gropman, Mobilizing U. S. Industry in World War II, Institute for National Strategic Studies, National Defense University, Washington, DC, August 1996, p. 117。

1940年，战争已在亚洲进行多年，欧洲方面，德国也从入侵波兰开始，攻城略地，势如破竹。面对全球供应链可能完全断裂的局面，罗斯福总统在这一年6月终于宣布橡胶为关键性与战略性物资，并成立了国有企业橡胶储备公司，大量囤积来自海外的天然橡胶。如图23-专10-1所示，1940年与1941年，美国的天然橡胶进口大幅增加：1940年猛增64%，从不到50万吨跃升至约82万吨；1941年再增16%，致使1941年的进口量几乎比1939年高出一倍，达95万吨，备足了大约一年的民用需求。为预防更糟糕情况的出现，美国政府于1941年5

① Mark R. Finlay, Growing American Rubber: Strategic Plants and the Politics of National Security, New Brunswick, Rutgers University Press, 2009, p. 171.

月签订合约，计划兴建 4 座合成橡胶生产厂，让 4 家轮胎制造商运作，年产量定为 1 万吨；7 月，又将产出目标提高到 4 万吨，是 1939 年的 10 倍，希望足以应付可能到来的橡胶短缺。

二、陡然断供

1941 年 12 月 7 日爆发的珍珠港事件还是让美国措手不及。事件之前，美国进口的天然橡胶 98%来自远东，主要是英属马来亚（今马来西亚）与荷属东印度（今印度尼西亚）；而这两个地方于 1941 年 12 月 8 日、1942 年 1 月先后落入日军之手；1942 年 2 月 15 日，驻新加坡英军向日军投降。珍珠港事件发生的 6 周之后，日本人掌握了世界上 90%以上的天然橡胶供应，美国几乎完全断供。①

珍珠港事件发生后的第二天，美国对日本宣战；几天之后，纳粹德国及其轴心国阵营对美国宣战，迫使美国放弃孤立主义，被动迎战。橡胶突然成为整个美国经济中最脆弱、最致命的部分。美国很清楚，若不能迅速获得大量新的橡胶供给，战争根本没有办法打。为了确认当时的情况到底有多么严重，罗斯福总统 1942 年 8 月成立了由哈佛大学校长、麻省理工学院校长等专家组成的橡胶调查委员会。该委员会 1942 年 9 月发布的报告第一段话就警告说：在所有关键性与战略性物资中，橡胶对我们国家的安全和盟国事业的成功构成最大威胁。如果我们不能迅速地确保大量新的橡胶供应，我们的战争努力和我们的国内经济都会崩溃。因此，橡胶短缺是我们面临的最关键问题。很明显，橡胶对当时的美国而言可以说是生死攸关。

美国应对橡胶危机的第一招是寻找天然橡胶的替代进口源。1942 年年初，亚洲、太平洋地区唯一还没有被日军控制（但受到日军的威胁）的天然橡胶产地是英属锡兰（今斯里兰卡），但它的产能只是马来西亚与印度尼西亚的零头；其余在非洲、南美的天然橡胶产地产能更低，加在一起也只够美国两个星期的消费量。更何况，其他国家（如英国、苏联）也希望从这些地方进口。显而易见，即使美国能从这些地方进口天然橡胶，也是杯水车薪，是一条不太靠得住的出

① Paul Wendt, The Control of Rubber in World War II, Southern Economic Journal, Vol. 13, No. 3, p. 203, 209.

路。事实上，从 1942 年 1 月到 1945 年 9 月这三年半时间里，美国总共从全球搜罗来 31.5 万吨天然橡胶，不足半年的战争需求。①

第二条出路是废旧橡胶回收。1942 年 5 月 12 日，罗斯福总统发表了一次广播讲话，向全国民众发出呼吁：翻箱倒柜把一切废旧橡胶找出来。15 日，他又录制了一段战争宣传纪录片，在全国所有电影院放映电影前播出，其主题也是回收废旧橡胶。罗斯福总统号召所有的美国人在 6 月的后两个星期，将一切用不着的橡胶制品收集起来，以每磅一美分的价格，卖给担任回收任务的全美 40 多万个加油站和汽车修理铺。他还带头将其宠物狗法拉玩耍的橡胶骨头捐了出来，用于再生橡胶生产。然而，尽管采取了当时最先进的动员手段，到 6 月底，这次回收活动总共收到了不足 22 万吨废旧橡胶，让其大失所望。延长 10 天后，回收总量提升至 45.4 万吨，② 这几乎已把美国的犄角旮旯彻底掏空了，但距离罗斯福总统设定的 100 万吨还相距甚远。据称，这是“有史以来最大规模的回收活动”，但它是一锤子买卖，无以为继。

第三条出路是减少橡胶的使用。为了节省汽车轮胎，也为了转产军品，1942 年2 月 10 日，全美最后一条民用汽车生产线关闭。在 1942 年 5 月的广播讲话与纪录片中，罗斯福总统同时发出号召，“减少汽车的使用，通过慢速行驶和少开车来节省轮胎”。要达到这个目的不可能完全依靠民众的自觉。当月，17 个州通过法案，开始发行票证配给汽油；没有票证，有钱也买不到汽油。不过，汽油配给的目的并不完全是为了节约汽油，而是为了防止美国人过多使用汽车，浪费轮胎，浪费橡胶。汽油供应减少，可以迫使民众少开车，从而可以少磨轮胎，少费橡胶！同样为了节约橡胶，1942 年 9 月底，联邦政府通过法令，将高速公路的行驶速度降到每小时 35 公里，因为相关部门研究发现，时速 35 公里的轮胎寿命是时速 65 公里的轮胎寿命的 4 倍。③ 1942 年 12 月，罗斯福总统又下令把汽油配给的做法推广到全国所有 48 州。这三项节约轮胎的措施一直实行到 1945 年 8 月日本宣布无条件投降之后。

---

① House of Representatives, Committee on Armed Services, Full Committee Hearings on Disposal of Government Owned Synthetic Rubber Producing Facilities.

② John W. Frey and H. Chandler Ide, A History of the U.S. Petroleum Administration, 1941-1945, p. 64.

③ Bradley Flamm, Putting the brakes on “non-essential” travel: 1940s wartime mobility, prosperity, and the US Office of Defense, Journal of Transport History, Vol. 27, No. 1, p. 79.

上述三种开源节流的招数肯定有助于缓解橡胶短缺，但它们开的“源”太小，节的“流”不多，仅靠这三招不可能弥补天然橡胶断供造成的巨大空缺，更难以应付与日俱增的战争需求。对当时的美国来说，最重要的只能是第四招，即快速发展合成橡胶工业，它被提升至优先事项。1942 年 5 月，美国陆军和海军军需委员会主席警告：除非在库存耗尽前，“合成橡胶可以大量供应，否则我们似乎别无选择，只能叫停整个战争”。被战争与断供逼得无路可退时，以前想办却无法办到的事反倒出现了转机。在这其中，政府扮演了关键角色。

三、协同应对

美国政府在 1940 年 6 月 28 日已组建了橡胶储备公司。成立之初，该公司最重要的使命是进口、囤积与分配天然橡胶，服务于国防需要。1941 年年底，珍珠港事件发生后，它马上被赋予了全面推进合成橡胶产业发展的任务，包括控制相关原材料的生产，协调相关公司、大学与科研机构展开合成橡胶的研发与生产以及合成橡胶制品的生产。当时除橡胶储备公司外，还有 3 个不同的政府部门负责组建新的合成橡胶生产工厂，免不了相互掣肘，拖慢了建设进度。为此，橡胶调查委员会于 1942 年 9 月建议，对与橡胶计划有关的政府机构进行全面重组和合并，将所有涉及橡胶供给与使用的相关职权（包括技术研发与橡胶的购买、销售、征用、储存和制造等）集中到一个新设立的机构——橡胶署长办公室，直属权力巨大、机构庞大的战时生产局。

橡胶储备公司与橡胶署长办公室这两个政府机构的作用是沟通产、学、研，协调人、财、物，争取用最短的时间从无到有发展出一个足以支撑战争与民用需求的合成橡胶产业来。

为了生产适合军用的合成橡胶，美国政府首先要解决的是专利问题。战前，杜邦公司已经发明氯丁橡胶，标准石油公司已经开发了丁基橡胶，但这两种合成橡胶都不能用于生产轮胎。适合生产轮胎的是丁苯橡胶，由德国法本公司发明，曾于 1937 年在巴黎世界博览会上获奖。幸运的是，通过战前与法本公司广泛的技术合作与共享，标准石油公司获得了生产丁苯橡胶的专利与技术知识。但直到 1941 年，该公司不仅自身没有投资生产丁苯橡胶，还以提起诉讼为威胁，阻止轮胎企业固特里奇和固特异使用这项技术。

珍珠港事件 4 天后，德国对美国宣战；同日，美国对德国宣战。交战双方公司之间的商业协定不再作数。在这个背景下，橡胶储备公司趁势而入，于 12 月 19 日协调标准石油公司与美国四大轮胎生产巨头固特里奇、固特异、凡士通以及美国橡胶公司签署了一份专利和信息共享协议。次年，美国政府发起对标准石油公司与德国法本公司合作关系的司法调查；为了避免政府进一步施压，标准石油公司不得不于 3 月 26 日同意，在整个战争期间与所有参与协议的公司免费共享合成橡胶方面的专利。同时，各公司代表和美国政府达成共识，所有类型的合成橡胶都采用新代号“GR”，意为“政府橡胶”（Government rubber），丁苯橡胶被称作“GR-S”，丁基橡胶被称作“GR-I”等，共五大类；产品以丁苯橡胶为主，其他种类的合成橡胶为辅，并确定将使用共同配方。最终，美国在第二次世界大战期间生产的合成橡胶中 86%为丁苯橡胶。可以说，没有用于轮胎生产的丁苯橡胶，机械化的第二次世界大战根本无从进行。①

直到政府迫使标准石油公司确保解封专利之后，大规模合成橡胶生产才真正成为可能。按照 1941 年与 1942 年的这两次协议，除相互交流生产技术信息外，对于此前已经存在的专利，只需交付一小笔费用就可以使用；而此后发明的新专利，将由所有签署方共享，直至 1948 年。这两项协议具有重大历史意义，这是第一次有这么多美国公司同意分享他们的商业秘密。

达成合作意愿只是技术突破的第一步。虽然当美国参加第二次世界大战时，合成橡胶的生产已有 20 多年历史，但美国自身并没有大规模生产合成橡胶的经验，相关技术还没有过关。与天然橡胶相比，合成橡胶更难制造，黏性更小，因此在制造轮胎时需要更多的黏合剂。为了生产可靠的通用橡胶，必须研发解决这些问题的技术。在谈到业界最初对丁苯橡胶的试产时，一位亲历者回顾道，第一批实验样品很快就显示出，这种“古怪的”新型合成橡胶与业界熟悉的天然产品完全不同，拉伸强度约为天然产品的 1/3，固化速度要慢得多，而发热速度却增加很快。他说：“如果有选择的话，新的合成材料可能会被扔进垃圾桶。但这是战时紧急情况，别无选择，业界必须学会用它制造轮胎和其他产品。”②

由于丁苯橡胶需要的复合条件、促进剂、抗氧化剂以及炭黑的种类和剂量与

---

① William M. Tuttle, Jr. The Birth of an Industry: The Synthetic Rubber “Mess” in World War II, pp. 37, 66.

② Chuck Slaybaugh, A Short History of Synthetic Rubber.

天然橡胶不同，因此，政府携手产、学、研部门发起了一项“美国合成橡胶研究计划”，重点是改进丁苯橡胶现有生产流程，并解决现有和潜在技术难点。该项目的牵头人是贝尔实验室的资深化学家罗伯特·R. 威廉斯，参与者除各相关公司的研究人员外，还包括来自贝尔实验室、美国国家标准局、伊利诺伊大学、明尼苏达大学、芝加哥大学等十余所大学的学者。贝尔实验室的多位化学家解决了丁苯橡胶生产中的诸多关键技术问题，例如威廉·贝克博士开发了一种利用橡胶溶液的折射率确定橡胶中的苯乙烯含量的技术，对提高丁苯橡胶质量作出重大贡献。其他参与计划的学者也不遑多让，以至于固特里奇公司总裁约翰·科利尔将科学家和工程师比作赢得第二次世界大战的“军事突击队和别动队”。[①] 在橡胶署长办公室的强有力领导下，科学家、工程师和研究人员团队联合起来，各种知识与想法汇集在一起，所有数据与成果进入同一个信息库，大家团结一致，心往一处想、劲往一处使，朝着一个目标前进，即这个项目只能成功、不能失败。

通力合作很快显现出巨大的威力，该计划在非常困难的情况下，短时间内攻克诸多技术难关，在合成橡胶的开发和实际使用上取得快速进展，并不断提高产品质量。计划开启短短 16 个月后，丁苯橡胶便开始批量生产。在该研究计划持续期内，100 多种详尽的研究报告通过橡胶署长办公室分发到所有参与方，各公司共享了 200 多项专利的研究成果。[②] 一位于 1941 年投身合成橡胶行业的化学家相信，通过这种大规模集成方式展开技术攻关，美国合成橡胶产业得以“将平常需要走 10 年的路，缩短至一年”。

在推进技术研发的同时，美国政府也大手笔向合成橡胶产业投入巨资。据估算，战争期间美国政府对合成橡胶工厂的建设投资高达 7 亿—7.5 亿美元（相当于今天的 111 亿—120 亿美元），[③] 用于兴建 51 座工厂，占这些工厂建设费用的 97%，[④] 如此大规模的投资可以说完全是一场豪赌。

很明显，这 51 座工厂都是全资国有企业。为什么采用国有制？原因很简单，

---

① Mark R. Finlay, Growing American Rubber: Strategic Plants and the Politics of National Security, p. 141.

② E. A. Roberts, The Rubber Industry: A History of American Achievement, The Analysts Journal, Vol. 8, No. 2, pp. 77-81.

③ 除对 51 座工厂的直接投资之外，美国政府对橡胶项目还有大量其他投资，总金额高达 20 亿美元左右，相当于今天的 320 亿美元左右。

④ Alan L. Gropman, Mobilizing U. S. Industry in World War II, p. 106.

私营企业看不到大规模投资合成橡胶可以很快给自己带来盈利机会，而政府这时要进行战争准备，无须斤斤计较市场价值得失。此前，政府也曾于 1940 年试图推动合成橡胶工厂的建设，但几乎白白浪费了两年时间，只建起 4 家年产量很低的小厂。橡胶调查委员会 1942 年 9 月建议政府“硬闯”合成橡胶领域，随后国会委员会又严厉批评了此前谨小慎微的做法，这才为美国合成橡胶的突破扫平了道路。①

工厂建成后，政府以每年 1 美元的价格将其租给这几个厂商经营，几乎是白送；看起来这仿佛是国有民营，但实际情况并非如此。首先，政府对这些工厂以及合成橡胶上下游企业实行严密监管，形成了一个横向和纵向一体化的合成橡胶生产厂集群。其次，为了避免妨碍各个厂商之间的合作，联邦政府在合成橡胶领域暂时叫停了反垄断法，不再奢谈自由竞争。最后，这些工厂所生产的橡胶并不能随意拿到市场上销售，而是必须记在橡胶储备公司的账上，按战时生产局制订的分配方案，出售给工业用户。同时，它们所需的原材料也是政府机构计划分配的。用战时生产局负责人的话说：“在广大的生产领域，生产什么、谁来生产、出售给谁都是由政府决定。价格和工资由政府控制，政府引导劳动力在工厂之间、行业之间、地区之间流动。”② 综合起来看，相关企业根本谈不上“民营”，而是国有商办。需要指出的是，在那段时间，美国上下对政府这么直接地干预合成橡胶产业的发展几乎没有任何辩论。事后证明，政府出手的效果良好。以其中最大一间工厂的建设为例，在正常情况下，其建设周期需要 10 年；然而，在战时，由于各方面的齐心合力，它不到 10 个月就投产了。③ 美国的工业部门此前从未被要求在如此短的时间内承担如此巨大的任务，但他们知道，如果合成橡胶计划失败，美国的作战能力将被大大削弱。既然没有退路，面临再大的困难，也只能硬着头皮砥砺前行了。

1940 年，美国的合成橡胶生产能力只有 4500 吨；1941 年，提高到 8400 吨；1942 年，战争已经开打，4 家新建的工厂原计划将产能提高到 4 万吨，但最终只完成了 2.25 万吨。转机出现在 1943 年，这一年，“美国合成橡胶研究计划”初

① 从 1942 年 1 月到 1943 年 7 月，美国国会专门为合成橡胶的发展举办了超过 100 次听证会。

② Paul R. Samuelson, The U. S. Government Synthetic Rubber Program 1941-1955.

③ Warren Woomer, “Just Get It Done”: Synthetic Rubber in Institute, West Virginia Department of Arts, Culture and History, http://www.wvculture.org/goldenseal/spring12/rubber.html.

见成效；同年，15 座工厂完工，丁苯橡胶开始量产；当年产量是 1942 年的 10 多倍，达到 23 万多吨，相当于同期全球天然橡胶园的产量。[①] 1944 年是战争最吃紧的年份，对橡胶的需求升至顶峰。这一年，一个全新的合成橡胶产业已在美国形成，产量提升至 76.3 万吨，是 1940 年的 100 多倍。[②] 这年，曾担任过橡胶调查委员会成员的哈佛大学校长、化学家詹姆斯·布莱恩特·科南特在给该委员会牵头人伯纳德·巴鲁克的信中激动地写道，在短短两年内，美国完成了“一项几乎是超人才能完成的任务”，即建立起一个通常需要 20 年才能发展起来的庞大合成橡胶产业。到战争结束的 1945 年，建设美国本土合成橡胶工业的目标已超额完成，当年产量达 94.5 万吨（见图 23-专 10-1），占全国橡胶消费量的 87.6%，产能更高达 110 万吨。[③]

四、除了胜利，别无选择

谈到第二次世界大战时期的科技进步，人们往往首先想到的是著名的“曼哈顿计划”。原子弹的威力容易吸引眼球，但合成橡胶对美国赢得第二次世界大战也许贡献更大。实际上，当时的不少知情人都认为，合成橡胶计划堪比“曼哈顿计划”。1947 年，深度参与合成橡胶计划的劳伦斯·伍德在一本小册子中指出，“美国的战时合成橡胶计划与美国在原子弹上的项目非常接近”。在他看来，这两项计划至少有 3 个共同点：（1）总费用分别都有 20 亿美元左右；（2）都是按照提前制订的计划执行，并取得了惊人的成功；（3）都是在政府的指导和控制下，大批来自不同部门的人员展开了前所未有的团队合作。[④] 直到 1955 年，被人称作“两洋海军之父”的美国资深众议员卡尔·文森还在一次国会关于政府合成橡胶项目的听证会上说：我认为有充分的理由说，第二次世界大战期间建

---

① Chemical Heritage Foundation, Government Rubber; John Tully, The Devil's Milk: A Social History of Rubber, p. 326.

② 1941 年 5 月，美国政府规划的合成橡胶产量的最初目标是 1 万吨，7 月提高到 4 万吨。珍珠港事件后，该目标于 1942 年 1 月提高 10 倍，达 40 万吨；3 月 3 日又将目标提高至 60 万吨；4 月 21 日再将目标提高至 80 万吨；9 月橡胶调查委员会把目标设定为 100 万吨。

③ The Special Commission for Rubber Research, Recommended Future Role of the Federal Government with respect to Research in Synthetic Rubber, p. 1.

④ Lawrence A. Wood, Rubber Research and Technology at the National Bureau of Standards, pp. 3-4.

造起这些工厂是最伟大的战争成就，仅次于核武器的发展。

从质上讲，直到珍珠港事件前，美国还不能生产可以用于制造轮胎的合成橡胶；1942 年丁苯橡胶的产量只有区区 3721 吨，占当年合成橡胶产量的 16.5%，质量也不太好。随着“美国合成橡胶研究计划”快速取得进展，1943 年丁苯橡胶的占比已接近八成，且质量持续改善。到战争结束时，丁苯橡胶的占比稳定在八成以上，其质量已可媲美天然橡胶。

从量上讲，珍珠港事件前，美国的合成橡胶产量远低于苏联与德国；到战争结束时，美国已是世界上当之无愧的最大合成橡胶生产国，产量比德国的最高产量（1943 年）还要高出 7 倍。战后，美国占据全球合成橡胶生产领先地位多年（图 23-专 10-2）。[①]

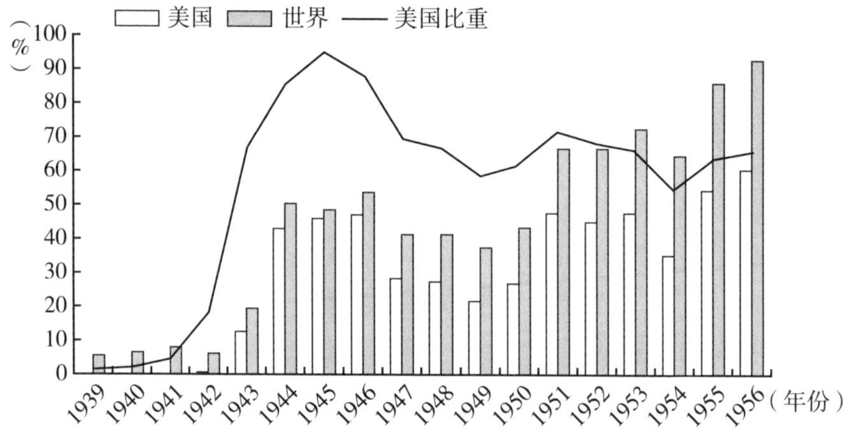

图 23-专 10-2 1939—1956 年美国与全球合成橡胶产量及美国的占比

数据来源：Ray R. Gehani, National Innovation System and Disruptive Innovations in Synthetic Rubber and Tire Technology, Journal of Technology Management and Innovation, Vol. 2, No. 4, p. 62.

量的另一个指标也许更重要，1940 年年底，罗斯福总统曾发表广播讲话，呼吁将美国建成“民主的军火库”。恐怕直到一年后他才深切地感受到，没有足够的合成橡胶，尤其是丁苯橡胶，这个“军火库”根本无法建起来。直到美国

① 1942 年，美国橡胶消费量中 96%为天然橡胶，4%为合成橡胶；1945 年，比重颠倒过来，15%为天然橡胶，85%为合成橡胶。周文荣：《自主创新、快速崛起的世界第一合成橡胶大国》，《中国石化》2018 年 12 期。

上下一心、协同攻关，突破丁苯橡胶关键技术瓶颈以后，它那个“军火库”才有了稳固的基础。在第二次世界大战期间，美国工业为前线总共生产了 303717 架军用飞机、88430 辆坦克、94179 艘战舰、260 万辆军用卡车、60 万辆军用吉普。研究表明，第二次世界大战的胜利在很大程度上是由于盟军军备生产的优势。

假如没有足够、适当的橡胶供给，哪里会有这些军火、军备？没有这些军火、军备，美国哪能具有压倒性的军事优势？没有压倒性的军事优势，美国岂有战争胜算？正是面临生死存亡抉择时，众志成城、迎难而上，才使美国得以从零开始，在 3 年之内发展出全新的合成橡胶产业，支撑起庞大的军火库，全面碾压纳粹德国。马丁・邓普西上将所说的“没有退路就是胜利之路”，这是一个绝佳的佐证。

专刊 11. 注意力时代、注意力贫困与信息流赋能减贫

鄢一龙

【摘要】

在注意力时代，内容电商创造了“无限商场”的销售模式，改变了商业逻辑，同样也改变了减贫的逻辑。本文通过对互联网电商的研究，深刻意识到注意力资源已经成为宝贵资源，而注意力贫困问题已成为注意力时代需要解决的突出问题。通过信息流赋能，能够消除注意力贫困，推动贫困人口脱贫。在注意力时代，需要把握注意力经济的机遇，为乡村振兴注入新的动能：在国家层面需要做出系统的设计，构建全链条的乡村注意力经济生态；加大乡村振兴的注意力经济基础设施建设；推进乡村注意力振兴工程。

新冠肺炎疫情以来，直播带货成为一个火爆的社会现象。直播带货正在创造一个又一个的销售奇迹。这些变化本身不是疫情带来的，而是由于我们已经进入了一个注意力时代，近几年来注意力经济已经蓬勃发展，而疫情推动了它的大爆发。

2019 年我们对互联网企业进行了研究，深刻认识到时代大潮背后时代逻辑的巨变。我们已经步入了一个注意力时代，这不但改变了商业逻辑，也改变了贫困问题的逻辑。注意力资源成为宝贵资源，信息提供生产力，关注创造价值，通过信息流赋能能够消除注意力贫困。

一、注意力时代与内容电商的崛起

（一）注意力资源成为宝贵的稀缺资源

我们处于一个信息大爆炸的时代，根据联合国的报告，全球互联网协议流量 2017 年 1 秒的流量（为 45000 千兆字节）是 1992 年 1 天流量（100 千兆字节）的 450 倍。① 而全球数据每年仍然以 40%的速率在增长。与此相对应的是时间与注意力的稀缺，注意力资源成为最宝贵资源，这种稀缺性是信息的无限供给与注意力资源的有限性之间的矛盾而带来的。

线下注意力资源是分散的，很难形成规模效应，而人们平均上网时间已经达到了每天 5.7 小时，线上的注意力资源规模巨大，可达范围广，而且能在很短的时间内积聚。互联网已经成为注意力资源配置的一个主要渠道，互联网信息平台已经成为最大的注意力资源配置中心。互联网时代通过分发信息流就能够有效配置注意力资源，谁控制了信息流，也就控制了注意力资源配置。

微信作为一个较大的社交平台，通过图文阅读和社交媒介吸引了大量的注意力资源。随着进入视频时代，短视频软件成为注意力资源配置的主要平台。

（二）内容电商的崛起

注意力时代的一个重要现象就是改变了商业消费逻辑，注意力争夺成为商业竞争的先导与主战场。互联网时代的消费逻辑正从产品为王、品牌为王转向注意力为王。我国经济从 20 世纪 90 年代就进入了买方市场，到今天更是进入了一个供给充裕的时代。在产品稀缺时代，人无我有，产品为王，有供给就有市场；在供给相对充裕的时代，需要货比三家，品牌为王，质量、品牌与延伸的服务就成为消费者首要考虑；在供给高度充裕的时代，注意力为王，有大量同等品质产品可供选择，很难通过品牌来区分产品质量，品牌的忠诚度、重要性也在下降，而追新品，消费有故事、有趣味、有文化的产品正在成为潮流，因为特定的消费场景、社交与关注引致的消费成为新的爆发点。

---

① 《2019 年数字经济报告：价值创造和捕获　对发展中国家的影响》，参见联合国网站。

内容电商能够取得如此爆炸性业绩的重要原因我们可以将其概括为无限商场理论。传统电商将商场搬到了网络上，在互联网上建立了超级商场，顾客先有购物需求，再到网站上进行搜索与挑选。如同线下商场升级为商业综合体从而创造了新商业模式一样，内容电商类似在互联网上建立一个超级的“商业—娱乐综合体”。

内容电商的无限商场是由于其能够集聚海量的注意力资源。先配置注意力资源，再配置商品资源。网红经济本质上就是注意力经济，内容电商是注意力时代的产物。消费与社交在虚拟世界中融合在一起。内容电商的视频、音频，比传统的图文信息而言，门槛更低，情感内容更丰富，这强化了互联网信息的娱乐与社交功能，也使得信息提供方与信息接收者之间形成更强的情感黏性，建立更强的连接。粉丝会带来主播的“私域流量”，当然同时也可以通过公域导流的方式吸引关注，这就使得主播的重要性凸显，主播粉丝的价值很高，例如，一名普通的电商主播，粉丝数量 10 万个，每年毛收入可能在 60 万元以上。

如果说传统电商使得有限货架变为无限货架，从而带来了销售的长尾效应,[①] 内容电商则使得的有限商场变为无限商场，从而带来了销售的爆炸效应。只要能够吸引大家的关注，直播间的容量是无限的，单个直播间吸引的人数有可能高达几千万人，相当于世界上一个大国的全部人口都在短时间内集中在同一个虚拟商场内，这就带来了销售的爆炸效应，只要有一定比例的购买，就会在很短时间内创造巨大的销售额。电商主播则成为这个无限商场的“超级售货员”，与传统售货员一样都要推销商品，不同的是不是面对单个客户推销，而是要同时面对上亿客户推销，3000 多万的粉丝就类似于回头客，所以能在短短一个月内创造超越中西部一些省份整年的销售业绩。

线下商场逢年过节的促销活动能够带来销售的堆积效应，而此种方法运用到电商后，由于其面向全国的市场规模，促销效应就会放大，如果再和内容电商结合，则会进一步显示其威力。

线下商场提供信用使得商品销售成为可能，传统电商通过用户点评、支付中介等方式使得人们能够同遥远地方的人做生意，内容电商则通过线上商场的方式拉近了相距遥远的销售者和消费者的距离，使得消费者某种意义上“熟悉”销售者，从而提供新的信用途径。

---

① ［美］克里斯·安德森：《长尾理论》，乔江涛译，中信出版社 2012 年版。

更为重要的是，内容电商改变了市场结构，线下商场是区域商场，服务的对象是商场周边人口，传统电商已经使得全国联结成统一市场，而内容电商进一步改变了市场结构，由于用户黏性更大，内容电商的十多亿的月活用户，就是一个已经被联结的潜在市场。传统商业运行成本很高，就是有大量的中间环节，大量中间商在赚差价；传统电商的出现已经使得中间环节大大缩减，但还是有一个电商营销环节；内容电商的进入门槛更低，使得生产者自身可能就是销售者。内容电商的出现使得中间环节进一步缩减，有的就是生产厂商直接面向消费者群体，消费者相当于直接从厂家提货，这既有信誉保障，也能够压低价格，直播间成为大型直销现场。

二、注意力贫困

从不同的维度看，贫困都可以看成生活或者发展资源的匮乏，或者获取资源的能力不足，脆弱性大。在注意力时代，注意力作为宝贵的稀缺资源，注意力的匮乏同样成为贫困的一个重要维度。社会的注意力资源分配是很不平衡的，一般而言，越是社会精英所吸引的注意力资源越多，这包括对他个人的关注或者是他所拥有的物品的关注。一方面是由于整个社会天然地对于成功的人士更加重视；另一方面，传统媒体的有限版面，以及特定传播议程需求，会带来少数精英群体的聚光灯效应，使得这个社会的大多数人是不被媒体所关注的，在社会信息生产过程中是“看不见”的大多数。

注意力贫困就是指所拥有的注意力资源匮乏与获取注意力资源的能力不足。注意力贫困最直接表现为一种社会排斥，因为不被关注，使得个体劳动与产品的价值得不到充分认可，也使得生活的意义得不到充分体现。由于注意力资源的匮乏，使得其在注意力时代缺乏宝贵的资源来获得财富。同时也表现为获取注意力资源的能力不足，农村人口的注意力贫困也存在未能掌握“新农具”吸引注意力资源，许多人不清楚如何利用网络来推销产品，不清楚网商的策划、销售、宣传流的方式，使得自身产品打不开销路。

三、信息流赋能减贫

在注意力时代，随着新的信息平台出现，改变了社会注意力资源的配置方式，创造了一种新型的减贫模式，就是通过信息流配置解决贫困人口的注意力贫困问题，使得贫困人口被关注，并将获得的注意力资源转化为价值，从而实现脱贫致富。

（一）泛在赋能

新信息平台出现使得信息传播方式由中心化的方式变成去中心化的方式，这也一定程度上推动了注意力资源分布扁平化，改变了传统精英群体对于社会注意力资源的垄断。

一方面，人人都用得上传播工具。短视频软件是一种普惠性技术，改变了整个社会的注意力配置方式。传统的信息传播是垄断在媒体手里，而互联网的出现就使得人人都能发帖，移动互联网时代短视频平台的出现，使得上网自我推销的门槛进一步降低，不需要制作图文信息，只需要能直播、能拍视频就可以，从人人有键盘、到人人有麦克风，再到人人都有直播间、短视频平台。

另一方面，“小众”信息、“长尾”信息受到关注。由于受众可达范围很大，而通过精准推送等技术，会实现信息生产方与信息消费方的精准链接，这使得原先很难找到关注的“小众”信息、“长尾”信息也会受到一定程度的关注。所有公众号、视频都会有一些点击量与阅读量，使得人人都能“被看得见”“被听得到”。

需要注意的是，新信息平台的出现并不会自然导致注意力分配更加平等，实际上新的不平等正在形成，头部主播、爆款视频、爆款文等正以一种赢家通吃的方式来收割社会的注意力，而大量品质很高的内容得不到应有的社会关注。

（二）新市场空间与“新社群”

新的信息平台将数亿人联接在一起，改变了传统的市场结构、交往方式，创造了新的市场空间与“新社群”，从而使得在传统的市场结构中处于边缘化的贫困人口，获得了新的发展机遇。如短视频平台是一个具有数亿用户的潜在市场，只要能够吸引到平台上的用户的关注，就有可能将他们转化为客户。

贫困人口多生活在偏远地区，经济距离成为阻碍他们脱贫致富的一个重要障碍，而通过信息平台的接入，多远的距离都成了零距离，这改变了他们原先在市场中边缘化的地位。贫困人口的边缘化地位，不但表现为地理上的边缘化，还表

现为在传统市场结构中的边缘化地位，贫困人口处于生产链条的末端，生产的产品或者只能在范围很小的区域市场销售，或者被中间商压价。新的信息平台创造了新的市场空间，产生了“商品—直播—终端消费者”的一种新的市场结构，这使得贫困人口能够直接面对广阔的市场，事实上将贫困人口从市场边缘地带带到了市场的中心地带。例如，东部某渔业之乡，原先的销售需要通过海产品市场，渔民的获利空间很小，而通过平台上直播打捞海鲜、吃海鲜，渔民就由一个捕鱼郎变成了直播电商，进而带动整个乡镇销售转型到直播平台。

伴随新市场空间形成的是“新社群”的形成，传统人与人关系的产生，是在现实生活中通过工作或者生活原因逐步建立连接的，这种搜寻方式成本很高，搜索的范围有限。精准推送技术的产生，实际上使得个体可以在整个平台数亿用户中进行搜索和匹配，这带来新的关系链接，也造就了新的社群。贫困人口贫困的一个原因是社会排斥，他们的社会关系难以为他们解决贫困问题提供帮助，“新社群”为贫困人口提供了开阔眼界、学习新的知识支持，同时，“新社群”中的大量粉丝也成为贫困人口生产的产品的潜在客户群体。

（三）内容生产与“设定”打造

内容电商的兴起意味着生产者的全媒体化过程，既是产品的生产者，同时也是信息的生产者，通过信息内容的生产吸引了消费者的注意力，从而推动了产品的销售。不论是吸引新的粉丝，还是要保持不掉粉，都需要有持续的内容生产能力，而信息平台之所以能够收获大量关注，是和其有大量的优质内容生产者分不开的。

在海量信息时代、信息过载时代，需要让传播的信息自带高光、自带流量，这样才能被人关注，引发大规模的传播。同样的风景、同样的产品，经过主题策划、信息包装后，就会变成有爆炸力、有传播力的信息，这是一种网络人设、景设、物设的打造过程。注意力时代，人们真正消费的不仅仅是产品与服务本身，更多的是产品与服务背后的那种“设定”，人有人设、景有景设、货有货设、村有村设，这种“设定”是产品与服务背后传递的感觉、故事、调性、文化等。

从行业实践看，物设打造是一个品牌信息塑造与包装的过程，这使得一些独特的文化焕发出新的价值。景物也需要打造景设。村庄也可以通过打造“村设”的方式形成新的地理标识，来吸引大量的关注。这些“设定”确定之后需要通过视频、图片、文字的方式同用户开展更多层次的交流，强化用户认知，刺激购买。

（四）信息流的配置

信息流流向决定了注意力资源配置的渠道，信息平台能够通过信息分发的方式为贫困人口赋能，这是一个信息营销、信息传播、信息价值转化的全链条赋能过程。例如，互联网企业在扶贫的过程中利用其通用信息平台优势，通过信息分发为贫困地区与贫困人口导入巨大的流量，引发更多的关注，通过开屏推荐、全网推送的方式能够触达数亿的用户，只要有一定比例的用户阅读了推送信息，就会产生巨大的浏览量。

同时，通过人工智能信息技术能够实现信息的精准推送与精准匹配，让信息找人、人找信息，让信息的生产者与消费者相互寻找，实现信息供给方与需求方的精准链接，大大提高了信息传播的效率，使贫困地区、贫困人口的产品为更多的潜在客户群体了解。

四、注意力时代与乡村振兴

2020年我国历史性地解决了绝对贫困问题后，要接续推动脱贫地区发展和乡村全面振兴，信息流赋能能够使乡村振兴具有内生的动力，也将成为乡村振兴的重要途径。

在注意力时代，信息成为先进生产力，注意力成为最宝贵的资源，需要把握注意力经济的机遇，通过信息流赋能为乡村振兴注入新的动能。

在国家层面需要做出系统的设计，鼓励地方政府、村民、互联网平台、企业、内容生产者、网络营销者形成合力，构建全链条的乡村注意力经济生态，打造乡村注意力高地，推动乡村振兴。构建政府为主导、农民为主体、平台企业支撑、社会广泛参与的乡村注意力经济振兴机制。

加大乡村振兴的注意力经济基础设施建设，加大信息基础设施、周边产业配套设施投入力度，帮助贫困地区建设流通服务网点，提高仓储、包装、加工、运输等环节综合物流服务能力，降低其产品成本，提高市场竞争力。

推进乡村注意力振兴工程。对于乡村产业品牌进行系统挖掘与设计，打造由

村干部、乡贤等组成的乡村品牌设计运营团队，头部内容创作者、网络达人等组成的规模化营销团队，外来资本、村集体、村民等组成的生产团队，构建全链条的乡村注意力经济生态，运用新媒体加大农产品的宣传推广，打造更多名副其实的网红产品，推动乡村整体振兴。培养一大批掌握信息传播工具的“新农人”。通过让手机变成“新农具”，使传统农民成为“新农人”，成为掌握信息工具的网络达人、带动乡村振兴的网红和宣传农村、农民、农产品的大 V。

在看到注意力时代带来巨大机遇的同时，也要看到它所带来的巨大挑战。信息产品的成瘾性、信息茧房、隐性操纵、信息碎片化、一味抓眼球等问题的出现，都表明注意力时代既是信息无限丰盛的时代，也是主体性无限匮乏的时代。老子说，“五色令人目盲，五音令人耳聋，五味令人口爽，驰骋畋猎令人心发狂”，许多人深陷感官刺激带来的注意力黏着而不可自拔，人日益成为孤单的、疏离的、抽象的个体，虚拟的世界越来越真实，真实的世界却越来越虚拟，成为这个时代最深刻的内卷化问题之一。

专刊 12. 推进残疾人事业治理现代化*

鄢一龙　赵振川　刘生龙　刘皓琰**

【摘要】

通过研究 2015—2019 年全国 3400 多万残疾人基本需求的动态更新数据和对多地典型案例的调研，本文分析了我国残疾人事业治理现代化取得的进展。结果显示，近年来我国残疾人事业治理绩效显著提高，残疾人事业治理体系进一步完善；动态更新工作推动了残疾人事业治理能力的精准化、精细化。同时，我国残疾人事业治理现代化依然面临严峻的挑战，具体体现为：残疾人事业供给不充分、不平衡的矛盾依然突出，残疾人面临突出的"脱贫不脱困"问题，残疾人治理体系散弱问题依然是突出短板。

为进一步推进残疾人事业治理现代化，本文提出以下建议：构建以增进残疾人福祉为出发点和落脚点的现代治理体系，构建弱有所扶的残疾人治理体系，继续推进残疾人联合会（以下简称残联）的群团改革，推进残疾人精准脱贫工程，推动大数据驱动的残疾人事业治理现代体系建设，通过具体举措，实现残疾人事业治理现代化。

* 本文系中国残疾人联合会委托项目《全国残疾人动态更新数据政策转化项目》的提要报告，项目负责人：鄢一龙，特邀顾问：胡鞍钢，副组长：刘生龙、王洪川、刘皓琰，项目研究人员：赵振川、陈怀锦、迪力夏提、余珺珺、邹昀瑾、杨竺松、杨骅骝、龙亮军。报告执笔人：鄢一龙、赵振川、刘生龙、刘皓琰。

** 赵振川，中国残疾人联合会组联部干部；刘皓琰，清华大学公共管理学院助理研究员。

残疾人事业是中国特色社会主义事业的重要组成部分。完善残疾人事业治理体系、提升残疾人事业治理能力、推进残疾人事业治理现代化，是推进国家治理体系和治理能力现代化的必然要求，也是推进残疾人事业发展和残疾人小康进程的必要条件。

本文基于 2015—2019 年全国 3400 多万残疾人基本需求的动态更新数据，并对多地的典型案例进行了调研，对近年来残疾人事业治理现代化取得的进展、面临的挑战进行了分析，提出了推进残疾人事业治理现代化的政策建议。

一、近年来残疾人事业治理现代化取得显著成就

对于近年来残疾人治理现代化进展可以从治理绩效、治理体系、治理能力三个角度进行评估。

（一）残疾人事业治理绩效显著提高

残疾人绝对贫困问题得到全面解决。2020 年，我国全面建成小康社会，残疾人的绝对贫困问题也得到全面解决。

残疾人康养状况显著改善。残疾人患病率持续下降，残疾人家庭医生签约人数上升，残疾人康复服务和需求持续下降，残疾人文化体育参与率 2015 年仅为 6.8%，2019 年上升至 14.6%。社区无障碍和为残服务明显改善，综合服务中心覆盖率不断增加，残疾人口无障碍需求的比重从 54.3%下降到 12.5%。

残疾人基本生活保障水平提高，总体实现了住有所居。家庭经济状况持续好转，残疾人住房状况显著改善，城镇残疾人口 2015—2019 年自有住房的比例从 82.4%上升到 87.9%，农村残疾人口中自有住房且住房状况良好的比重达到了 96.1%。

残疾就业状况改善。2015—2019 年我国残疾人口的就业率从 42.7%上升至 45.76%。

残疾人受教育程度明显提高。残疾人口文盲率从 2015 年的 28.9%下降至 19.6%。

残疾人社会保障状况持续改善。2019 年医疗保险的覆盖率已超过 96%。养老保险覆盖率为 67.7%，家庭医疗普及率从 2015 年的 20.1%提高到 2019 年的 57.95%。

（二）残疾人事业治理体系进一步完善

以加强党建统筹引领残疾人事业治理。以党的建设的新成效保障残疾人事业新发展，认真履行全面从严治党主体责任，以政治建设为统领，统筹推进各级残联党的建设任务。强化落实“一岗双责”，深入推动党建工作与业务工作有机结合。开展巡视整改“回头看”，将从严治党全覆盖、无例外。

完善了以残疾人为中心的服务体系。落实以人民为中心的思想，通过动态更新工作摸清了残疾人的需求，使得残疾人政策、残疾人服务更加贴近残疾人的需求，密切了残联工作人员与残疾人的联系。

残疾人事业治理协调更加有力。残疾人工作重要性在全局中进一步提升，不同部门的协调配合更加有力。在脱贫攻坚过程中，残联成为同民政、卫健、住建、教育等部门相提并论的“主要相关部门”之一。形成政策制定与实施更为通畅的公共政策闭环，残联主要在问题确认、议程设定前端和政策评估后端发挥作用，民政部门主要在政策制定和政策执行的中端发挥作用，从而形成了政策闭环。以动态更新为主要特点的残疾人工作任务挤进了社区居委会、村委会的工作职责之中，成为了它们每年必干的工作之一。

残疾人组织建设进一步完善。2019年，全国省市县乡（除兵团外）共成立残联4.2万个，实现了省市全覆盖，县级、乡镇、社区（村）覆盖率达到了97.6%、97.3%、94.4%。省市县乡残联工作人员达11.1万人，乡镇（街道）、村（社区）选聘残疾人专职委员总计58.1万人。全部省级残联、70.5%的地市级残联配备了残疾人领导干部，48.5%的县级残联配备了残疾人干部。全国共建立省级及以下各类残疾人专门协会1.5万个，全国助残社会组织2693个。①

完善残联基层组织体系。残联建成了“横向到边、纵向到底”的基层组织，每个乡镇（街道）都有残联、每个村（社区）都有残协，乡村两级残疾人组织都配有残疾人专职委员。动态更新工作形成了基层组织的常态化工作抓手，是以任务促建设的重要契机，通过具体工作提高基层残疾人组织工作人员的能力。

（三）动态更新工作推动了残疾人事业治理能力的精准化、精细化

近年来，各级残联着力开展动态更新工作，实现了残疾人管理和服务的信息

① 数据来源于中国残疾人联合会发布的《2019年残疾人事业发展统计公报》。

化，推进了治理的精准需求、精准施策、精准服务、精准监督、精准管理，推动了残疾人事业治理从群体治理到分类治理再到精准治理的转变。

实现了残疾人需求的认知精准。形成和维护每位残疾人包括基本人身信息、衣食住行等基本生活状况，公共服务享受和社会福利获得情况，教育就业等发展条件在内的几十项基础信息实时动态更新的数据系统，从而准确了解所有持证残疾人的确切状况，为增进残疾人福祉公共政策的出台和公共服务的改善提供大数据支持，逐步完善了全样本持证残疾人主要信息的大数据库。动态更新工作勾勒出几千万持证残疾人的模拟形象，从中既可以反映出残疾人群体的普遍特点、残疾人工作的真实总貌，又能还原每个个体生命的基本状态和主要历程，实现了宏观、中观、微观层面的统一。

实现了残疾人状况的政策精准。2015 年，中国残联向国务院报告了所有持证残疾人的基本状况和服务需求后，国务院出台意见建立了困难残疾人生活补贴和重度残疾人护理补贴两项制度，由民政部门履行主管部门职责，残联组织及时掌握残疾人需求、做好相关审核工作。①

实现了残疾人工作的服务精准。数据精准对工作的促进作用是重要的，大大加强了残联在同其他政府部门沟通时的顺畅性。同时，以往的服务工作经常是共性的多、个性的少，很难做到真正的供给与需求匹配，而通过动态更新工作，可以先摸清需求，再根据残疾人的实际情况提供精准化的个性服务。

二、残疾人事业治理现代化面临的挑战

我国社会的主要矛盾已经转化为人民日益增长的美好生活需要和不平衡不充分的发展之间的矛盾，这种不平衡不充分在残疾人群体中表现得尤为突出。一方面，残疾人群体处于不平衡中的弱势和不充分中的匮乏端，是不平衡不充分的集中体现和受不平衡不充分影响的主要群；另一方面，残疾人群体内部同样体现出不平衡不充分的特点，而且不平衡不充分的程度高于社会平均水平。

---

① 参见国务院 2015 年 9 月 22 日印发的《关于全面建立困难残疾人生活补贴和重度残疾人护理补贴制度的意见》。

（一）残疾人事业供给不充分矛盾依然突出

残疾人服务供给仍未能充分满足残疾人需求，残疾人发展起点特别低、难度特别大、能力特别弱的现状并没有得到根本改变，残疾人服务供给的稀缺性并没有得到根本缓解，残疾人同社会平均水平的差距并没有得到根本缩小，残疾人相对贫困的局面并没有得到根本改观。

康养保障仍然不充分。我国残疾人口托养服务的比重 2019 年仅为 9.3%。仅有 3.96%的残疾人口家庭进行了无障碍改造，而我国残疾人口家庭中有无障碍改造需求的占 12.5%。

生活基本保障不充分。残疾人收入水平仍然较低，有 100 万左右的残疾人居无定所或者借他人的房屋居住。未婚的残疾人口比率仍为 17.4%。

就业不充分。2019 年，仍有 1000 万以上残疾人口未实现就业。

教育水平不充分。残疾人口文盲率超过 22%，超过 100 万残疾人口未接受过义务教育，接受过高等教育的比例只有 2.65%。

社会保障与救助不充分。依然有 4.7 万残疾人口因家庭经济困难而未就诊，残疾人口的社会保险覆盖率很低，2019 年也仅为 16.1%。

（二）残疾人事业不平衡矛盾依然突出

残疾人群体与其他群体不平衡。残疾人群体处于不平衡中的弱势，是不平衡影响的主要群体；城镇残疾人家庭的收入和支出常年只有社会平均水平的一半多一点，农村的也只有八成左右。

不同年龄群体不平衡。残疾人老龄化问题突出，60 岁及以上老年人所占比例快速上升。

重度残疾人与轻度残疾人不平衡。重度残疾人占到登记残疾人总数的 61%，轻度疾人占比不到 40%。重度残疾人更加困难，同时，重度残疾人得到更多社会福利，对低收入残疾人家庭和轻度智力精神残疾人的福利政策较少。

城乡不平衡。农村地区残疾人问题更突出，农业户口的残疾人占比超过 70%，非农业户口残疾人占比低于 30%，远低于我国人口城镇化水平。

地区不平衡。残疾人口比例同经济发达程度高度负相关。资源越汇集的地方、残疾人越少，资源越贫瘠的地方、残疾人越多，且各地残疾人社会保障水平也存在较大差异。

残疾人仍面临巨大的数字鸿沟。由于移动智能终端的覆盖率低，融入线上世界的时机晚、门槛高、欠账多，信息无障碍尚未完全实现等原因，最需要信息化辅助的残疾人群体信息化程度与社会平均水平还有很大差距。

（三）残疾人“脱贫不脱困”问题突出

残疾人是扶持难度最大、返贫率最高的特困群体。[①] 因为残疾人缺乏可持续发展的基本条件，接受教育和参与社会的程度普遍较低，继续发展的内生动力缺乏，每当环境一变化、政策一调整、助力一消失，残疾人就又陷入发展的难题。残疾人群体面临着残疾带来的特殊性困难，“脱贫不脱困”问题十分突出。

一些贫困残疾人即使从经济上脱了贫但生活质量仍然不高。即使家庭收入超过了脱贫标准，在家庭内部的财富分配中，残疾人依然处于弱势的地位。保底性政策虽然为残疾人提供了收入保障，但是收入保障未能转化为供养服务保障。残疾人有医疗康复、辅助器具等健全人没有的刚性负担，使得其生活成本要远高于普通人，收入水平相当的残疾人实际生活水平比健全人生活水平差。

已脱贫的残疾人口中返贫风险的占比也很大。他们收入来源有限，发展能力弱，极可能返贫。我国未就业残疾人口的生活来源主要依靠家庭成员供养，2018 年为 42.64%；其次为社会救助，2019 年为 25.7%。

残疾儿童的贫困问题值得关注。非农业户口残疾儿童中低于低保标准的占比达到 1/5 以上，农业户口中的贫困残疾儿童占比达到 30%以上。

（四）残疾人治理体系散弱问题仍然是突出短板

目前我国残疾人事业仍存在较大短板，保障模式相对单一、公共服务供给机制仍以自上而下为主、残疾人精准需求数据缺失、残疾人公共服务专业性不足、残疾人权益保障和执行力度不强等，降低了残疾人公共服务供给的有效性和精准性，尚不能满足残疾人的多样性需求。随着全面依法治国和全面深化改革的持续推进，行政权力的范围日益明确、边界更加清晰、空白继续缩小。

首先，残疾人事业的管理体制存在碎片化。残疾人事业政策体系涉及人力资

① 参见国务院办公厅颁布的《农村残疾人扶贫开发纲要（2011—2020 年）》。

源社会保障部、民政部、财政部、教育部、住房城乡建设部、国家卫生健康委等多个部门，各个部门间缺乏沟通和协商机制，针对残疾人的各类资源无法发挥协同效应。

其次，社会组织参与的体制机制还不健全。残疾人治理不仅需要政府参与，也需要社会力量的参与。我国目前还没有形成有效的引导和鼓励社会组织支持、参与残疾人事业的体制机制，仍旧存在社会组织找不到服务群体的问题。

最后，残疾人在残疾人事业治理中的参与度不高。残疾人不仅是残疾人事业治理的受众，更应当是残疾人事业治理的主人。充分调动残疾人主动表达自我需求的积极性，尊重残疾人对相关立法和残疾人事务的知情权、参与权、表达权、监督权，是残疾人事业治理的重要组成部分。然而，受到社会认知、残疾人自我认知以及技术水平等方面的影响，我国残疾人在残疾人事业治理中的参与度仍然较低。

三、推进残疾人事业治理现代化的若干建议

（一）构建以增进残疾人福祉为出发点和落脚点的现代治理体系

坚持以人民为中心的发展思想，加快保障和改善残疾人民生，不断提高残疾人社会保障和公共服务水平，团结带领残疾人创造美好生活，不断满足残疾人美好生活需要。残疾人事业发展要体现以人民为中心的发展理念，具体体现在残疾人工作上就是以增进残疾人福祉为出发点和落脚点，并构建形成以增进残疾人福祉为出发点和落脚点的残疾人帮扶制度体系。

（二）构建弱有所扶的残疾人治理体系

党的十八大明确要求："健全残疾人社会保障和服务体系，切实保障残疾人权益。"党的十九大提出，要在发展中补齐民生短板、促进社会公平正义，在弱有所扶上不断取得新进展；发展残疾人事业，加强残疾康复服务。党的十九届四中全会提出"健全残疾人帮扶制度"的要求和目标。

1. 谁来扶：构建残疾人事业治理的大体系、大格局

推动形成党委政府主导、政府部门主管、残疾人组织推动、城乡社区夯实基础、专业机构服务、社会广泛参与、市场化机制运用的残疾人事业治理大体系、

大格局。

加强党建引领，进一步加强政治建设，提高政治站位，增强“四个意识”、坚定“四个自信”、做到“两个维护”，团结带领广大残疾人听党话、跟党走。政府负有发展残疾人事业、增进残疾人福祉的主体责任。① 残疾人组织由各级残联，基层残疾人协会、各类别残疾人专门协会、残疾人科教文卫体等事业协会和残疾人社会组织组成。其中，残联是残疾人组织的核心，是全国各类残疾人的统一组织，是党和政府联系残疾人的桥梁和纽带，管理和发展残疾人事业，领导、指导和管理其他各类组织。②

依托专业康复机构指导社区和家庭为残疾人实施康复训练，将残疾人社区医疗康复服务纳入城乡基层医疗卫生机构考核内容；提倡在单位内部、城乡社区开展群众性助残活动；各级政府要将基层残疾人服务网络纳入以社区为基础的城乡基层社会管理和公共服务平台建设，以加强社区工作，解决社区服务比、参与率双低的问题。

2. 扶什么：构建残疾人全周期的基本与非基本服务体系

构建以增进残疾人福祉为出发点和落脚点的治理体系，就是要使残疾人服务覆盖残疾人全人群、全生命周期、全服务、全过程。从全人群来看，服务全体残疾人；从全生命周期来看，就要体现从胎儿到生命终结的生命过程，可以划分为婴儿出生前后期、学龄前儿童期、少儿期、少年期、青年期、成年期、老年期等；从服务全过程来看，包括健康服务、教育服务、文化体育服务、就业服务、社会保障等多个方面，就形成了覆盖残疾人全生命周期的政策服务网络（见表 23-专 12-1）。

构建残疾人基本公共服务体系。将残疾人的医疗、大学前教育、社会保障纳入基本公共服务体系，在公共服务体系建设中大幅度增加残疾预防和残疾人康复的服务供给。

---

① 2008 年 4 月，第十一届全国人民代表大会常务委员会第二次会议通过了《中华人民共和国残疾人保障法》，该法第四条、第五条规定了国家和政府保障残疾人的义务和责任。2008 年 3 月印发的《中共中央国务院关于促进残疾人事业发展的意见》第十九条也规定，“进一步完善党委领导、政府负责的残疾人工作领导体制”。发展残疾人事业，是社会管理和公共服务的题中应有之义，政府应当负有主体责任，这不仅于法有据，也是基于政府才有肩负发展残疾人事业主体责任的权威、能力和资源的客观事实，是发展残疾人事业理应坚持的方法论。

② 参见《中国残疾人联合会章程》第一条、第三条、第十一条、第十七条、第二十二条。

构建残疾人非基本公共服务体系。非基本公共服务是指不完全具有非排他性和非竞争性，但具有较大外部收益的公共服务。将残疾人的就业、康复、托管、残疾预防等纳入准公共服务体系，将残疾人较高水平的康复、托管、无障碍设施建设等纳入经营性公共服务。

表 23-专 12-1 残疾人的发展生命周期与残联服务工作指标

	健康	教育	文化	就业	社保
婴儿出生前后期	提高残疾人产前产后检查率、住院分娩率，降低孕产妇死亡率、新生儿死亡率、婴儿死亡率、出生缺陷率	残疾孕产妇健康教育			基本医疗保险参保率
学龄前儿童期	降低 5 岁儿童死亡率	对残疾儿童父母教育培训、学前特殊教育、融入教育	残疾人文化服务		基本医疗保险参保率
少儿期	残疾少儿康复服务	残疾少儿小学净入学率、义务教育巩固率	残疾人文化服务		基本医疗保险参保率
少年期	残疾少年康复服务	残疾人义务教育巩固率	残疾人文化服务		基本医疗保险参保率
青年期	残疾青年康复与健身服务	高中教育毛入学率、高等教育毛入学率，提高残疾人继续教育参与率	残疾人文化服务	提高残疾人就业参与率，提高残疾从业人员继续教育年参与率，控制调查失业率	基本医疗保险参保率，基本养老保险参保率
壮年期	残疾壮年人康复服务，提高慢性病控制率	提高残疾人继续教育参与率	残疾人文化服务	提高残疾从业人员继续教育年参与率，控制调查失业率	基本医疗保险参保率，基本养老保险参保率
老年期	残疾老年人康复服务，提高慢性病控制率	残疾老年人教育	残疾人文化服务		基本医疗保险参保率，基本养老保险参保率

续表

	健康	教育	文化	就业	社保
高龄期（80 岁以上）	残疾高龄老年人健康服务，提高慢性病控制率	残疾高龄老年人教育	残疾人文化服务		基本医疗保险参保率，基本养老保险参保率
核心指标	提高残疾人预期寿命	提高残疾人平均受教育年限	提高残疾人文明素质，丰富残疾人精神文化生活	实现残疾人比较充分就业	残疾人社会保障制度全覆盖

注：本表格系作者设计。

3. 怎么扶：提升组织力、加强资源整合、综合运用各种机制

畅通残疾人政策的大循环。通过动态更新工作获取并分析本辖区内残疾人的基本状况和服务需求，根据基本状况进行政策综合分析并根据服务需求进行供给综合测算，视情况向当地党委政府、相关职能部门提出政策建议，向有关服务机构发出需求状况信息，当地党委政府、相关职能部门出台政策，实现残疾人政策的大循环。

加强资源整合。残疾人事业治理现代化要求残联进一步改进工作方式，更加有效地整合、培育、规范社会资源，增加公共服务供给、提高公共服务质量。从残联的特性和残疾人群体需求变化状况中，培育社会组织、加强社会治理、增强为残疾人服务的针对性和差别化、扩大公共服务供给势在必行。将一些可以由残疾人社会组织负责的工作外包出去，列出政府购买残疾人服务名单，残联更多地负责规划和发展事业、制定和执行标准、研究和培训技能、购买和考核服务。

综合运用各种机制。治理方法要更加现代化，更好地代表残疾人集体意志、维护残疾人共同利益、反映残疾人客观状况，尤其是要更好地发挥残疾人组织的组织优势，更好地利用以信息科技为主要代表的新科技成果；治理标准要更加清晰明确，逐渐形成一套科学的标准体系，探索把资金变成高质量服务的模式，“给钱不如给服务”，提倡将补贴交给社会有关机构，转化为残疾服务。

（三）继续推进残联的群团改革

习近平总书记指出，群团事业是党的事业的重要组成部分；新形势下，党的群团工作只能加强、不能削弱，只能改进提高、不能停滞不前。[①] 要切实保持和增强党的群团工作和群团组织的政治性、先进性、群众性，着力解决“机关化、行政化、贵族化、娱乐化”等问题。

加强残联的政治建设。要切实加强各级残联党的建设，把好政治方向，提高残联干部的政治能力，确保中央大政方针在残联的贯彻落实。

提高残联工作创新能力。“为党分忧、为民谋利”，就要在国家治理现代化的大形势下提升残疾人组织的治理能力，扬弃旧的工作思路、方法、载体，推动残疾人治理体系的数字化转型。

深化残联改革，提升组织力。深化基层残联改革，加强县、乡、村残疾人组织建设，特别是村居残协建设。要求残联加强自身组织建设，切实提高队伍专业化水平，加强各级残联干部队伍建设，发挥好“专兼挂”干部作用，加大年轻干部和残疾人干部的培养选拔力度，不断提高残联组织活力，不断提高工作水平和服务能力。

进一步夯实残疾人基层组织，畅通残疾人政策体系微循环。以工作带动、加强整合等方式继续加强基层组织建设。以动态更新工作为基础，实现服务供需对接。完成残疾人提出需求、社区平台整合需求、协调有关方面完成服务的社区服务微循环。

继续推进作风转变，提高残联服务群众的能力。“深入基层、深入群众”，就要以残疾人为本，关注、关心、关爱残疾人。这就要求残联组织重点强化其代表、服务残疾人群体的职能；残联工作人员必须“进万家门、访万家情”，把残疾人的基本状况和服务需求捞上来。要转变残联工作作风，持续推进“走转改”活动，在基层推动落实访视、接访、邀访等制度，进一步密切与广大残疾人群众的联系。

---

① 中共中央文献研究室编：《习近平关于社会主义政治建设论述摘编》，中央文献出版社 2017 年版，第 186—187 页。

（四）推进残疾人精准脱困工程

要进一步动员方方面面力量，把困难群众的民生底线兜住兜牢，努力为人民谋幸福，努力为民族谋复兴。在基本公共服务体系中增加残疾预防和残疾人康复的服务供给困难残疾人是扶持难度最大、返贫率最高的特殊群体，既有经济因素导致的“贫”，更有因残疾而造成的“困”。困难残疾人家庭由于劳动能力较差，相对贫困问题将更加突出。应对残疾人相对贫困问题将会是一个长期任务，建立城乡一体化的帮扶机制，解决残疾人相对贫困问题，是一项重要课题。要进一步完善帮扶相对贫困残疾人家庭的救助制度，减轻相对贫困残疾人家庭生活负担，在基本教育、医疗、住房、基本社会保障等方面继续加大对相对贫困残疾人家庭的帮扶力度。发挥市场机制在解决残疾人相对贫困问题中的根本性作用，加强对相对贫困残疾人的职业培训和就业服务，创新就业方式，建立帮助相对贫困残疾人就业增收、产业扶持的长效机制。引导社会力量广泛参与，帮助相对贫困残疾人家庭培育和增强依靠自力更生实现脱贫致富的意识和能力。加强基层为相对贫困残疾人家庭的服务能力，进一步加大基本公共服务对相对贫困残疾人家庭的保障力度，做好残疾人照护服务、康复服务、家庭无障碍改造等。

（五）推动大数据驱动的残疾人事业治理现代体系建设

进一步加强和改进动态更新工作，构建更加科学的指标体系、数据平台、工作模式、保障机制；普及移动智能终端，加大政策转化力度；在残疾人行为中通过多终端实时生成数据，运用人工智能分析残疾人基本状况和服务需求，并向政策制定者和服务供给方发出精准信号。进一步推动智能化残疾人证工作，加强各项福利性政策和个性化服务在智能证上的集成，适时推出推广虚拟证卡，实现残疾人福利性政策和个性化服务媒介与载体的数字化。

推动大数据驱动的残疾人事业治理现代化，包括以下几个方面：一是依托大数据平台提高信息整合能力。依托大数据平台收集残疾人需求信息，整合社会资源，制定行业标准。二是通过大数据加强对公共服务供给的管理，包括向残疾人群体精准施策，为政府有关部门提供决策支撑，协同社会组织提供公共服务，向社会大众传递残疾人状况。三是运用大数据提高公共服务水平和效率。用好大数据可以促进信息共享，实现组织扁平化管理，实现工作精准管理。四是借助大数据推动治理体系和结构改革。凭借大数据有助于推动治理体系改革的民主参与，帮助残疾人工作补齐短板，实现改革方案的动态管理。以大数据作为绩效评价依据。大数据能够帮助构建更加科学化、标准化的绩效管理体系，促进各级部门互通有无、实现集约管理，根据预测数据提前规划、做好预警机制。

以中国残联“全国残疾人基本服务和需求信息动态更新”平台为基础，构建了包括残疾人、各级残联和各类服务机构在内的基础管理与服务平台。大数据驱动下残疾人事业治理现代化的实现路径，以大数据平台为技术支撑，以大数据实现服务供需匹配、协作协同为逻辑起点，串联起中国残联的三大职能——代表需求、管理供给、服务提升，同时，可以弥补残疾人治理碎片化和信息孤岛等问题，实现治理协同。通过搭建一个以残疾人为中心的信息化公共基础平台，残联融管理于服务中，更加突出其服务者角色。这一信息化平台不仅使得残联的管理更加高效，而且使得残联更紧密地联系残疾人，更精准地把握残疾人的多样化需求，更广泛地动员政府和社会力量，从而扮演好服务者的角色。当服务者角色能较好扮演时，残联也就更能代表广大残疾人群体实现自我管理与自我服务。

作为融入信息化社会必需的辅助器具，要通过一揽子政策实现智能化产品对相关残疾人群体的全覆盖，通过大规模线下培训把具备条件的残疾人送到线上，并通过线上服务实现信息化对残疾人的赋能，让残疾人搭上信息化的发展便车。通过金融、财政、税收、产业一揽子经济政策促进残疾人科技产业发展，构建智慧医疗体系、研发推广智能化辅助器具，加强互联网基础设施建设、加大智能产品普及力度，为残疾人融入信息社会创造基础条件。通过政府带头、政策引导，促进各项服务的线上化，实现线上统筹、线上集成、线上对接。

（六）其他具体建议

全面建成小康社会之后，在历史发展的新阶段，面对新形势、新任务、残疾人的新期待，残疾人事业也应该与时俱进，在国家治理现代化中实现新时代残疾人事业更高水平的历史性新发展。一是坚持党的领导、政府主责、社会协同、市场助力、残疾人通过残疾人组织充分发挥在残疾人事业中主体作用的制度总安排。二是既不保守、也不冒进，坚持保基本、促发展、利长远的工作主基调。三是在改革发展中破解不平衡不充分的难题，让残疾人享受到更平衡、更充分的各方面服务供给。四是统筹规划、分类指导、按需施策、精准服务。五是完善治

理体系、提升治理能力、实现治理现代化。包含以下内容。

1. 通过畅通各条块政策过程来健全残疾人政策和服务的循环网络。中国残联根据动态更新大数据库分析残疾人群体的总貌、揭示残疾人事业发展的内在规律、为顶层设计提供数据支撑和理论依据，实现残疾人政策的全国总循环。这样的政策和服务循环不仅实现在块块上，还实现在民政、卫健、住建、教育、人社等条条上。这样条条块块上大大小小的政策循环一旦畅通，就能形成有机协同的治理格局。同时，以建设保任务、以任务促建设，要以动态更新工作为抓手，巩固基层残疾人组织阵地，促进基层残疾人组织建设，通过工作的价值体现组织的价值，通过工作的不可或缺性体现组织的不可或缺性。

2. 在基本公共服务体系中增加残疾预防和残疾人康复的服务供给。残疾预防是保障人民群众生命健康的必然举措，而残疾人康复为残疾人平等参与社会创造了最基础的条件。前者避免了生命的折损，后者促成了生命的重建，二者都提高了生命的质量，节约了日后必然会耗费的大量成本，并把残疾人及亲友的生产力极大地解放了出来，带来了正外部性。正如为全民提供了平等参与社会基础条件的义务教育必须作为公共物品纳入基本公共服务那样，为残疾人提供平等参与社会基础条件的康复服务也应该作为非竞争性、非排他性的公共物品纳入基本公共服务。建议在公共服务体系建设中大幅度增加残疾预防和残疾人康复的服务供给，让能不发生的残疾尽量不发生、能不发展的残疾尽量不发展、能维护健全的生命尽量维护生命健全、能提高质量的生命尽量提高生命质量，这是以人为本最根本的体现。

3. 将无障碍建设嵌入新型基础设施建设涉及残疾人的各相关模块。我国残疾人生活水平的日益提高、社会融合的诉求日益强烈，老龄化程度也在加深，从而同无障碍设施不健全的矛盾更加突出。对残疾人、失能老人、病弱人群、儿童安全友好是公共基础设施的必须属性，与其建成后再返二茬工、费二茬劲，亡羊补牢地进行无障碍改造，不如在设计时、建设中就遵循无障碍的原则。新型基础设施建设，一方面，为无障碍建设提供了千载难逢的良好契机，可以充分发挥后发优势，统筹规划、统筹建设，代偿和弥补传统基础设施建设中无障碍属性的不足，让无障碍建设跟上基础设施建设的进度。另一方面，前瞻性、智能性、包容性、科学性、文明性是新型基础设施建设题中应有之义，在实现万物互联的进程中当然要把无障碍元素纳入其中。信息基础设施建设在基础层的设计中就要兼顾无障碍属性，避免事后打补丁；在技术层要加强对无障碍技术的研发，为应用层面的无障碍提供基础支撑；在应用层要坚持专门的无障碍应用和应用的普遍无障碍相统一，实现产品的无障碍化。在新型城镇化的规划和建设过程中，就要把残疾人等失能半失能人群自主安全地通行道路、出入相关建筑物、搭乘公共交通工具、交流信息、获得社区服务的约束性需求纳入其中。

4. 把康复大学建成国际残疾人事务学术交流中心和中国实践讲堂。改革开放以来特别是中国特色社会主义进入新时代以来，我国残疾人事业的跨越式发展、绝对贫困问题历史性地解决、残疾人福祉的可持续性增进、美好愿景的可参与性可预期性实现、通过信息化手段体现后发优势，是中国特色社会主义事业伟大成就的一部分，是中国道路在残疾人事业领域的具体展开，是中国模式在残疾人事业领域的实践证明。我国残联在国际残疾人事务中发挥着巨大的影响力，这种影响力可以服从和服务于我国外交大局，做出力所能及的贡献。目前，我国正在建设康复大学，建议在加强康复学术研究和人才培养的同时，积极培养国际化特别是为发展中国家培养康复人才，把康复大学建成国际残疾人事务的学术交流中心，并客观介绍有中国特色且在中国实践中被证明行之有效的残疾人工作思路、方法、载体，尝试形成国际残疾人事务特别是支持和促进发展中国家残疾人摆脱贫困、实现发展的中国方案，为国际残疾人事务贡献中国力量。

专刊 13. 我国如何全面建成小康社会：目标评估与重要启示

胡鞍钢

【摘要】

从 2000 年起，我国进入全面建设惠及十几亿人口的小康社会阶段，用 20 年时间实现了第一个百年奋斗目标。本文按照目标一致法，对全面建成小康社会进行系统评估和总结，这包括经济发展、创新驱动、民生福祉和资源环境四个主要目标和量化指标。本文评估的基本结论，在 21 世纪头 20 年，我国紧紧抓住了极其宝贵的战略机遇期，快速发展，实现了历史性、全局性的大发展大变革大进步，使中华民族的伟大复兴与当今世界百年未有之大变局同向同行同步，并在历史性地解决绝对贫困问题、促进经济增长、促进工业化发展、促进贸易增长、增加全球投资、促进技术创新、增加专利发明、促进科学研究、发展绿色能源、促进绿色发展、促进和平发展等方面对世界的发展作出了贡献。

一、导语：如何评价全面建成小康社会

中共中央政治局 2020 年 9 月 28 日召开会议，专门研究制定国民经济和社会发展第十四个五年规划和 2035 年远景目标重大问题。会议强调，“十三五”时

期是全面建成小康社会决胜阶段，面对错综复杂的国际形势、艰巨繁重的国内改革发展稳定任务，特别是面对新冠肺炎疫情严重冲击，以习近平同志为核心的党中央审时度势、沉着应对，团结带领全党全国各族人民砥砺前行、开拓创新，奋发有为推进党和国家各项事业，决胜全面建成小康社会、决战脱贫攻坚取得决定性成就。“十三五”规划目标任务即将完成，我国经济实力、科技实力、综合国力跃上新的大台阶。

习近平总书记在党的十九届五中全会上就《中共中央关于制定国民经济和社会发展第十四个五年规划和二〇三五年远景目标的建议》（以下简称《建议》）作的说明指出，考虑到目前仍是全面建成小康社会进行时，建议稿表述为“决胜全面建成小康社会取得决定性成就”。2021年上半年党中央将对全面建成小康社会进行系统评估和总结，然后正式宣布我国全面建成小康社会。①

为此，本文从专业的视角，根据党中央提出2020年总目标和具体目标，按照目标一致法对2000—2019年全面建成小康社会进行第三方系统评估和评价，供国家和有关方面评估参考。

全面建成小康社会是“两个一百年”奋斗目标的第一个一百年目标，既是把我国建成社会主义现代化强国的关键节点，也是中华民族伟大复兴征程上的重要里程碑。

什么是全面建成小康社会目标？有哪些内涵和主要指标？如何体现中国特色社会主义现代化特征？这些问题的答案蕴含三个基本要素：一是不断增加的现代化要素，二是不断增加的社会主义要素，三是不断增加的中国文化要素，它们构成了独具中国特色的社会主义现代化的第一个百年奋斗目标，即全面小康社会的基本特征和主要目标。那么20年后我国是否如期实现这一目标？如何使全面建成小康社会得到人民认可、经得起历史检验？

对此，本文做一详细的分析。全文分为七个部分：第一部分为导语，说明本文的主要目的是从第三方视角对全面建成小康社会进行系统评估，为有关方面评估提供专业背景分析；第二部分介绍2000年我国发展的历史起点，从总体小康

① 《中共中央关于制定国民经济和社会发展第十四个五年规划和二〇三五年远景目标的建议》，人民出版社2020年版，第57页。

水平到全面建成小康社会；第三部分介绍党中央怎样构建 2020 年我国现代化的战略目标，实际上从党的十六大、十七大、十八大和十九大的四次顶层设计、总体布局，以此为依据制定并实施了“十五”计划、“十一五”规划、“十二五”规划和“十三五”规划的四个发展规划（计划），每五年上一个台阶，连续上了四个大台阶，成功地实现了 2020 年目标；第四部分采用目标一致法，对四个五年规划（计划）执行情况做后评估，分为经济发展、创新发展、社会发展、资源环境等方面评价；第五部分评价我国全面建成小康社会对世界发展的贡献；第六部分是关于实现第一个百年奋斗目标的重要启示，概括为四个方面：中国共产党领导的最大政治优势、党中央对中国特色社会主义现代化大布局优势、中国特色社会主义的制度优势和道路优势；第七部分是结语，2020 年之后开启第二个百年奋斗目标新征程。

二、历史起点与初始条件：总体小康水平

我国社会主义现代化是一个从量变到部分质变、再量变再到质变的历史过程，显示出不同的发展阶段。全面建设小康社会的历史起点就是 2000 年，初始条件就是人民生活总体上达到小康水平，也成为 21 世纪我国社会主义现代化、实现第一个百年奋斗目标的新起点。

1987 年 4 月，邓小平根据我国的基本国情明确提出了现代化建设“三步走”战略目标。他指出，到 20 世纪末，我国人均国民生产总值将到达 800—1000 美元，看来 1000 美元是有希望的。[①] 实际上到 2000 年，我国人均国内生产总值为 959 美元，标志着我国达到了总体小康水平，实现了我国社会主义现代化第二步走战略目标。

2002 年，党的十六大报告指出，经过全党和全国各族人民的共同努力，我们胜利实现了现代化建设“三步走”战略的第一步、第二步目标，人民生活总体上达到小康水平。这是社会主义制度的伟大胜利，是中华民族发展史上一个新的里程碑。报告同时指出，必须看到，我国正处于并将长期处于社会主义初级阶段，现在达到的小康还是低水平的、不全面的、发展很不平衡的小康，人民日益

---

① 《邓小平文选》第 3 卷，人民出版社 1993 年版，第 215 页。

增长的物质文化需要同落后的社会生产之间的矛盾仍然是我国社会的主要矛盾。我国生产力和科技、教育还比较落后，实现工业化和现代化还有很长的路要走；城乡二元经济结构还没有改变，地区差距扩大的趋势尚未扭转，贫困人口还为数不少；人口总量继续增加，老龄人口比重上升，就业和社会保障压力增大；生态环境、自然资源和经济社会发展的矛盾日益突出；我们仍然面临发达国家在经济科技等方面占优势的压力；经济体制和其他方面的管理体制还不完善；民主法制建设和思想道德建设等方面还存在一些不容忽视的问题。巩固和提高目前达到的小康水平，还需要进行长时期的艰苦奋斗。①

此后，从党的十六大、十七大、十八大、十九大报告的主标题就是全面建设小康社会或全面建成小康社会（见表23-专13-1）。所谓全面小康社会，就是经济更加发展、民主更加健全、科教更加进步、文化更加繁荣、社会更加和谐、人民生活更加殷实的小康社会。21世纪第一个十年可视为全面建设小康社会阶段，第二个十年可视为全面建成小康社会阶段，为此四次党代会都提出了2020年的发展目标。

表23-专13-1 党的十六大、十七大、十八大、十九大报告主题及目标

党代会	年份	报告主题	发展目标
十六大	2002年	全面建设小康社会，开创中国特色社会主义事业新局面	国内生产总值到2020年力争比2000年翻两番，综合国力和国际竞争力明显增强
十七大	2007年	高举中国特色社会主义伟大旗帜，为夺取全面建设小康社会新胜利而奋斗	实现人均国内生产总值到2020年比2000年翻两番，基本实现工业化，综合国力显著增强，国内市场总体规模位居世界前列
十八大	2012年	坚定不移沿着中国特色社会主义道路前进，为全面建成小康社会而奋斗	到2020年实现国内生产总值和城乡居民人均收入比2010年翻一番

① 《十六大以来重要文献选编》（上），中央文献出版社2005年版，第14页。

续表

党代会	年份	报告主题	发展目标
十九大	2017 年	决胜全面建成小康社会,夺取新时代中国特色社会主义伟大胜利	第一个阶段,从 2020 年到 2035 年,在全面建成小康社会的基础上,基本实现社会主义现代化;第二个阶段,从 2035 年到 21 世纪中叶,在基本实现现代化的基础上,把我国建成富强民主文明和谐美丽的社会主义现代化强国

资料来源:《十六大以来重要文献选编》(上)、《十七大以来重要文献选编》(上)、《十八大以来重要文献选编》(上)、《十九大以来重要文献选编》(上)。

三、党中央如何制定第一个百年奋斗目标

党中央是如何制定第一个百年奋斗目标？有哪些量化指标？又是怎么考虑的？我们发现，第一个百年奋斗目标的总目标是基本不变的，但是具体量化指标随着发展进程先后有三次调整，反映了实事求是、与时俱进的精神。

党的十六大提出：在优化结构和提高效益的基础上，国内生产总值到 2020 年力争比 2000 年翻两番，综合国力和国际竞争力明显增强。基本实现工业化。工农差别、城乡差别和地区差别扩大的趋势逐步扭转。社会就业比较充分，基本普及高中阶段教育，消除文盲。什么是基本实现工业化？对此，国家发展计划委员会提出三个定量指标：到 2020 年，我国人均国内生产总值可以达到 3000 美元以上，城镇化率超过 50%，农业就业人员比重从 2000 年的 50%降至 30%左右。①

党的十七大第一次调整，明确提出，实现人均国内生产总值到 2020 年比 2000 年翻两番。科技进步对经济增长的贡献率大幅上升，进入创新型国家行列。文化产业占国民经济比重明显提高。中等收入者占多数，绝对贫困现象基本消除。可再生能源比重显著上升。主要污染物排放得到有效控制。将成为工业化基本实现、综合国力显著增强、国内市场总体规模位居前列的国家。对

① 《十六大报告辅导读本》，人民出版社 2002 年版，第 79—80 页。

此，国家发展改革委又提出新的工业化基本实现的定量指标：2020 年经济总量将达到 58 万亿元，约为 7.2 万亿美元，人均约为 5000 美元，届时我国人均收入相当于进入工业化行列的国家；第三产业在生产、就业结构中的比重将提高到 50%和 44%左右，第一产业在就业结构中的比重可能降低到 30%左右；城镇化率有可能接近 60%，基本达到工业化的要求。① 实际上，从 2002 年到 2011 年，我国人均国内生产总值从 1000 多美元增加到 5400 多美元，一些地区超过了 1 万美元。②

党的十八大第二次调整，明确提出，实现国内生产总值和城乡居民人均收入比 2010 年翻一番。科技进步对经济增长的贡献率大幅上升，进入创新型国家行列。工业化基本实现，信息化水平大幅提升。进入人才强国和人力资源强国行列，教育现代化基本实现。收入分配差距缩小，扶贫对象大幅减少。单位国内生产总值能源消耗和二氧化碳排放大幅下降，主要污染物排放总量显著减少。森林覆盖率提高。为什么提出两个“翻一番”的新目标？对此，国家发展改革委作了解释：报告提出到 2020 年实现国内生产总值比 2010 年再翻一番，2011 年后的 9 年年均增长 7%就可以实现，比较符合实际。报告提出的另一个“翻一番”，是实现城乡居民人均收入到 2020 年比 2010 年翻一番的新要求，这个目标体现了民生优先、惠民富民的政策取向，也顺应了广大人民群众过上美好生活的新期望。只要 2011 年后的九年城镇居民人均可支配收入比上年实际增长 7%、农村居民人均纯收入实际增长 6.7%，就可以实现这个目标。③

党的十九大第三次调整，明确提出，决胜全面建成小康社会，坚决打好防范化解重大风险、精准脱贫、污染防治的攻坚战，使全面建成小康社会得到人民认可、经得起历史检验。当时我国人均国民总收入已超过 8000 美元，属于中等偏上收入国家。到 2020 年全面建成小康社会时，我国人均国民收入有望达到或超过 1 万美元。④

根据党的十六大、十七大、十八大对我国经济社会发展做出的战略部署，先后制定了国家“十一五”“十二五”“十三五”规划。用五年规划引导经济社会

---

① 《十七大报告辅导读本》，人民出版社 2007 年版，第 92—93 页。

② 《十八大报告辅导读本》，人民出版社 2012 年版，第 89—90 页。

③ 《十八大报告辅导读本》，人民出版社 2012 年版，第 97—98 页。

④ 《十九大报告辅导读本》，人民出版社 2017 年版，第 168 页。

发展，是党治国理政的一个重要方式。党的十九大报告强调，要创新和完善宏观调控，发挥国家发展规划的战略导向作用，健全财政、货币、产业、区域等经济政策协调机制。国家五年规划的定位：对社会主义现代化战略在规划期内的阶段性做出部署和安排，主要是阐明国家战略意图、明确政府工作重点、引导规范市场主体行为，是经济社会发展的宏伟蓝图，是政府履行经济调节、市场监管、社会管理、公共服务、生态环境保护职能的重要依据。我国就是通过实施四个五年规划（计划）如期实现第一个百年奋斗目标的。

从四个五年规划（计划）来看（表 23-专 13-2），主要发展指标完成率是逐步改善的，从“十五”计划的 86.7%到“十一五”规划的 87%，再到“十二五”规划的 96.4%，完成率最高。由于受到疫情的冲击，“十三五”规划可能受到严重影响，关键性指标如国内生产总值增长率、劳动生产率增长率、居民收入增长率等难以如期完成，预计完成率可能在 84%，这与从“十一五”规划引入的预期性与约束性指标有关。

表 23-专 13-2　四个五年规划（计划）及目标（2001—2020 年）

规划(计划)	规划定位	主要发展目标	主要发展指标	完成率(%)
“十五”计划(2001—2005 年)	我国经济和社会发展的重要时期，是进行经济结构战略性调整的重要时期，也是完善社会主义市场经济体制和扩大对外开放的重要时期	国民经济保持较快发展速度，经济结构战略性调整取得明显成效，经济增长质量和效益显著提高；国有企业建立现代企业制度取得重大进展，社会保障制度比较健全，完善社会主义市场经济体制迈出实质性步伐，在更大范围内和更深程度上参与国际经济合作与竞争；就业渠道拓宽，城乡居民收入持续增加，物质文化生活有较大改善，生态建设和环境保护得到加强；科技、教育加快发展，国民素质进一步提高，精神文明建设和民主法制建设取得明显进展	15 个	86.7

续表

规划(计划)	规划定位	主要发展目标	主要发展指标	完成率(%)
“十一五”规划(2006—2010年)	全面建设小康社会的关键时期	宏观经济平稳运行,产业结构优化升级,资源利用效率显著提高,城乡区域发展趋向协调,基本公共服务明显加强,可持续发展能力增强,市场经济体制比较完善,人民生活水平继续提高,民主法治建设和精神文明建设取得新进展	22个(23个),14个预期性指标,8个约束性指标	86.4(87)
“十二五”规划(2011—2015年)	全面建设小康社会的关键时期,是深化改革开放、加快转变经济发展方式的攻坚时期	经济平稳较快发展,结构调整取得重大进展,科技教育水平明显提升,资源节约环境保护成效显著,人民生活持续改善,社会建设明显加强,改革开放不断深化	24个(28个),12个预期性指标,12个约束性指标	95.8(96.4)
“十三五”规划(2016—2020年)	全面建成小康社会的决胜阶段	经济保持中高速增长,创新驱动发展成效显著,发展协调性明显增强,人民生活水平和质量普遍提高,国民素质和社会文明程度显著提高,生态环境质量总体改善,各方面制度更加成熟更加定型	25个(33个),12个预期性指标,13个约束性指标	

注:“主要发展指标”和“完成率(%)”两栏括号内数据系按实有指标数统计。

资料来源:国家“十五”计划纲要,国家“十一五”规划纲要,国家“十二五”规划纲要,国家“十三五”规划纲要。

四、对主要发展目标的评估

在21世纪的头20年,我国如期实现了全面建成小康社会的第一个百年奋斗目标,取得了开拓性、全方位的伟大成就,推动我国经济实力、科技实力、国防实力、综合国力进入世界前列,推动我国国际地位实现前所未有的提升,我国日益走近世界舞台中央,也对人类发展做出更大贡献。

根据四个五年规划(计划)对2000—2019年主要发展目标和量化指标进行

评估。

第一，对经济发展目标的评估。一是经济增长预期目标，我国经济实力大幅跃升，按当年价格计算，国内生产总值由 2000 年的 8. 94 万亿元增长至 2019 年的 99. 09 万亿元，相当于 2000 年的 11. 08 倍，按不变价计算为 5. 17 倍，超过原定的国内生产总值“翻两番”的目标，年均增长 9%，我国对世界经济增长的贡献率达到 30%左右。我国人均国内生产总值由 2000 年的 7078 元上升至 2019 年的 70892 元，相当于 2000 年的 10. 02 倍，按不变价格计算为 2000 年的 4. 67 倍，年均增长 8. 4%，明显高于世界人均国内生产总值（2017 国际元）年均增长率（2. 3%）。我国全员劳动生产率由 2000 年的 2. 4 万元上升至 2019 年的 11. 5 万元，按不变价格计算为 2000 年的 4. 63 倍，年均增长 8. 4%，按 2017 年国际元计算，则为 8. 7%，大大高于世界平均增长率（2. 2%）。二是城镇化目标，建成世界超大规模的现代化城市群，常住人口城镇化率从 2000 年的 36. 22%（低于世界平均城镇化率的 46. 7%）提高至 2019 年的 60. 6%，提高了 24. 38 个百分点，也超过了世界平均城镇化率（2018 为 55. 27%）；城镇常住总人口，从 4. 59 亿人上升至 8. 48 亿人，年均增长 3. 3%，高于世界城镇人口年均增长率（2. 1%）。中国城镇人口占世界比重从 15. 9%上至 19. 7%。① 1 亿人落户任务提前完成，户籍人口城镇化率从 2013 年 35. 93%提高至 2019 年的 44. 38%，各地取消了农业户口和非农业户口之分，统一登记为居民户口，“农转非”退出了历史舞台。② 这是我国城镇化加速发展的黄金时期，成为我国经济发展的最大动力之一。具体情况见表 23-专 13-3。

表 23-专 13-3　“十五”至“十三五”时期经济发展主要指标实现情况

指标	2000 年	2005 年	2010 年	2015 年	2019 年	2000—2019 年年均增长率(%)
国内生产总值(万亿元)	10. 03	18. 73	41. 21	68. 89	99. 09	9(5. 17 倍)
全员劳动生产率(万元/人)	2. 4	2. 51	5. 42	8. 91	11. 5	8. 4(4. 63 倍)

① 资料来源于国际劳工组织数据库和世界发展指数数据库。

② 参见新华网客户端。

续表

指标	2000年	2005年	2010年	2015年	2019年	2000—2019年年均增长率(%)
常住人口城镇化率(%)	36.22(4.59亿)	42.99(5.62亿)	49.95(6.91亿)	56.1(7.71亿)	60.6(8.48亿)	3.3
户籍人口城镇化率(%)			35.93(2013年数据)	39.9(5.48亿)	44.38(6.21亿)	

说明：国内生产总值数值按当年价格计算，年均增速按不变价格计算；全员劳动生产率按2015年价格计算，“常住人口城镇化率（%）”“户籍人口城镇化率（%）”两栏的括号内分别为城镇常住总人口、城镇户籍总人口。

数据来源：国家统计局编的《中国统计摘要2020》，中国统计出版社2020年版，第18、23页。

第二，创新驱动目标的评估。《国家中长期科学和技术发展规划纲要（2006—2020年）》明确提出：到2020年，全社会研究开发投入占国内生产总值的比重提高到2.5%以上，力争科技进步贡献率达到60%以上，对外技术依存度降低到30%以下，本国人发明专利年度授权量和国际科学论文被引用数均进入世界前五位。一是研发投入大幅度增长，但未能实现研发强度目标，我国研究与试验发展经费支出由2000年的898亿元增加至2019年的21737亿元，相当于2000年的24.21倍，年均增长高达18.4%；研究与试验发展经费投入强度从2000年的0.89%提高至2019年的2.23%，但未能实现2020年“全社会研究开发投入占国内生产总值的比重提高到2.5%以上”的目标。二是发明专利拥有量大幅度提升。我国每万人口发明专利拥有量从2010年的1.4件上升至2019年的13.3件，全国有效专利总数从2010年的19.1万件上升至2019年的186.2万件，相当于2010年28.8倍，年均增长高达11.9%，2019年我国发明专利申请量达到140万件。2019年我国提交专利合作条约国际专利申请数达到5.9万件。三是科技进步贡献率大幅度提升，从2000—2005年的43.2%提高至2014—2019年的59.5%，提高了16.3个百分点，反映了我国科技进步贡献率快速提升，创新驱动作用明显提高。农业科技进步贡献率明显上升，从2010年的52%提高至2019年的59.2%；全国农作物耕种收综合机械化率超过70%，主要农作物自主选育品种提高到95%以上，极大地促进了我国农业现代化和农业劳动生产率的提高。四是互联网普及率超过预期目标。固定宽带家庭普及率从 2015 年的 40%提高至 95%，超过了 70%的预期目标；移动宽带用户普及率从 57%提高至 97.1%，也超过了 85%的预期目标，基本实现了互联网化、移动互联网化以及宽带化。我国已经建成了较大规模的光纤网络和 4G 网络，光纤用户和 4G 用户占比分别达 93.4%和 80%，行政村光纤和 4G 网络覆盖超过 98%，全国固定宽带用户数达到 4.49 亿户，为打造数字社会、智能社会提供了重要的用户市场规模基础。联合国计划开发署《2019 年人类发展报告》认为，从人类发展能力视角来看，宽带接入是涉及人的高级能力的基础设施，我国移动蜂窝网络签约率、固定宽带签约率（每百人签约率）分别为 114.38%和 32.1%，接近和超过世界平均水平，极大地提高全民获得信息的能力。总体来看，基本实现了《国家中长期科学和技术发展规划纲要（2006—2020 年）》提出的 2020 年我国科学技术发展总体目标。① 具体实现情况见表 23-专 13-4。

表 23-专 13-4 "十五"至"十三五"时期创新驱动主要指标实现情况

指标	2000 年	2005 年	2010 年	2015 年	2019 年	2000—2019 年变化量
研究与试验发展经费投入强度(%)	0.89	1.31	1.71	2.07	2.23（2020 年目标为 2.5）	1.34
每万人口发明专利拥有量(件)			1.4（19.1 万件）	6.3（86.6 万件）	13.3（186.2 万件）	11.9（28.8 倍）
科技进步贡献率(%)		43.2（2000—2005 年）	50.9（2005—2010 年）	55.1（2010—2015 年）	59.5（2014—2019 年）	16.3

① 《国家中长期科学和技术发展规划纲要（2006—2020 年）》提出，到 2020 年，我国科学技术发展的总体目标是：自主创新能力显著增强，科技促进经济社会发展和保障国家安全的能力显著增强，为全面建设小康社会提供强有力的支撑；基础科学和前沿技术研究综合实力显著增强，取得一批在世界具有重大影响的科学技术成果，进入创新型国家行列，为在 21 世纪中叶成为世界科技强国奠定基础。参见《人民日报》，2006 年 2 月 10 日。

续表

指标	2000年	2005年	2010年	2015年	2019年	2000—2019年变化量
固定宽带家庭普及率(%)				40（2.59亿户）	95（4.49亿户）	55（2015—2019年）
移动宽带家庭普及率(%)				57（7.9亿人）	97.1（13.95亿人）	40.1（2015—2019年）

说明："每万人口发明专利拥有量（件）"一栏的括号内为全国有效专利总数。

第三，民生福祉目标的评估。一是居民人均可支配收入，全国居民可支配收入从2000年的3721元上升至2019年的30733元，相当于2000年的8.26倍，按不变价格实际为5.35倍，年均增速为9.2%，高于人均国内生产总值的8.4%年均增长率。二是劳动年龄人口（16—59岁）平均受教育年限，从2005年的8.5年提高至2019年的10.7年，年均增长1.7%。成人识字率从2000年的90.9%提高至2018年的96.8%。2000—2019年，初中毛入学率从88.6%提高至102.6%，高中阶段毛入学率从42.8%提高至89.5%；高等教育毛入学率从12.5%提高至51.6%，超过了《国家中长期教育改革和发展规划纲要（2010—2020年）》提出的2020年40%的目标；普通本科毕业生累计9704万人，研究生毕业累计496万人，合计1.02亿万人，接受过高等教育的人口从2000年的4571万人增加至2010年的1.2亿人，到2019年将超过1.8亿人，占总人口的比例在13%，有力推动我国从人力资源大国向人力资源强国迈进，人力资源成为经济社会发展的第一资源。三是城镇新增就业人数，[①] 2000—2019年年底累计新增就业人数达到2.18亿人，超过了四个五年规划（计划）目标值（累计1.8亿人），平均每年新增就业人数1146万人，占世界每年新增就业人数（3853万人）的29.7%，即我国对全球新增就业的贡献率达到30%左右。四是农村人口脱贫目标，按现行农村贫困标准为每人每年2300元（2010年不变价），农村贫困发生率2000年为49.8%到2020年

① 城镇新增就业人数是指城镇当年就业人数减去上一年度从业人员中自然减员（因退休、伤亡等原因）人数，是反映就业工作状况和落实国家劳动就业政策的重要指标。

年底，全国 832 个贫困县全部摘帽，12.8 万个贫困村全部出列，近 1 亿农村贫困人口实现脱贫，提前 10 年实现联合国 2030 年可持续发展议程减贫目标，历史性地解决了绝对贫困问题，创造了人类减贫史上的奇迹。我国还解决了世界性的生态贫困问题，“十三五”时期，全国有 960 多万贫困户异地扶贫搬迁，超过了 20 世纪 80 年代到 2015 年易地扶贫搬迁的 680 万人口，超过三峡移民规模近 8 倍，其中在城镇安置的有 500 多万人，农村安置的约 460 万人，累计投入各类资金达 6000 亿元，平均每人 6.25 万元，农村建成安置住房 266 万余套，总建筑面积 2.1 亿平方米，户均住房面积 80.6 平方米。累计帮助 358 万搬迁贫困劳动力实现就业，子女就学条件改善率达 99%，就医条件改善率达 99.9%，搬迁群众满意度达 100%。① 五是基本养老、医疗保险参保率，我国基本养老保险参保人员从 2000 年的 1.36 亿人到 2019 年的 9.68 亿人，净增加 8.32 亿人；② 到 2019 年年底，全国失业保险参保人员达 2.05 亿人，工伤保险参保人数达 2.55 亿人，基本医疗保险参保人数超过 13.5 亿人，参保率稳定在 95%以上，构建了世界上最大规模的基本养老、医疗保险体系。六是城镇棚户区住房改造目标，2010 年我国有 4200 万套棚户区住房，到 2018 年年底，全国城镇保障性安居工程合计开工约 7000 万套；“十三五”时期全国开工改造各类棚户区 2300 多万套，超额完成 2000 万套的目标任务，受益居民约 5000 万人。截至 2019 年年底，全国共有 3800 多万困难群众住进公租房，还有累计近 2200 万困难群众领取了公租房租赁补贴；在农村，截至 2019 年年底，6200 万户居民在中央财政支持下从危房搬进了安全房。③ 七是人均预期寿命目标，从 2000 年的 71.4 岁提高至 2019 年的 77.3 岁，累计提高了 5.9 岁，平均每年提高 0.42 岁。孕产妇死亡率从 2000 年的 53/10 万降至 2019 年的 17.8/10 万，婴儿死亡率从 32.2‰降至 5.6‰，全面推进健康中国战略，实现了人人享有基本医疗卫生服务，进而提高了所有人的健康水平。具体实现情况见表 23-专 13-5。

---

① 《九百六十多万建档立卡贫困群众全部乔迁新居》，《人民日报》2020 年 12 月 4 日。

② 国家统计局编：《中国统计年鉴 2019》，中国统计出版社 2019 年版，第 786 页。

③ 参见住房和城乡建设部网站。

表23-专13-5 “十五”至“十三五”时期民生福祉主要指标实现情况

指标	2000年	2005年	2010年	2015年	2019年	2000—2019年变化量
居民人均可支配收入增长(%)		9.9(2000—2005年)	11.2(2005—2010年)	8.9(2010—2015年)	6.5(2015—2019年)	9.2(5.35倍)
劳动年龄人口平均受教育年限(年)		8.5	9.7	10.23	10.7	
城镇新增就业人数(万人)		[4200]	[5771]	[6431]	[5378]	[21780]
农村贫困人口脱贫(万人)	46224(49.8%)	28662(30.2%)	16567(17.2%)	5575(5.7%)	0(2020年年底)	-46224(-49.8)
基本养老保险参保率(%)	(1.36亿)	(1.75亿)	(3.6亿)	82(8.58亿)	(9.68亿)	10.9(7.12倍)
城镇棚户区安居工程建设/住房改造(万套)				[4013]	[2449]	[6462]
人均预期寿命(岁)	71.40	72.95	74.83	76.34	77.3	5.9(0.42)

说明：方括号内为5年累计数；“农村贫困人口脱贫（万人）”一栏的括号内为农村贫困发生率；“基本养老保险参保率（%）”一栏的括号内为基本养老保险参保人数；“人均预期寿命（岁）”一栏的括号内为年平均提高岁数。

第四，资源环境目标的评估。一是耕地保有量保持不变，2015年，我国有耕地20.26亿亩，减去1.61亿亩左右不稳定耕地后，稳定耕地为18.65亿亩，作为耕地红线。此外，确保15.46亿亩以上永久基本农田特殊保护制度，才能确保我国粮食基本自给，“十几亿人口要吃饭，这是我国最大的国情”。[①]新增建设用地规模控制在3256万亩以内。二是万元国内生产总值用水量持续

① 《以更高站位更宽视野推进改革开放 真抓实干加快建设美好新海南》，《人民日报》2018年4月14日。

大幅度下降，2010—2019 年累计下降 66.6%，年平均下降 5.8%，2015 年全国用水总量达到峰值而后下降，这与农业用水量达到峰值下降有关，农业用水量占用水总量的 61.3%，但是农业增加值占国内生产总值比重降至 7.1%，农业用水效率相当于全国平均水平的 11.6%。完成了 8 亿亩旱涝保收、高产稳产的高标准农田建设，农田灌溉水有效利用系数达到 0.559，① 农业用水效率不断提高。三是单位国内生产总值能源消耗明显下降，2005—2019 年累计下降 59.8%，提前完成了 2020 年 40%—45%的中国气候行动计划目标，能源损耗占国民总收入比重从 2008 年的高峰 4.19%下降至 2018 年的 0.71%，② 下降了 3.48 个百分点。四是非化石能源占一次能源消费比重大幅度上升，从 2010 年的 8.6%提高至 2019 年的 15.3%，也实现了 2020 年 15%的中国气候行动目标。五是全国碳强度（单位国内生产总值碳排放）提前实现原定目标，2019 年比 2005 年下降了 48.1%，超过了下降 40%—45%的中国气候行动目标。六是森林发展进一步提速，森林覆盖率从 2005 年的 18.2%提高至 2019 年的 22.96%，森林蓄积量从 2005 年的 125 亿立方米提高至 2019 年的 175.6 亿立方米，超过了 165 亿立方米的中国气候行动目标；2009 至 2019 年我国完成造林 7039 万公顷，是全球同期森林资源增长最多的国家。七是空气质量明显改善，地级及以上城市空气质量优良天数比率从 2015 年的 76.7%提高至 2019 年的 82%，提前实现了大于 80%的目标，细颗粒物（$PM_{2.5}$）未达标地级及以上城市浓度 2019 年比 2015 年下降了 26.3%，大大超过了下降 18%的约束性目标。八是地表水质量进一步改善，我国地表水达到或好于Ⅲ类水体比例从 2010 年的 52.1%上升至 2019 年的 74.9%，超过了 70%的约束性目标；劣Ⅴ类水体比例从 2010 年的 20.8%下降至 2019 年的 3.4%，也超过了低于 5%的约束性目标。九是主要污染物排放总量大幅度减少，2005—2019 年，化学需氧量累计减少 43%，氨氮排放总量累计减少 24.1%，二氧化硫排放总量累计减少 61.4%，氮氧化物排放总量从 2010—2019 年累计减少 36.3%，实现了经济增长与主要污染物排放量彻底脱钩的目标。具体实现情况见表 23-专 13-6。

① 韩长赋：《铸就新时代“三农”发展新辉煌》，《人民日报》2020 年 10 月 20 日。

② 数据来源于世界发展指数数据库。

表23-专13-6 "十五"至"十三五"时期资源环境主要指标实现情况

指标	2000年	2005年	2010年	2015年	2019年	2000—2019年变化量
耕地保有量(亿亩)			18.18	18.65	19.18	1 (2010—2019年)
新增建设用地规模(万亩)					[3610] (五年目标为<3256)	
万元国内生产总值用水量下降(%)				[32]	6.1 [26.2]	[66.6] (2010—2019年)
单位国内生产总值能源消耗降低(%)			[19.1]	5.3 [18.2]	2.6 [13.5]	[59.8] (2005—2019年)
非化石能源占一次能源消费比重(%)			8.6	12	15.3	6.7 (2010—2019年)
单位国内生产总值二氧化碳排放降低(%)				[20]	4.1 [17]	[40.4] (2010—2019年)
森林覆盖率(%)		18.2	20.36	21.66	22.96	2.6 (2010—2019年)
森林蓄积量(亿立方米)		125	137	151	175.6 (目标为165)	24.6 (2015—2019年)
地级及以上城市空气质量优良天数比率(%)				76.7	82	5.3 (2015—2019年)
细颗粒物($PM_{2.5}$)未达标地级及以上城市浓度下降(%)					18 [26.3]	
达到或好于Ⅲ类水体比例(%)			52.1	66	74.9 (83.4,2020年)	22.8 (2005—2019年)
劣Ⅴ类水体比例(%)			20.8	9.7	3.4 (0.6,2020年)	-17.4 (2005—2019年)
化学需氧量排放总量减少(%)			[12.45]	[12.9]	3.2 [12.6]	[43] (2005—2019年)
氨氮排放总量减少(%)				[13]	3.3 [9.8]	[24.1] (2010—2019年)

续表

指标	2000 年	2005 年	2010 年	2015 年	2019 年	2000—2019 年变化量
二氧化硫排放总量减少(%)			[14.29]	[18]	4.4 [19.7]	[61.4] (2005—2019 年)
氮氧化物排放总量减少(%)				[18.6]	3.5 [14.9]	[36.3] (2010—2019 年)

说明：方括号内的数字为 5 年累计数。

特别需要指出的是，我国污染防治攻坚战取得关键进展。这包括七大标志性战役：蓝天保卫战、柴油货车污染治理、城市黑臭水体治理、渤海综合治理、长江保护修复、水源地保护、农业农村污染治理（截至 2019 年 11 月底，约 2.1 万个建制村完成环境综合整治，全国固体废物进口量同比减少 36%）。

总体来看，我国生态环境保护主要目标任务基本完成，生态环境质量总体改善。习近平总书记指出：过去 10 年，我国森林资源增长面积超过 7000 万公顷，居全球首位。长时间、大规模治理沙化、荒漠化，有效保护修复湿地，生物遗传资源收集保藏量位居世界前列。90%的陆地生态系统类型和 85%的重点野生动物种群得到有效保护。①

综上所述，20 年来我国制定和实施了四个五年规划（计划），连续迈上四个台阶，如期全面建成惠及 14 亿多人口的小康社会。2000 年我国人均国内生产总值（按购买力平价法计算，2017 国际元）仅相当于世界人均水平的 31.15%，到 2019 年达到世界人均水平的 95.1%。

特别需要指出的是，2020 年，突如其来的疫情并没有阻止我国如期实现全面建成小康社会目标。这是因为我国在最短时间内有效地控制疫情，显示了社会主义制度的巨大优势；又是率先恢复经济增长的主要经济体，显示了我国经济巨大的韧性和活力；还首先大规模向各国提供抗疫援助资金、物资、技术以及检测疫苗，显示了我国与世界共同构建人类卫生健康共同体的负责任态度。

总之，在 21 世纪头 20 年，我国紧紧抓住了极其宝贵的战略机遇期，快速发

① 习近平：《在联合国生物多样性峰会上的讲话》，《人民日报》2020 年 10 月 1 日。

展，迎头赶上，实现了历史性、全局性的大发展大变革大进步，使中华民族的伟大复兴与当今世界百年未有之大变局同向同行同步。

五、我国如何对世界发展作出贡献

进入 21 世纪，国际上特别是西方国家对我国的迅速发展、和平发展一直存在着几种错误的论点，如“崩溃论”“威胁论”①“遏制论”等。然而，我们一直主张“贡献论”，因为一个国家特别是大国的发展，会产生极大的依附效应和正外部性，大量事实已经表明，进入 21 世纪后，我国的发展对世界的发展作出了较大贡献。

早在 1956 年，毛泽东在《纪念孙中山》一文中就提出了“贡献论”：“再过四十五年，就是二千零一年，也就是进入二十一世纪的时候，中国的面目更要大变。中国将变为一个强大的社会主义工业国。中国应当这样。因为中国是一个具有九百六十万平方公里土地和六万万人口的国家，中国应当对于人类有较大的贡献。”②

进入 21 世纪之后，我国是否对人类作出了较大的贡献呢？又是如何作出贡献的？对整个世界意味着什么？我们的核心观点始终就是“贡献论”，这就需要让数据说话、让事实证明。

21 世纪初，我国以加入世界贸易组织为标志，就是全面参与经济全球化，日益走近世界舞台中央，我国与世界之间的关系发生了较大变化，那么，我国对世界发展做出哪些较大贡献？可概括为以下九个方面。

第一，对世界减贫的较大贡献。按国际贫困线标准（1.9 国际元/日），1990 年我国贫困人口高达 7.53 亿人，到 1999 年下降至 5.05 亿人，平均每年减少 2753 万人，到 2017 年已下降至 416 万人，平均每年减少 2782 万人；贫困发生率从 1990 年的 66.3%下降至 1999 年的 40.3%，减少了 26 个百分点，平均每年下降 2.9 个百分点，到 2020 年降为零，减少了 40 多个百分点，平均每年

---

① 《2017 美国国家安全战略报告》指出，中国在全面挑战美国权力、影响与利益，试图削弱美国的安全与繁荣。《2018 年美国国防战略报告》将中国定义为“对美国最大的限制威胁”。2020 年 8 月 7 日美国国务卿蓬佩奥在尼克松总统图书馆发表演讲，公开散布“中国威胁论”。

② 《毛泽东文集》第 7 卷，人民出版社 1999 年版，第 156—157 页。

下降 2.2 个百分点。我国贫困人口占世界总数比重从 1990 年的 39.4%下降至 1999 年的 28.9%，下降了 10.5 个百分点，到 2020 年这一比重下降至 0。1990—2020 年，我国对全球减贫贡献率超过 70%，其中 1999—2020 年中国的贡献率超过 50%。这也意味着我国提前 10 年实现 2030 年国际社会提出的可持续发展目标，即贫困发生率减少至 3%以下。正如习近平总书记强调的："世界上没有哪一个国家能在这么短的时间内帮助这么多人脱贫，这对中国和世界都具有重大意义。"① 具体情况见表 23-专 13-7。

表 23-专 13-7　我国与世界贫困人口总数和贫困发生率（1990—2020 年）

年份	中国		世界		中国贫困人口占世界比重(%)
	贫困人口(万人)	贫困发生率(%)	贫困人口(万人)	贫困发生率(%)	
1990 年	75263	66.3	191139	36.2	39.4
1993 年	66818	56.7	189937	34.3	35.2
1996 年	50772	41.7	171952	29.7	29.5
1999 年	50485	40.3	174397	28.9	28.9
2002 年	40589	31.7	161210	25.7	25.2
2005 年	24119	18.5	136096	20.9	17.7
2008 年	19737	14.9	124327	18.4	15.9
2010 年	14982	11.2	110750	16	13.5
2013 年	2579	1.9	81017	11.3	3.2
2015 年	960	0.7	74124	10.1	1.3
2016 年	689	0.5	72016	9.7	1
2020 年	0	0	81224	9.4	0
1990—2020 年变化量	-75263	-66.3	-109915	-26.8	-39.4
1999—2020 年变化量	-50485	-40.3	-93173	-19.5	-28.9

注：贫困线标准为 1.9 国际元（2011 年价格）。
数据来源：世界银行数据库。

① 习近平：《在决战决胜脱贫攻坚座谈会上的讲话》，人民出版社 2020 年版，第 6 页。

第二，对世界经济增长的贡献。2000—2019 年我国国内生产总值实现了 9%的增速，明显高于世界 3.5%的平均增速，对世界经济增长的贡献率高达 29.2%，充分反映了我国快速的经济追赶效应以及明显的溢出规模效应。我国国内生产总值（按购买力平价法计算，2017 国际元）占世界总量比重从 2000 年的 6.44%上升至 2019 年的 17.33%，提高了 10.89 个百分点，平均每年提高 0.57 个百分点。具体情况见表 23-专 13-8。

表 23-专 13-8 我国国内生产总值占世界总量的比重及贡献率（2000—2019 年）

年份	中国（万亿国际元）	世界（万亿国际元）	中国占世界比重（%）
2000 年	4.36	67.75	6.44
2005 年	6.96	81.19	8.57
2010 年	11.89	96.2	12.36
2015 年	17.4	113.82	15.29
2019 年	22.53	130.02	17.33
2000—2019 年 年均增长率（%）	9	3.5	10.89
2000—2019 年 对世界贡献率（%）	29.2	100	

说明：本表国内生产总值数据系按购买力平价法计算（2017 年国际元价格）。
数据来源：世界发展指数数据库。

第三，对世界工业化发展的贡献。2005—2019 年我国制造业增加值（现价美元）实现了 12.7%的名义增速，明显高于世界 4.2%的名义增速，充分反映了我国的快速追赶效应；我国对世界制造业增加值增长的贡献率高达 52.6%，充分反映了我国工业化大大地带动了世界工业化；我国制造业增加值占世界总量比重从 2005 年的 9.38%上升至 2019 年的 28.24%，提高了 18.86 个百分点，平均每年提高 1.35 个百分点，实现了《中国制造 2025》的目标，即“到 2020 年，基本实现工业化，制造业大国地位进一步巩固，制造业信息化水平大幅提升”。① 具体情况见表 23-专 13-9。

① 《中国制造 2025》，人民出版社 2015 年版，第 10 页。

表 23-专 13-9　我国制造业增加值占世界总量的比重及贡献率（2005—2019 年）

年份	中国(万亿美元)	世界(万亿美元)	中国占世界比重(%)
2005 年	0.73	7.78	9.38
2010 年	1.92	10.57	18.16
2015 年	3.2	12.2	26.23
2019 年	3.9	13.81	28.24
2005—2019 年变化量(%)	12.7	4.2	18.86
2005—2019 年贡献率(%)	52.6	100	

注：本表制造业增加值系现价美元。

数据来源：世界发展指数数据库。

第四，对世界贸易增长的贡献。我国从世界第八大货物贸易体到第一大货物贸易体，货物进出口额从 2000 年的 4743 亿美元上升至 2019 年的 45761 亿美元，增长 9.65 倍，年均增速 12.7%，从占世界贸易总额的 3.62%上升至 12%。我国货物出口额从 2000 年的 2492 亿美元上升至 2019 年的 24990 亿美元，增长 10.03 倍，年均增速 12.9%，从占世界货物出口总额的 3.39%上升至 13.23%，反映了我国占据世界市场的进程在加速。我国货物进口额从 2000 年的 2251 亿美元上升至 2019 年的 20771 亿美元，增长 9.21 倍，年均增速 12.4%，从占世界货物进出口总额的 3.62%上升至 10.8%。2000—2019 年，我国对世界货物出口增长的贡献率高达 18.1%，对世界货物进口增长的贡献率高达 14.7%。我国已经是世界一半以上国家和地区的最大贸易伙伴，成为国际经济体系和循环的重要参与者和推动者。具体情况见表 23-专 13-10。

表 23-专 13-10　我国货物进出口额占世界比重（2000—2019 年）

单位：%

	2000 年	2010 年	2015 年	2019 年	2000—2019 年变化量
进出口总额	3.62 （第 8 位）	9.67 （第 2 位）	11.9 （第 2 位）	12 （第 1 位）	8.38
出口总额	3.39	10.31	13.8	13.23	9.84
进口总额	3.62	9.05	10.03	10.8	7.18

说明：括号内系我国在世界中的排名。

数据来源：世界贸易组织数据库；国家统计局编：《中国统计摘要 2020》，中国统计出版社 2020 年版，第 204 页。

第五，对全球投资的贡献。一是国内总资本形成总额贡献，我国占世界总量比重从 2000 年的 5%上升至 2018 年的 26.8%，对世界新增国内总资本形成的贡献率达到 39%；二是我国向世界开放市场，积极吸引外国直接投资，我国已经成为全球第二大外资流入国，2019 年已占世界总量比重的 9%；三是我国加速“走出去”力度，2019 年对外直接投资占世界比重的 10.4%，特别是共建“一带一路”倡议为沿线国家提供更多的投资，2013—2019 年，我国企业对沿线国家非金融类直接投资累计超过 1000 亿美元，年均增长 4.4%；沿线国家对华直接投资超过 500 亿美元，设立企业超过 2.2 万家。[①] 具体情况见表 23-专 13-11。

表 23-专 13-11 中国外商直接投资与对外直接投资（2011—2019 年）

年份	外商直接投资（亿美元）	占世界比重(%)	对外直接投资（亿美元）	占世界比重(%)	对外非金融类直接投资（亿美元）
2011 年	1160	7.4	746	4.8	
2012 年	1117	7.1	878	6.4	
2013 年	1176	8.3	1078	7.8	
2014 年	1196	8.9	1231	9.8	1028
2015 年	1263	6.6	1457	9	1180
2016 年	1260	6.7	1962	13.3	1812
2017 年	1310	9.2	1246	8.7	1201
2018 年	1350	9	1298	13.2	1205
2019 年	1381	9	1369	10.4	1171
2011—2019 年变化量(%)	2.2	1.6	7.9	5.6	2.6

数据来源：我国数据来源于国家统计局编《中国统计摘要 2020》，中国统计出版社 2020 年版，第 104 页；世界数据来源于联合国贸易和发展会议数据。

第六，对世界技术创新的贡献。2000—2018 年我国居民发明专利申请量实现了 24.9%的高速增速，明显高于世界 5.9%的平均增速，对世界发明专利申请

① 商务部国际贸易经济合作研究院：《中国“一带一路”贸易投资发展报告 2020》，参见商务部网站。

量增长的贡献率高达 93%。我国居民发明专利申请量占世界总量比重从 2000 年的 3.1%上升至 2018 年的 60.74%，提高了 57.64 个百分点，平均每年提高 3.2 个百分点。具体情况见表 23-专 13-12。

表 23-专 13-12　我国居民发明专利申请量占世界的比重（2000—2018 年）

年份	中国(万件)	世界(万件)	中国占世界比重(%)
2000 年	2.53	82.31	3.1
2005 年	9.35	96.55	9.68
2010 年	29.31	116.09	25.25
2015 年	96.83	186.42	51.94
2018 年	139.38	229.48	60.74
2000—2018 年变化量(%)	24.9	5.9	57.64

数据来源：世界发展指数数据库。

我国对国际发明专利的贡献。2000 年，我国提交专利合作条约国际专利申请数仅为 701 件，到 2019 年中国已经达到 5.9 万件，年均增长 26.3%。我国在欧洲的专利申请量已从 2015 年的 5500 件增长至 2019 年的 1.2 万件。2020 年，欧洲专利局主席表示："中国专利申请量的大幅提升，反映了中国的科技进步。中国在全球科技领域的地位不断提升，正改变着世界创新版图。"① 世界知识产权组织总干事评价道："短短几十年里，中国建立了高效的现代知识产权体制，取得了显著成效。"② 这正是我国成为世界创新之国的根本原因。

第七，对世界科学研究的贡献。科学研究特别是基础研究是创新的源头活水，对经济发展社会进步起到长期性、根本性的影响。2000—2018 年，我国科技期刊论文数实现了 13.6%的高速增速，明显高于世界 5%的平均增速，对世界科技期刊论文数增长的贡献率高达 32%。我国科技期刊论文数占世界总数比重从 2000 年的 5%上升至 2018 年的 20.7%，提高了 15.7 个百分点，平均每年提高

① 《落实创新发展理念　推动科技强国建设——国际社会积极评价中国"十三五"时期创新引领高质量发展》，《人民日报》2020 年 10 月 10 日。

② 《使上海成为全球知识价值实现的热土》，《文汇报》2020 年 10 月 21 日。

0.87 个百分点。中国科学技术信息研究所的统计数据表明，2009—2019 年（截至 2020 年 10 月）我国科技人员共发表国际论文 301.91 万篇，论文共被引用 3605.71 万次，连续 4 年排在世界第二位，实现了进入世界前五位的目标。① 具体情况见表 23-专 13-13。

表 23-专 13-13　中国科技期刊论文数及占世界比重（2000—2018 年）

年份	中国（万篇）	世界（万篇）	中国占世界比重（%）
2000 年	5.3	106.8	5.0
2005 年	16.5	148.9	11.1
2010 年	31.3	194.4	16.1
2015 年	40.8	229.5	17.8
2018 年	52.8	255.4	20.7
2000—2018 年变化量（%）	13.6	5	15.7

数据来源：中国科学信息技术研究所网站，世界发展指数数据库。

第八，对世界绿色能源的贡献。我国大力发展绿色能源，可再生能源消费占世界总量比重从 2000 年的 1.14%上升至 2019 年的 22.9%，对世界可再生能源贡献率高达 25.25%。其中水电消费量占世界比重从 8.39%提高至 30.1%，对世界水电消费贡献率高达 76.98%。与此同时，我国也是煤炭消费占世界比重较高的国家，从 2000 年的 29.95%提高至 2019 年的 51.7%，对世界煤炭消费贡献率高达 70.62%。我国碳排放量占世界比重从 14.2%上升至 28.8%，成为未来我国与世界发展的最大挑战，也是我国发展绿色能源、可再生能源、减少碳排放以及在 2060 年前实现碳中和的国际背景和动力。我国减少碳排放的承诺带动世界各国采取更大的行动，欧洲议会将会有更多议员支持欧盟到 2030 年减少 60%温室气体排放。② 具体情况见表 23-专 13-14。

① 《2020 年中国科技论文统计结果在京发布》，《中国日报》2020 年 12 月 29 日。

② 《中国减排承诺激励全球气候行动》，《人民日报》2020 年 10 月 12 日。

表 23-专 13-14　我国绿色能源及碳排放占世界总量比重（2000—2019 年）

单位：%

	2000 年	2005 年	2010 年	2015 年	2019 年	2000—2019 年贡献率
水电消费量	8. 39	12. 88	20. 71	28. 69	30. 1	76. 98
可再生能源消费量	1. 14	2. 29	8. 19	14. 49	22. 9	25. 25
可再生能源发电装机容量	1. 42	2. 04	9. 87	17. 16	26. 1	28. 19
煤炭消费量	29. 95	42. 59	48. 43	50. 7	51. 7	70. 62
碳排放	14. 2	21. 64	26. 2	28. 02	28. 8	61. 61

数据来源：英国石油公司编的《世界能源统计报告 2020》。

我国对世界绿色发展的贡献。2000—2019 年，我国森林面积增加了 45 万平方公里，而世界减少了 60 万平方公里，如果中国不增加森林面积的话，世界将减少 100 多万平方公里。全球 2000—2017 年新增的绿化面积中，约 1/4 来自我国，贡献比例居全球首位。分析显示，我国的贡献中 42%来自植树造林，32%来自集约农业，绿化面积和粮食产量都大幅增加。

第九，对世界和平的贡献。我国作为安理会常任理事国，一直是联合国事业的坚定支持者和全球公共产品的提供者。我国是联合国第二大会费国和维和摊款国，2015 年建立了中国—联合国和平与发展基金，2016—2019 年仅在和平安全领域就开展了 52 个项目。习近平总书记指出："大国更应该有大的样子，要提供更多全球公共产品，承担大国责任，展现大国担当。"① 我国将继续做世界和平的建设者、全球发展的贡献者、国际秩序的维护者。

总之，当今世界正经历百年未有之大变局，和平与发展的时代主题没有变，经济全球化的大趋势没有变，中国和平崛起的大趋势没有变。我国将与各国共同构建人类命运共同体，共同创造世界更加美好的未来。

六、实现第一个百年奋斗目标的重要启示

从社会主义现代化实践看，我国仅用了近 20 年的时间从总体小康水平到全

① 《习近平在联合国成立 75 周年系列高级别会议上的讲话》，人民出版社 2020 年版，第 11 页。

面建成小康社会，如期实现第一个百年奋斗目标，创造了当代世界的“中国奇迹”。这并非是偶然的，而是在党的领导下坚持走中国特色社会主义道路的必然趋势，充分显示了我国国家制度和国家治理体系方面的诸多优势。

第一，充分体现了中国共产党领导的最大政治优势。从党的十六大到十九大，所提出的 2020 年总目标要求具有连续性、继承性、创新性，既相互衔接，又与时俱进，可以分为两个十年，第一个十年主题是“全面建设小康社会”；第二个十年主题是“全面建成小康社会”，根据国内外形势新变化，对这一宏大目标进行充实和完善，在之前的基础上对量化指标做了增量调整，不断实现发展升级。党的十九大又谋划了 2020 年后 30 年全面建设社会主义现代化强国的战略布局。

第二，充分体现了党中央以人民为中心的执政理念优势。我国不仅是世界人口最多的国家，更是世界贫困人口最多的国家，实现第一个百年奋斗目标的核心就是全面建成惠及十几亿人口的小康社会，始终坚持共同富裕的社会主义理念，特别是举全国之力，打赢脱贫攻坚战，“决不能落下一个贫困地区、一个贫困群众”,① 历史性地解决了绝对贫困问题，提前 10 年实现了国际社会可持续发展核心目标。

第三，充分体现了党中央对中国特色社会主义现代化大布局优势。从党的十六大到十七大、再到十八大，对中国特色社会主义总体布局是不断拓展的，从明确提出社会主义经济建设、政治建设、文化建设“三位一体”到社会主义经济建设、政治建设、文化建设、社会建设“四位一体”总体布局，再到社会主义经济建设、政治建设、文化建设、社会建设、生态文明建设“五位一体”总体布局，现代化的布局更加完善，发展目标更加明确，发展内涵更加丰富，发展格局更加协调，为制定全面建成小康社会目标提供了基本依据，也为制定国家发展规划提供根本遵循。党的十九大提出从 2020 年到 21 世纪中叶可以分两个阶段来安排，第一个阶段，从 2020 年到 2035 年，在全面建成小康社会的基础上，再奋斗 15 年，基本实现社会主义现代化。第二个阶段，从 2035 年到 21 世纪中叶，在基本实现现代化的基础上，再奋斗 15 年，把我国建成富强民主文明和谐美丽的社会主义现代化强国。

第四，充分体现了我国社会主义制度优势。从“十一五”规划到“十三五”

① 《十八大以来重要文献选编》(下)，中央文献出版社 2018 年版，第 34 页。

规划，分步骤实现第一个百年奋斗目标。阐明国家战略意图，如“十三五”规划，坚持“五位一体”总体布局和“四个全面”战略布局，牢固树立和贯彻新发展理念，以供给侧结构性改革为主线。明确五年经济社会发展主要目标，如“十三五”规划提出七项主要目标。制定经济社会发展主要量化指标，建立分类指导的实施机制，采用约束性指标，明确和强化政府责任，按期完成；采用预期性指标主要是引导市场主体的自主行为实现，如“十三五”规划提出 25 项量化指标，其中 12 项预期性指标，13 项约束性指标。制定重大任务，如“十三五”规划提出 18 大类、70 多项具体任务。实施重大政策、重大工程、重大项目，把各项目标任务落实到实处，特别是“十三五”规划提出 23 类 160 多项国家重大工程、重大项目，超前布局、重点建设，超过历史上任何一个五年规划。[①] 开展规划实施情况年度动态监测和中期评估，依法向全国人民代表大会常务委员会报告实施情况，接受人大监督。这充分彰显，坚持全国一盘棋，调动各方面积极性，集中力量办大事的显著优势，即举全国之力，如期实现全面建成小康社会。

第五，充分体现了中国特色社会主义道路优势。20 年前我国人民生活总体上实现了由温饱到小康的历史性跨越，诚如党的十六大报告所言：现在达到的小康水平还是低水平的、不全面的、发展很不平衡的小康，人民日益增长的物质文化需求同落后的社会生产之间的矛盾仍然是我国社会的主要矛盾。但是党的十九大以后，我国社会主要矛盾已经转化为人民日益增长的美好生活需要和不平衡不充分的发展之间的矛盾。这就需要着力解决好发展不平衡不充分问题，更好地推动人的全面发展、社会全面进步、生态文明全面建设，更需要在中国共产党的领导下走中国特色社会主义道路，一代接着一代，一棒接着一棒，一步接着一步，开启实现第二个百年奋斗目标的新征程，到 2035 年基本实现社会主义现代化，到 21 世纪中叶把我国建成富强民主文明和谐美丽的社会主义现代化强国。

七、结语：开启第二个百年奋斗目标新征程

我国社会主义现代化就是一部万里长征的历史。1949 年，毛泽东在党的七

① 中华人民共和国国家发展和改革委员会编写：《〈中华人民共和国国民经济和社会发展第十三个五年规划纲要〉辅导读本》，人民出版社 2016 年版，第 5—11 页。

届二中全会上指出，夺取全国胜利，这只是万里长征走完了第一步。如果这一步也值得骄傲，那是比较渺小的，更值得骄傲的还在后头。在过了几十年之后来看中国人民民主革命的胜利，就会使人们感觉那好像只是一出长剧的一个短小的序幕。剧是必须从序幕开始的，但序幕还不是高潮。中国的革命是伟大的，但革命以后的路程更长，工作更伟大，更艰苦。我们不但善于破坏一个旧世界，我们还将善于建设一个新世界。[①] 这个新世界就是社会主义现代化的中国。

新中国成立之后，经过实施几个五年计划，我国建立起独立的比较完整的工业体系和国民经济体系；改革开放之后，用了20年的时间，先后实现了社会主义现代化建设“三步走”战略的第一步、第二步目标；21世纪头20年，实现了第一个百年奋斗目标，是我国社会主义现代化与中华民族伟大复兴的一个新的里程碑。

同时也必须看到，我国社会主义现代化程度还不高、还不全面、还不均衡，我国社会主要矛盾已经转化为人民日益增长的美好生活需要和不平衡不充分的发展之间的矛盾。我国经济已由高速增长阶段转向高质量发展阶段，基本实现经济现代化任务仍十分繁重；我国人均国内生产总值等经济社会指标与发达国家仍有很大差距；不同群体间收入差距依然较大，我国居民收入基尼系数高达0.465；各类民生基本和非基本公共服务供需矛盾仍很突出；劳动年龄人口比例持续下降，城镇新增就业规模年均仍在上千万人；老龄人口比重上升、超大规模，社会保障压力更加突出；城乡二元经济社会结构、地区差距较大的国情未能根本改变；经济社会人口发展与生态环境脆弱、自然资源严重不足的矛盾日益凸显，如我国石油资源占世界总量的1.5%、天然气资源占比4.2%、林业资源占比5.3%、水资源占比6.6%、农业用地资源占比10.9%，大大低于我国人口占比（2019年为18.2%），我国还要争取2030年前达到碳排放高峰，2060年前实现碳中和。此外，我国日益走近世界舞台中央，安全面临诸多挑战，仍需确保国防安全和国防现代化。

2021年我国将开启实现第二个百年奋斗目标的新征程。党的十九届五中全会通过的《中共中央关于制定国民经济和社会发展第十四个五年规划和二〇三五年远景目标的建议》明确提出，到2035年基本实现社会主义现代化远景目标之一

① 《毛泽东选集》第4卷，人民出版社1991年版，第1438—1439页。

就是人民生活更加美好，人的全面发展、全体人民共同富裕取得更为明显的实质性进展。从经济发展水平的视角看，到 2035 年，我国人均国内生产总值达到中等发达国家水平；从教育发展水平的视角看，我国将从高等教育普及化（毛入学率超过 50%）到 2025 年较高普及化（毛入学率超过 60%），再到 2035 年高度普及化（毛入学率超过 90%），学前三年毛入园率（2020 年为 85%）达到 95% 以上，高中阶段毛入学率（2019 年为 89.5%）达到 97%以上，大大提高人口平均受教育年限；从健康水平的视角看，我国人均预期寿命从 77 岁达到 79 岁，再到 80 岁以上，同时不断提高健康预期寿命；从实现共同富裕社会的视角看，城乡居民人均收入与人均消费支出差距持续缩小，城乡居民基本公共服务均等化，非基本公共服务多样化、个性化；从减少相对贫困视角看，继续以农村已脱贫人口、城镇与农村最低生活保障线人群、特别困难家庭和人群为主要对象，开展帮扶工作，更好地体现社会主义制度的优越性。

总之，我国将进入社会主义现代化新阶段，党的十九届五中全会已经通过了《中共中央关于制定国民经济和社会发展第十四个五年规划和二〇三五年远景目标的建议》，正式开启新的征程，“而今迈步从头越”。

图书在版编目(CIP)数据

国情报告. 第二十三卷, 2020年 / 清华大学国情研究院编. —北京 : 党建读物出版社, 2022.11

ISBN 978-7-5099-1496-0

Ⅰ.①国… Ⅱ.①清… Ⅲ.①社会主义建设—研究报告—中国—2020 Ⅳ.①D616

中国版本图书馆CIP数据核字(2022)第069951号

国情报告

GUOQING BAOGAO

第二十三卷 · 2020年

清华大学国情研究院 编

责任编辑: 谢洪波

责任校对: 张学民

封面设计: 刘 伟

出版发行: 党建读物出版社

地　　址: 北京市西城区西长安街80号东楼(邮编:100815)

网　　址: http://www.djcb71.com

电　　话: 010-58589989/9947

经　　销: 新华书店

印　　刷: 北京中科印刷有限公司

2022年11月第1版　2022年11月第1次印刷

710毫米×1000毫米　16开本　16印张　263千字

ISBN 978-7-5099-1496-0　定价: 64.00元

本社版图书如有印装错误, 我社负责调换(电话:010-58589935)